LOVE has Forgotten No One

愛は誰も忘れていない

THE ANSWER TO LIFE
GARY R. RENARD

人生への答えがここにある

ゲイリー・R・レナード 著　ティケリー裕子 訳

ナチュラルスピリット

LOVE HAS FORGOTTEN NO ONE: THE ANSWER TO LIFE
by Gary R. Renard

カレン・L・レナードへ
ずっとぼくを支えてくれたきみに感謝する

はじめに

これは霊性《スピリチュアリティ》についての本である。過去二十年にわたり大衆メディアで語られてきたものとは違う、ほんとうの霊性についての話である。霊性は自己啓発の運動とすっかり混同されてきたが、この本を読み終えるころには、読者はこの二つの違いを理解し、自身を幸せにするのはそのどちらか一方だけなのだと知るだろう。

たくさんの時間を節約する霊性《スピリチュアリティ》とそうでない霊性には違いがあり、時間を節約するほうは、「エゴ」の解体という考えとその方法を教えている。「エゴ」については、仏教や霊《スピリチュアル》的な名著の『奇跡のコース』といった偉大な教えのなかで詳しく定義されており、両者は驚くほど類似した説明をしている。実際、「コース」は西洋の読者に向けてキリスト教用語を使用しているが、キリスト教と『奇跡のコース』の類似点よりも、仏教と『奇跡のコース』の類似点のほうが多いことに気づくだろう。

エゴを解体する上で欠かせない特質や応用についてはのちに触れるので、ここではエゴというのは、どういうわけだかわれわれは自分自身を源《ソース》から分離させたという考えと、そういう体験のことであるとでも言っておこう。エゴは個人という存在とそのアイデンティティになりすまし、源《ソース》からかけ離れ、われわれが実在していると信じているのである。より進んだ霊的訓練の焦点は、分離の考えに基づいているこのエゴを解体することにある。

間違った自分であるエゴを取り消すなら、ほんとうの自分だけが残るだろう。ほんとうの自分であるために苦労や進化は要らない。ほんとうの自分はすでに完璧なのだ。その完璧さを体現することへの障害となっているものを取り除かなくてはならない。その完璧さはこの世界にあるどんなこととも無関係で、さらに言えば、それはこの世界に属していないものと通じている。

才能ある偉大な科学者も含め、エゴと友だちになるべきだという滑稽な教えを説く人たちがいる。その唯一の問題点は、エゴはわれわれと仲良くなることなどには興味がなく、われわれを抹殺したがっているということだ。イエス（以下Jと呼ぶ）が心理学者のヘレン・シャックマンに書き取らせた『奇跡のコース』ではこう述べている。

したがって、エゴはあなたが愛をもって反応するとき、特にあなたを攻撃しがちである。なぜなら、エゴはあなたを愛のない存在と見なしているのに、あなたがそのエゴの判断にそむいているからである。あなたの動機がエゴのあなたに対する知覚とあきらかに不調和になると、エゴはすぐさまあなたの動機を攻撃する。そのときエゴは唐突に、猜疑心から悪意ある状態へ移行する。それはエゴの不安が増すからである。［T-9.VII.4:5-7］

この本は霊的《スピリチュアル》になり得ないものを霊的《スピリチュアル》にしようとするものではない。わが家へ帰り霊《スピリット》に戻るためのものであり、実在《リアリティ》しているものについての本である。実在《リアリティ》しているものとは愛のことだが、世界で一般的に考えられている愛とは確実に違い、それは説明できるものではなく、体験することしかできない。歴史上の偉大な神秘主義者が賢明にその愛をわれわれに示そうとしたが、彼らはその愛を表すことができないこともわかっていた。けれども身体をもってここにいるあいだ、その実在《リアリティ》を体験することはできる。われわれは身体ではないが、そう見えるし、そう感じている。本書の目的は、読者に対して身体にまつわる彼らの体験を否定するものではなく、単にそうした体験が誤りだと示すことにある。

時間の体験も同様と言える。われわれは時間を線型《リニア》に体験し、時間を歩みながら様々なものを捏造している。その体験も間違っている。真実はホログラフィックで、すべてはすでに起きている。ほんとうにそうならば、時間を歩むなかで何かを捏造することも創造することもできないはずだ。われわれは時間が始まったときに、すでにすべてを決めている。そのあとに起きたように見えることは、前々から決まっていたことなのだ。ほとんどの人がこの考えを好まない。それでもこの考えは、ある思考体系の一部になっている。それを理解して応用するならば、幻想の体験において驚くほどの時間を節約できる。

われわれはつねに何を経験するかは選べないが、どのように経験するかについては選択できる。その選択の本質は、ある赦しのなかにある。その赦しは仏陀やイエスといった偉大なマスターたちによって実践された赦しと同じであり、世界で一般的に考えられている赦しとは違う。ただいったんそれを学び実践すると、それはエゴを解体し、われわれを真のわが家へ戻してくれる。そこは源《ソース》と一つになれるところだ。多大な時間を節約するので、それこそ追い越し車線で送る霊的《スピリチュアル》な人生と言えよう。数え切れない地上での人生をも節約する。じつはそれらは一連の夢なのだが、われわれはそれを現実だと思っている。そんな人生のための答えとは、空間を彷徨い分離した見せかけの姿で生きる誤った体験を、完璧な霊《スピリット》で生きるという真の体験に置き換えることだ。完璧な霊《スピリット》とは、空間に存在しないだけでなく完全に時空の宇宙を越えている。それこそが大いなる霊性《スピリチュアリティ》が導く経験だ。それは文字どおり、人生と、人生における最も難解な質問への答えとなる。

その実在《リアリティ》の体験、つまり神との完璧な一体《ワンネス》に達するには、妥協しないことが求められる。本書は「コース」の教えに関して妥協はしていない。ぼくの教師がその教えに関して妥協を許さないからだ。ぼくはそれに従わなくてはならない。「コース」は「教師のためのマニュアル」で単刀直入にこう述べている。

> **世界は無数の妥協を試み、さらに幾度も妥協を試みるだろう。そのどれもが神の教師には受け入れられない。なぜなら、そのどれもが神に受け入れられないからである。**[M-27.4:7-8]

以上のような思いで、本書では二〇〇六年の終わりから二〇一三年のはじめに起きた実際の出来事を記した。ぼくの語りと註釈を除くと、本書は、ゲイリー（これがぼく）と人の姿をして現れた二人のアセンデッド・マスターであるアーテンとパーサの三人の対話になっている。語りの部分では対話を中断した場合のみ、「註」と記した。

本書を活用するのに、アセンデッド・マスターの出現を必ずしも信じる必要はない。個人的に読者がどう思うかは気にしないが、ぼくのような無学の素人が、二人のアセンデッド・マスターによるインスピレーションなしにこの本を執筆することはあり得ないと断言できる。いずれにしても、この本の起源についてどう考えるかは読者にお任せしよう。

この本を正しいものにするために全力を尽くしたが、ぼくも完全ではないため、この本も完全ではない。ただ、事実関係に誤りがあったとしたら、すべてぼくの過ちであって、訪問者（マスターたち）によるものではないことをお約束する。また、本書の対話は明らかに実際の出来事を時系列に追ったものだが、つねに一直線に進むわけではなく、ホログラフィックな箇所もある。たとえば、前に述べたことがのちにまた出てきたり、あとに述べたことが前にすでに出ていたりという具合だ。それらはぼくが決めたことではない。ほかの点もそうだが、ぼくの著書において、アセンデッド・マスターのガイドなしに決めたことは何一つない。

各章の冒頭の言葉を含めた『奇跡のコース』からの引用部分については註をつけた。「コース」を口述した「声」にはいくら感謝をしても感謝したりない。その声の主が誰なのか、本のなかで述べている。

ここで本書の出版を可能にしてくれた四人の方へ感謝を表したい。まずぼくの最初の講演契約代理人であるスー・ボーグへ。きみのすばらしい仕事のお陰で、ぼくは様々な場所で講演する機会に恵まれ、アセンデッド・マスターたちから学ぶ時間を得ている。また友人であり、ぼくの二番目の講演契約代理人のジャン・クックへ。きみは天の恵みに違いない。そしてぼくの前妻カレン・L・レナードへ。きみはぼくの教師の一人であり、すばらしい友だ。最後の一人はアーテンの今世の姿をした人で、読者はそれが誰なのか本のなかでわかるだろう。

また著者として、本書の出版社の関係者とともに、「コース」の最初の出版社であるカリフォルニア州ミル・ヴァレーの「内なる平和財団」と、何十年にもわたり全世界に『奇跡のコース』を広めるという大事な仕事をされたカリフォルニア州テメキュラの「奇跡のコース財団」に謝意を表したい。

それから、ぼくは財団に加盟していないが、「奇跡のコース財団」のグロリア・ワプニックと故ケネス（ケン）・ワプニック博士に心からお礼を申し上げたい。この本の多くはお二人の仕事の成果の上に築かれている。ぼくはアーテンとパーサに導かれ、ワプニック夫妻の教えを学ぶ生徒となった。二人から学んだすべてがこの本に反映されている。

ゲイリー・レナード

ハワイまで五時間、南カリフォルニアの輝きに満ちたりて

愛は誰も忘れていない●目次

■『奇跡のコース』(原題 "A Course In Miracles") について

『奇跡のコース』は 1965 年 10 月 21 日にニューヨーク、コロンビア大学臨床心理学教授ヘレン・シャックマンが内なる声を聞いて書き取りを始めた、真の自己を生きるための独習書。書き取りはじつに 7 年に及び、1976 年に「テキスト」「学習者のためのワークブック」「教師のためのマニュアル」の三部作からなる初版が「内なる平和財団」(FIP:Foundation for Inner Peace)から出版されました。その後、「精神療法《サイコセラピー》」「祈りの歌」の二部が追加で書き取られ、2007 年にすべてをまとめた第三版が刊行されています。

■『奇跡のコース』日本語版について

日本語版は、『奇跡講座 テキスト編』『奇跡講座 ワークブック編』『奇跡講座 マニュアル編』(ともに中央アート社)として刊行。また普及版として『奇跡のコース 第一巻 テキスト』『奇跡のコース 第二巻 学習者のためのワークブック/教師のためのマニュアル』『奇跡の道 兄イエズスの教え』(ともにナチュラルスピリット)も刊行されています。本書に収められている「コース」引用文は、すべて本書オリジナルの翻訳文となっています。

■引用表記について

本書では『奇跡のコース』原書版での引用部を明記しています。抜粋箇所の表記は次のとおりです。

Preface = 序文

T = Text(テキスト)

W = Workbook for Students(学習者のためのワークブック)

M = Manual for Teachers(教師のためのマニュアル)

C = Clarification of Terms(用語の解説)

P = Psychotherapy: Purpose, Process and Practice(精神療法《サイコセラピー》:その目的、プロセス、実践)

S = The Song of Prayer(祈りの歌)

〈例〉T-9.VII.4:5-7 = Text Chapter 9, Section VII, Paragraph 4, Sentence 5-7
テキスト、第九章、第七節、四段落目、五番目から七番目の文章

「コース」のなかで言及している基本概念は、程度の問題ではないことをわたしはすでに述べた。根本的な概念には、相反するものの観点からは理解できないものがある。光と闇、あるいは有と無を、共存できるものとして考えることはできない。それらは真実であるか過ちであるかのどちらかだ。そのどちらか一方に固い誓いをするまでは、あなたの思考は不安定であり続けると気づくことが不可欠である。[T-3.II.1:1-5]

1 きみは何になりたいかい？

あなたは神が創造したままの存在だ。あなたがどんなイメージを見ようとも、あなたが目にする生きとし生けるものもまた同じだ。病、痛み、弱さ、苦しみ、喪失として目に映るものは、自らを無防備で地獄にいる者として知覚しようとする誘惑にすぎない。その誘惑に屈しないようにしなさい。すると、あらゆる苦痛がいかなるかたちでどこに現れたとしても、陽の光を前にして霧のように消えていくのが見えるだろう。[T-31.VIII.6:1-3]

二〇〇六年末、ぼくは既婚者としてメイン州に住んでいた。それが二〇〇七年末には、離婚してカリフォルニア州に住んでいたのだ。二〇〇六年は人生でもっともワイルドな年だったが、ぼくはまだ二〇〇七年がそれを勝ることになるのを知らずにいた。そんなことがあるなど思いもしていなかった。

愛するアセンデッド・マスターのアーテンとパーサに最後に会ったのは、二〇〇五年の八月だった。彼らが男女の姿をして、二十ヶ月にわたり十一回もぼくの前に現れたのは、二冊目の本となった『不死というあなたの現実』（河出書房新社）の題材をぼくに伝えるためだった。（ぼくは力を尽くしてその本にぼくたちの会話を記し、ぼく自身の語りと注釈も加えた。）彼らの最後の訪問が終わるころ、もう一度、彼らに会えるか聞いてみたが、その答えには驚いた。「いまから一年後、考えてみるといい。そのころきみが送っている人生が、ほんとうにきみが求めているものなのかどうかを、そして、作家を続けていきたいのかどうかを」

彼らはぼくが知らないことを知っていたのだ。その後の一年と数ヶ月がとても辛い日々になることを。講演スケジュールをこなしながら移動を重ねるというのは、誰にとっても厳しい試練と言えるだろう。しかも、活動的な作家なら行うであろう様々な仕事をしながらである。そんななか、ぼくは嫉妬と組織的な中傷キャンペーンのターゲットになっていた。霊的《スピリチュアル》な教師と言われる人たちが、ぼくの任務を破壊しようと団結していた。

そのうちのある男性はぼくが友人だと思っていた人で、彼のために何度も便宜を図ってきたぼくはひどく傷ついた。それはぼくの人生で最大の赦しのレッスンの一つとなり、その状況を乗り越えるのに数ヶ月もかかった。幸いなことに彼らの努力が失敗に終わったのは、その努力が、彼ら自身が支持して教えている霊的《スピリチュアル》な指針とは正反対のものだったからだろう。人は偽善行為を嫌う。その教師たちは口先では愛を支持していたが、負け惜しみを言う人たちだった。

ぼくのほうはといえば、単に自分の不完全さをわかっているだけだった。みんながぼくを知人だと思ってくれるほど公の場に自分をさらしていた。自分もただの人間にすぎないということしか人々に示してはいなかった。何年も悪意ある注視にさらされていたが、ぼくの性格や話はつねに一貫していたし、妥協がなかった。彼らの意見以外には、ぼくを標的にして憎む人を支える証拠は何もなかった。そのような意見も極少数派であって、結局大勢の人がぼくを支持してくれた。その傾向はそのあと何年も続いた。

〰

アーテンとパーサの二度目の一連の訪問から一年が経ったころ、ぼくはニューヨーク州ラインベックのオメガ・インスティテュートで集中的に学ぶワークショップを行っていた。そのとき、ベトナム帰還兵のジョーというすばらしい人が『神の使者』（河出書房新社）――多くの読者に親しみを込めて「D.U.」〔原題は"The Disappearance of the Universe"〕と呼ばれている――によってどのように『奇跡のコース』へ導かれ、「コース」の教えを理解し、自身の人生で応用しているかを教えてくれた。そうすることで彼は力づけられ、ベトナムで見た惨事を順々に赦せるようになり、何十年と続いていた悪夢がなくなったそうだ。ジョーはぼくの本をほかのベトナム帰還兵たちと分かち合いたいと言ってくれた。そのとき、アーテンとパーサから聞かれたことへの答えがはっきりした。「もちろんだよ。ぼくはこの仕事を続けたい。これ以上の何を求められるというんだ？」

ある教師たちによって企てられた攻撃に対処して数ヶ月が経ったころ、ぼくはメイン州オーバーンの自宅アパートのリビングにいた。二〇〇六年、十二月二十一日、ぼくはだいたい何が起こるかわかっていた。個人的な人生の危機が一つ解決し、別の何かが始まろうとしていたとき、ぼくは友人たちが訪れてくれるのを予期していた。アセンデッド・マスターたちがまた現れるかどうかは、ぼくが決めることだと彼らは言っていた。どうやらそれをぼくの責任にしておきたかったようだ。彼らは結果ではなく原因として存在することを教えてくれたし、ぼくがそのように生きて、再び世界の犠牲者にならないことを期待してくれていた。今回、選択肢はぼくにあったのだ。もしぼくが望めば、彼らが来てくれるのはわかっていた。ぼくは失望せずに済んだ。とつぜんアーテンとパーサが彼らのお気に入りのカウチに現れたからだ。そのカウチももうすぐ離婚によって失うことになり、のちに前妻から返してもらうことになるのだが。

ゲイリー　今日、来てくれるって思ってたよ! いろんな人たちがEメールをくれて、今日あんたがたが来ると思うって言ってくれてたんだ。

アーテン　名声を逃れる道はわれわれにはないようだな?

パーサ　外にパパラッチがいるとか? でも真面目な話、あなたにとってはたいへんな試練だったわね。

ゲイリー　まったくだよ。どうしてぼくが『奇跡のコース』の歴史上どんな教師よりも厄介ごとを引き受けるって教えてくれなかったのか説明してくれるかい？

アーテン　失礼だが、きみの赦しの機会を奪いたくないから、個人的な将来のことはあまり教えないと最初に言わなかったっけ？

ゲイリー　ああ、忘れてた。気にしないで。それにしてもまったくたいへんだったんだ。

パーサ　さあ、ゲイリー。イエスにたいへんだった話をするのはやめましょう。彼はすべてをやり通したのよ。だからあなたもこの先、大丈夫。イエスは神に不可能はないと示したの。完全に苦痛がなくなることだって、そうなのよ。ここで文句を言っているわりには、あなたは最近、赦しのワークをよくやっているわ。だからアヒルみたいでいたらどうなの？

ゲイリー　わかった、聞こうじゃないの。それってどういう意味？

アーテン　アヒルは後ろを向かないんだ。そうするのが難しいのさ。それでも大抵平気なんだ。ただ目の前にあるものを見て、後ろにあるものは無視するんだ。いま目の前にあるものだけが大事なんだよ。過去のことを考えるなんてしないのさ。

ゲイリー　過去のことはぼくの意識から追い出すべきだと言っているんだね。考えるべきは現在の瞬間にできることは何かということで、将来はなるようになると？

アーテン　そうだ。だがわれわれはそこで終われと言っているんじゃないよ。人気のあるスピリチュアルな教えでそう言っているものもいくつかあるようだがね。学ぶ者にとって現在の瞬間にとどまる試みというのは、特定のワークをしない限りどれも失敗する。それは現在の瞬間に「いる」ことを妨げる何かが心のなかにあるからだ。ほとんどのスピリチュアリティはその何かを理解すらしていないし、それを癒やす方法を教えているものも少ない。多くの「コース」の人気教師たちも知らないし、どう癒やすのか教えていない。彼らは「コース」をほんとうの意味で学んでいないからだ。

パーサ　わたしたちは、あなたがもう決していまのままではいられなくなるほど、それに取り組んでいくわよ。

アーテン　マスターのJが「コース」でこう言っている。

人が過去について抱けるただ一つの完全な真の思いとは、それがここには存在していないということだ。[W-8.2:1]

ゲイリー　いいなあ。ところで、時間の幻想のなかでってことだけど、今回の訪問はどのくらいの期間にわたるんだい？　ぼくが超多忙なのは知っているだろう？　もし日にちが決まっているならエージェントに電話しなきゃいけないから。

アーテン　どのくらいの期間になるかは、じつはどれだけきちんと早くきみが仕事を果たすかにかかっているんだよ。われわれはきみに挑んでいくから。旅行が続いてぼくらの挑戦に着いてこれないかもしれないが、きみの赦しのプロセスは短くなるだろう。前回の訪問で、上級の赦しのプロセスがさらに短いことにきみは気づいたね。今回も短くなるぞ。きみは徐々に言葉をまったく必要としなくなるし、自動的に赦しを行うようになる。それはかなり発達した段階だから、いまのところは、きみは素早く学んでいくとでも言っておこう。近い将来、きみは何に直面しても自動的に赦すことを学んで、神の教師の特徴である誠実さと喜びを併せ持つ状態、そして創造主への感謝の状態に達するだろう。創造主はきみが身体であるようにと創造したんじゃなくて、創造主のようであるようにと創造したんだ。神のなかでリラックスできるようになるよ。

ゲイリー　そうなんだ。もっとリラックスしたいし、ここ数年ぼくを助けてくれたすべてにもっと感謝したいよ。Ｊや「コース」、あんたとパーサ、毛染めのジャスト・フォー・メン、それにバイアグラ……。

パーサ　この数ヶ月あなたに挑戦した人々にも感謝するべきね。あなたが赦すことで、彼らはあなたの救い主になるわ。

ゲイリー　じつはある一人は態度を変えて、みんなの前でぼくに謝ったんだ。でも、あとの嫌な二人がちゃんと目を覚ますかは疑問だよ。冗談だ。何だって可能なわけだし。でも、あんたが言っていることはよくわかるよ。彼らを赦すことによって赦されるのは、じつはぼくだ。そういう意味で彼らはほんとうにぼくの救い主だ。彼らなしじゃ、わが家へたどり着けないんだよね。

パーサ　そのとおりよ、親愛なる兄弟さん。彼らをどう見るか、どう考えるかが、あなたが自分自身をどう思うかを決定するのよ。つまり最終的に身体と霊《スピリット》のどちらが自分だと信じるのかということ。あなたはどっちでいたい？　死ぬ運命にある一時的なものか、死ぬことのできない永続するものか？　どちらの経験をするかは、あなたが他者についてどう考えるかによって決まるのよ！　Ｊが「コース」で助言しているわ。

決してこれを忘れないように。なぜなら、あなたは他者のなかに自分自身を見出し、あるいは、

他者のなかで自分自身を見失うからだ。［T-8.III.4:5］

ゲイリー　何があっても、どんな記憶や思いが過去から蘇っても、赦すことでぼくはそれから解放される。でもJが用いるある種の赦しは、ほとんどの人に理解されていないよね。

アーテン　われわれが話している赦しは、エゴを取り消し、ずっと続く現在の状態のなかにいさせてくれる。過去と未来は赦されるんだよ。「コース」ではそのことを「赦されれば、それはなくなる［W-289.1:6］」と言っている。

ゲイリー　ちょっと待って！　テープレコーダーをセットしていなかった。

アーテン　心配しなさんな。今回は録音しないでもらいたい。もう始めているようにノートは取ってもいい。きみにはすばらしい記憶力がある。それにわれわれが訪問していないあいだにきみに語りかけることも聞くことができるようになっているし、きみの目が閉じているときにわれわれが示す言葉もとてもよく受け取れるようになっている。だから、きみが間違いを書いて、それが修正すべき重要なことだったら、われわれがきみに伝えて正すようにするさ。

ゲイリー　ちょっと、それはどうかなあ。いままでより難しそうなんだけど。ぼくは自分の語りと注釈を加えながら、ぼくの人生で起きていることを読者に伝えることで、本をぼくのものにしている。そうやって個人的な体験をけっこう入れているけど、実際の会話部分は、テープを書き起こすことでほんとうに助かってるんだ。でも、今回はそれをしちゃだめだなんて。

パーサ　わたしたちは、そんなことをする必要はないと言っているの。大丈夫よ。見ててごらんなさい。

ゲイリー　何でテープはだめなんだい？

パーサ　単純なことよ。あなたはこの仕事を続けると決めたのだから、これからもっと本を書いていくということでしょ。だからテープに関する人々の質問は、片付けてなくしましょうよ。あなたはもうテープがなくてもできるわ。それに人々はわたしたちが言っている内容に集中するべきよ。わたしたちの存在がほんとうかとか、テープがあるのかなんていう表面的なことじゃなくてね。わたしたちは神以外のものは実在しないと最初からみんなに伝えているけど、そこには彼らも含まれているのよ！

あなたはきちんと質問に答えてきたわ。かれこれ何年もわたしたち三人について質問されてきたけど、助言どおり全部の質問に答えてきたわね。

註・最初の彼らの一連の訪問が二〇〇一年末に終わって以来、ぼくはアーテンとパーサが聖霊《ホーリースピリット》としてぼくに語りかけるのが聞こえるようになった。この種のコミュニケーションは、多くの人が考えるものといつも同じというわけではなかった。声を聞くことはよくあったが、特に二冊目の本以降は、大抵、別の方法だった。寝る前や目覚めるときベッドで座ったり横になったりして、目は閉じているけど起きた状態でいるとき、本を読むかのように言葉が見えるようになったのだ。これはいままでインスピレーションを受けたコミュニケーションのなかでも、いちばんはっきりしたものだった。

アーテン　質問に答えて悪いことなんてないし、構える必要もないさ。きみは間違った情報を正すために、情報を提供しているだけなんだ。質問というかたちできみを攻撃して平気な人たちがいるなんておかしくないかい？　ほんとうのところ、そういう発言は証拠もなくきみを嘘つき呼ばわりしているだけなのにさ。でもどういうわけか、きみが彼らに回答すると、彼らはきみを悪者にしたがるんだ！　彼らにとってはそれが便利なのさ。つまりかたちのレベルではきみが自分の体験を分かち合わなければ、彼らが勝手に答えをこしらえるのさ。

　われわれが質問に答えるよう忠告した理由はほかにもある。いまから四、五十年後、学者たちが現代人よりも冷静に過去の問題について振り返ったとき、きみが彼らの質問に答えているのが発見されるだろう。大抵はかなりいい答えをね。

パーサ　あなたは最後の数年で世界的に広く知られた教師になるわ。さあ、読者のための復習のつもりで、Jが二千年前に教えたこと、そしていまも『奇跡のコース』を通して伝える教えのなかで、いくつか強調すべき点を言ってごらんなさい。当時もいまも少数派を除いて、世界はいまだにそのことを理解していないわ。

ゲイリー　いいよ。でも手短にね。あんたに聞きたいことがいくつかあるからさ。まず、最初に理解しなくちゃいけないのは、たった二つのものしかなくて、実在しているのはそのうちの一つだけだってことだ。実在しているのは、神、天国、源《ソース》、わが家、実在《リアリティ》の世界など、何と呼んでもいいが、どう呼ぼうとも、それは完璧なものなんだ。聖書と『奇跡のコース』で記されているように、神は完璧な愛だ。この完璧な愛は、変化したりしない。それは絶対的な静寂なんだ。もし変化するならそれは進化するわけで、進化するならそれは完璧じゃない。でも実在《リアリティ》はすでに完璧なんだ。それは改善する必要なんかない。それがみんなの実在《リアリティ》なんだ。この完璧な愛を教えたり説明することはできないけど、体験することならできる。身体としてここに現れているときでもね。

もし神が完璧な愛なら、その完璧な愛を体験するためにできるのは、ただ愛するってことだけなんだ。それ以外のことをするなら、完璧な愛じゃないよね。「コース」の非二元論的な本質を理解するには重要な点だよ。

でも愛以外の別のものも、われぞここに存在していると思っている。ほんとうはここにいないのにそう思っているんだよね。源《ソース》から離れて、個別のアイデンティティを得たと思っているんだ。ぼくたちはそれをエゴと呼ぶ。エゴはほとんど無意識で、水面下に潜んでいる。意識ではその小さな一部しか見えなくて、大部分は隠れているんだ。その隠れた部分に、神から分離したことへのとてつもなく大きな罪悪感を抱えている。それを原罪と呼ぶ。でも、ほんとうは罪ではなくて、分離したという考えにすぎない。それが意識をつくり出した。なぜなら、意識を持つには一つ以上のもの、つまり主体と客体が必要だからだ。そこで、何かほかに意識する対象ができるわけだ。でも、実在《リアリティ》では主体も客体もなくて、ただ完璧な一体性《ワンネス》があるだけなんだ。

簡潔に言うと、すでに存在するほんとうの自分になるために苦しむ必要はないってこと。ほんとうの自分はすでに完璧で不変だからさ。唯一しなければならないのは、源《ソース》から分離したと思っている間違った自分、つまりそれが罪だと信じている自分を取り消すことなんだ。

パーサ　神が純粋で絶対的に完璧な愛なら、そもそもこの分離の考えはどうやってできたのかしら？

ゲイリー　おお！　それは引っ掛け問題だな。『奇跡のコース』では、こう教えてるよ。

贖罪《アトーンメント》を完全に自覚するということは、分離は一度も起きていなかったと認識することだ。［T-6.II.10:7］

言い換えれば、分離は幻想であり夢であり、時空という宇宙の投影だ。そんな幻想に対する答えは、ぼくたちの知性だけで自力で見つけることなんてできない。だってぼくたちの知性は、エゴがたびたびぼくらをこの場に閉じ込めようとするために使うものだから。分離は誤った体験だから、分離に対するほんとうの答えは、それを真の体験と交換することだ。真の体験とは、神と完璧に一体《ワンネス》だと自覚すること。その状態では、われわれはもはや分離した存在ではなく、神の全創造物と一つになる。その体験こそが、ぼくたちが生命《いのち》と呼ぶものに対する答えだ。実際、その体験のなかでは疑問は皆無で、答えだけが存在している。つまりぼくたちは一時的に分離という誤った体験をしにここに来て、疑問の夢を見ているわけだ！　源《ソース》と一つになるという完璧な愛の体験の実在《リアリティ》においては、疑問は存在しない。だから最終的に身体を脇に置くと、永続する実在《リアリティ》を体験する。

パーサ　いいわよ、兄弟。それじゃあ、どう取り組んでその体験を生むのかしら？

ゲイリー　まず最初にしなくちゃいけないのは、犠牲者でいるのをやめること。たとえば、この世界が神によってつくられたのなら、ぼくらは神の犠牲者だっていうことだ。つまり外側の力が行使されて、犠牲者になるというわけだ。でも、世界は神によってつくられてはいないからね。「コース」のワークブックの最初のほうのレッスンでこう言っているようにさ。

わたしはわたしが見ている世界の犠牲者ではない。［W-57.1.(31)］

ところで、だからこそ「コース」のテキストを理解することが大事だし、そうしなければ「ワークブック」をほんとうに理解することはないだろうね。みんな「ワークブック」のレッスンに対して自分なりの解釈をするし、大抵はニューエイジの展開に走るよね。でも、「コース」はニューエイジじゃない。もっと特異なものだ。いま人気のスピリチュアルな指導者と同じことは教えていない。「ワークブック」の最初でこう述べている。

テキストが示す論理的基盤は、ワークブックのエクササイズを意味あるものにするための枠組みとして不可欠である。 [W-in.1:1]

大抵の「コース」の教師はそれをほんとうには学んでいないし、その意味を真に理解していない。もし理解していたとしても、確実に伝えていない。

霊的《スピリチュアル》な体系の多くは、身体《ボディ》と心《マインド》と霊《スピリット》のバランスを取ろうとしている。それらはどれも等しく大事だけど、「コース」のアプローチは違う。「コース」では、身体の狭間でいかに心を使って選択するかを学ぶんだ。身体というのは、エゴと霊《スピリット》の分離をよく象徴している。「コース」ではそれらは一体《ワンネス》で、個々の魂という考えとも混同されない。その考えもまだ分離を表しているからね。「コース」では、世界というのは、ぼくたちの集団無意識が投影されているものだと教えている。壮大な形而上学のレベルで、ぼくたちの心のなかに何があるのかをはっきり述べると、それは恐ろしい無意識の罪悪感だ。源《ソース》から離れた最初の分離のときに感じて否定されて、外側に投影されたものだよ。

心理学者によると、投影はつねに否定のあとに起こる。何かを否定するとき、その否定したものをどこかへ押しやられなければならないからね。そして何かが否定されると、そのことは無意識へ葬られる。「コース」は否定について何度も語っている。否定したことを忘れてそれが外側へ投影されると、目に映る投影されたものが実在《リアリティ》に思える。自分でそれをつくったということを忘れるんだ！ なんせ否定されたわけだからさ。要するに自分の投影なのに、そうだと気づいていないんだ。「コース」は「投影が知覚をつくる [T-13.V.3:5]」と教えている。つまり自分が見ているものは自分でつくり出したものなのに、それを忘れて実在《リアリティ》の世界だと思っているんだ。自分が誤って創造したものだということを忘れているんだね。Jはこう言っている。

> あなたが自分の見ている世界を自分でつくったと思うことが傲慢だと信じるのは、奇妙ではないだろうか？ 神はそれをつくっていない。このことは確信してよい。どうして神が、儚い者、罪深い者、罪悪感を持つ者、恐れる者、苦しむ者、孤独な者、そして死ぬ運命の身体に宿る心を知るというのだ。あなたはそういった実在するように見える世界を神がつくったと思い、神の狂気を責めている。神は狂っていない。けれども、狂気のみこそがこのような世界をつくる。[W-152.6:1-7]

アーテン きみと、きみの友のJも、もっと包み隠さずに言わないとな。そこから脱け出すには、犠牲者でいるのをやめて、自分の体験にしっかりと責任を持つことだと、きみは言ったね。どうやってそうするのか、もう少し具体的に話せるかい？

ゲイリー　そうだな。賢く考えたり、自分自身の教師となってそうしようとしても無理だ。自分の思考ではなくて、聖霊《ホーリースピリット》の思考体系に耳を傾ける必要がある。真実はシンプルで一貫しているけれど、エゴは違う。エゴはとても複雑で、じつは生き残るために分離の概念を望んでいる。分離の概念は、エゴ自身を特別に感じさせてくれるからね。それでこの世界で特別な関係を築くんだ。特別な愛の関係か、特別な憎悪の関係をね。確実にぼくらはそういう関係を持つことになる。このことについてはまたあとで話すと思うけどさ、要するに、エゴはたった一つしかないほんとうの問題と解決法を隠してしまうんだ。

たった一つしかないほんとうの問題っていうのは、われわれが神から分離したという考えで、その真の唯一の解決法は、分離の概念を取り消して、わが家へ帰ることだ。われわれをわが家へ導くために、聖霊《ホーリースピリット》はエゴの複雑さの前にシンプルな真実を差し出してくれるけれど、エゴは立ち去らない。ターミネーターみたいに必ず戻ってくるんだよ。でも、結局はエゴを解体する真実のほうが勝つ。だって聖霊は完璧だけど、エゴはそうじゃないからね。

誰でも聖霊《ホーリースピリット》の教えを理解して応用することはできる。「コース」でもそれは簡単だと一回どころか百五十八回も言ってるよ！　用語検索で確かめたんだ。その上、「コース」はぼくたちや教師たち、それにアセンデッド・マスターたちにも、独自の考えを持てとはアドバイスしていない。実際こう述べている。

巧妙な思考はあなたを解放してくれる真実ではない。しかし、あなたがそれを手放す意志を持つとき、そのように思考する必要性から解放される。[T-3.V.5:7]

それからこうも言っている。あ、ちょっと待って。こっちを見てみよう。

「コース」は、疑問があがるたびに、ただ別の答えを提供する。しかし、その答えは巧妙さや工夫を凝らすことに頼ろうとはしていない。そういうものはエゴの属性である。「コース」は単純だ。ただ一つの機能と一つのゴールがあるだけである。この点においてのみ、「コース」は完全に一貫している。なぜなら、この点だけが一貫して存在し得るからである。[C-in.3:5-10]

アーテン　そのとおりだ。でも、きみはまだ肝心なことを言ってないよ。きみが述べたことに基づくと、「コース」のどんな点が人々の体験を変えるんだい？

ゲイリー　他者に対する見方を変えることで、自らの体験を変えるんだ。

パーサ　確かにそうね。赦しは物事に対する見方の変化よ。見ている対象が状況でも出来事でも他者でもね。ただ簡単じゃないわ。

ゲイリー　ぼくは他者を赦すことが簡単だなんて言ってないよ。それどころか、彼らは赦すに値しないんだから、たいへんだよ。

パーサ　かたちのレベルではそう見えるかもしれないけど、しばらくすると人を赦すたびに赦されているのは自分だという事実を理解するようになるわ。

ゲイリー　ぼくたちという一つの存在しかないからだよね。

アーテン　そうだ。みんな分離して見えるけれど、見ているものは分離の概念に基づいた投影なんだ。でも、それは仕掛け《トリック》だ。何度エゴが分裂して見えようが、それは幻想にすぎない。源《ソース》から分離したと思っている存在は、ほんとうはたった一つしかないんだよ。確かにたくさんいるように見えるが、じつはつねに一つだけだし、きみがその一つだ。でも、心は分裂を続けようとする。そしてそれを投影して、結果的にその投影のなかで、大勢の人間が存在するように見えるんだ。でも、全部巧妙な仕掛け《トリック》さ。どんなに様々なイメージを目にしても、つねにあるのはたった一つのエゴだけなんだ。

ゲイリー そう言われると、たった一人、あるいはアダムとイブのように二人から始まったのに、何十億という人間がいるように見えることの説明がつくね。ぼくはいつも生まれ変わりがこれとどう当てはまるのか疑問だった。だって二人の人間しかいなかったなら、心が分裂しない限り、どうすれば何十億人にも生まれ変わっているように見えるというんだ？ 不可能だよ。生まれ変わっているように「見える」と言ったけど、それは全部幻想だし、よく言ってもほんとうにあるかのように映る夢にすぎないからさ。そう、夢のなかの出来事は、起きているように「見える」けど、だからと言ってそれがほんとうに起きているわけではないんだ。

パーサ あなたは輪廻転生を信じているの？

ゲイリー いいや。でも別の生涯を送っていたときは信じてた。

アーテン きみは他者への見方を変えることによって、自分自身の体験を変えると言ったね。もう少しここで区別したほうがいい。とても重要な心の法則として、「コース」から「あなたは他者を見るように、自分自身を見ている［T-8.III.4:2］」という部分を引用したが、もう少し具体的に見ていくときが来たようだ。でも、その前に手は大丈夫かい？

註・A&P（アーテンとパーサのことをときどきこっそりとそう呼んでいた［A&Pは一八五九年に

創業して全米にチェーン展開した大手食品スーパーマーケットの略称でもある〕）が戻ってくる一週間前のある朝、起きたら右手が完全に麻痺して使えくなっていた。神経科医に行くと、右橈骨《とうこつ》神経障害と診断され、長時間のタイピングと本のサインが続いたせいだと言われた。医者は治るのに一年かかることもあると言う。しかも、治ればの話だ。ぼくは絶対に早く治そうと決心した。

症状が出るのによい時期というのがあるとしたら、ぼくの症状はまさにそのよい時期に現れてくれた。ちょうど一ヶ月間のクリスマス休暇だったからだ。その一ヵ月後には、また大々的な講演旅行が始まることになっていた。ぼくは、この苦痛が自分に影響を及ぼすことはないと心に決めた。右手がほとんど使えないというのに、妻のカレンとニューヨークでクリスマスをすごすために洒落た旅行に出かけたくらいだ。

ぼくは『奇跡のコース』と二人の友であるアセンデッド・マスターの癒やしの教えを実践し始めた。手はよくなってきていたが、まだ痛みがあり、アーテンとパーサが来てくれた夜は、おそらく五十パーセントくらいという感じだっただろう。子供の殴り書きみたいだったが、ぼくは精いっぱいノートを取っていた。

ゲイリー　よくなってきてるよ。教えてもらったことをやっているからね。

アーテン　よかった。今回の訪問の四回目のときに、癒やしについて話すからね。もちろん、きみのためだけじゃなく、読者のためにもね。いろんなところに出かけるようになるまで、きみには三週間あるから、心を使って手の回復に取り組むように。四回目の訪問時に、きみがどう取り組んだかを話そう。そのときなら要点から外れないで話せるだろうから。

パーサ　じゃあ、手元の課題に戻りましょう。手についてダジャレを言っているんじゃないのよ。「コース」を応用するときに犯す基本的な間違いがいくつかあるわね。その理由の一つに、霊《スピリット》とは何かをきちんと思い出していないというのがあるわ。あとは、実在《リアリティ》ではなくて、幻想に焦点を当ててしまうというのもあるわね。

ゲイリー　それってどういう意味？

パーサ　何かに取り組もうとするとき、つい人生は幻想だという点に焦点を当ててしまいがちになるけど、焦点を当てるべきはそこではないわ。なぜって、他者を見るように自分自身を見るというのはほんとうで、人々や世界を幻想ととらえて人生を歩めば、次第に無意識下で自分自身のことも幻想と考えるようになってしまうから。そうすると空虚感を覚えたり、無意味に感じて、落ち込んだ状態になるわ。無意識では、他者についての思いは、あなた自身についてのメッセージに置き換わることを忘れないで。あなたは気づかなくても、無意識はすべてを知っているから。ここにあるのはたった一つだということもね。だから、あなたが他者について思うすべては、じつのところ、あなたからあなたへの、あなた自身についてのメッセージなの。無意識ではそういうふうに考えているのね。だから、決して人々を幻想だと思わないほうがいいわ。そうでないと自分自身も幻想だと思うようになってしまうから。

こうした間違いを犯すのはアメリカの生徒だけじゃないの。ヒンズー教や仏教は、あなたが見る世界は幻想だとつねに教えているし、特に仏教では諸行無常という言い方もしている。だから、インドやほかの地域でも大勢の人がそう考えているわ。さらに複雑なことに、インドにはカースト制があって、人口の三分の一が動物以下の存在だと見なされている。彼らには権利もなく、これから先も得ることはないでしょうね。三分の一の国民が人間と見なされていないという事実が国民の精神構造に与える影響を想像してみて！

幸いインドにも、わたしたちが彼らから拝借した考えを実践している人が多くいるわ。アメリカにもユニティ教会がたくさんあって、「ナマステ（Namaste）」の考えをよく耳にするでしょう。それは、「わたしのなかの神性が、あなたのなかの神性にご挨拶します」という意味で、確かに正しい方向へ向かう一歩だわ。でも十分ではないの。「わたしのなかの神性が、あなたのなかの神性にご挨拶します」と言うとき、相手を時空の小さな枠に入れて制限しているの。そうすることで個々の存在を実在のものにしてしまっている。さらに、主体と客体のように二人を分離させているわ。Jがしたのは、身体を超越して見ることよ。それは彼の肉眼がほかの身体を見なかったということではないけれど、彼は肉眼を使って見ないことを理解していたの。じつは自分は身体のなかにいないということもね。「見る」ということは、心を使って見ることだと彼は知っていた。「コース」で彼は、あなたは「すぎ去ったことを心のなかで見直している〔W-158.4:5〕」と言っている。ところで、映画鑑賞のいちばんいい定義ってあるかしら？映画の撮影は済んでいて、すべて終わったことだけど、あなたはいまそれを観ているのよね。あなたが観ているものの一部として、あなた自身の身体があるのよ！　あなたの身体は、あなたが見ている他者の身体と同様に、投影の一部にすぎないの。

さあ、かかわる人を時空の小さな枠に入れて制限する代わりに、身体を見すごして、Jがしたことをやりましょう。その人を限界のない存在として考えたいわ。他者について考えるとき何かの一部としてではなく、完全な存在だと考えるべきよ。そうすれば、幻想にフォーカスしなくなるし、とても前向きな結果が得られる。うまくいくわよ。すざまじい努力をする必要もなくなるわ。他者を神にほかならない完全無欠なものとしてとらえると、自分自身のことも徐々に同じように、そう経験するようになるわ。Jはそれを経験したの。彼はどこにでもキリストの顔を見たの。「コース」ではJは特別ではないし、あなたは彼と対等で、その経験をすると言っている。でも、それをいちばん早く経験する方法は、出会う人全員の霊《スピリット》のほんとうの姿《リアリティ》を目撃することよ。

ゲイリー　わかった。じゃあ、出会うみんなを神と同じ存在として考えるよ。それが「コース」が言う完璧な一体性《ワンネス》だ。ぼくたちの本来の状態は、神と違うところなんてないし、そう考えても傲慢なんかじゃない。神からどういうわけか分離できると考えるほうが傲慢なんだ。夢以外では神からの分離はあり得ないというのが真実だ。だからこそ、「コース」は時空の宇宙は幻想だという考えを用いて、これは目覚めるべき夢であり、目覚めることこそが悟りだという考えへと導いている。

アーテン　なかなかいいぞ。大事なのは一人ひとりを完全な存在として考えることだ。そうできれば、歴史上わずかな人しか成し遂げなかったことをすることになり、悟りに向かって加速する。他者が神と完璧な一体《ワンネス》なら、自分も神と完璧な一体《ワンネス》に違いないと無意識は理解するだろう。Ｊでさえこれについて取り組まなければならなかったが、心を見張る警戒心のほうが次第に勝っていったというわけだ。

ゲイリー　やれやれ、彼が取り組まなきゃならなかったのなら、ぼくら全員取り組まなくちゃだよね。

アーテン　そのとおりだ。すると、ほんとうの霊的《スピリチュアル》な視野へと導かれる。エゴは違いが大好きだ。相違点なしで判断などできるだろうか。相反していないのに戦争や殺人や暴力があり得るだろうか。エゴはきみが目にする分離のすべてが真実だと思わせたいんだよ。そうすればそれがきみにとって現実《リアル》になり、きみはそれを信じる。そうやって見えるものに力を与えるんだ。きみを支配する力をね。エゴは対比を渇望して、世界にある相違を信じるようにと、きみをだますんだ。でも、聖霊《ホーリースピリット》が目にするのは同一性だ。そう、聖霊は自らの思考体系とエゴの思考体系を対比するが、それこそが対比の適切な用い方と言える。一方が真実で、もう一方は真実ではないからだよ。聖霊《ホーリースピリット》は分離の観点では考えず、どこにでも完全性を見る。「見る」と言ったが、それが聖霊が考える際に用いる方法なんだ。きみたちもそういうふうに考えて霊的視覚を養うんだよ。肉眼は一切関係ない。たとえ世界で霊《スピリット》の象徴を見たとしてもだ。それらは象徴にほかならない。実在《リアリティ》は肉眼では見ることができないが、心で体験することはできる。

霊《スピリット》に戻りたいなら、聖霊《ホーリースピリット》のように考えることだ。聖霊は誤ったイメージの身体を見すごして、幻想のヴェールの向こうにある真実へ考えを及ばせる。その真実とは、完璧な一体性《ワンネス》と罪のなさのことだ。つまり神とまったく同じものだ。他者についてそういうふうに考えるのが、霊的《スピリチュアル》な視覚だよ。

さあ、何かジョークを披露してくれないかい？

註・ぼくは何年もワークショップでジョークを言ってきた。ずっと前に、ユーモアが自分のプレゼンテーションのなかで大きな一部になっていることを学んだのだ。きわめて重要な教えのなかで緊張を和らげてくれる。自作のジョークのときもあれば、人から頂いたものを披露するときもある。みんな、ぼくがジョーク好きだと知っているので、旅行中にお気に入りのジョークを教えてくれるのだ。それでまた、ぼくがそのジョークをどこかで言う。ジョークは問題に対する完璧な解毒法だ。「コース」でもこう述べている

すべてが一つである永遠性のなかに小さな狂った考えが一つ忍び込んだとき、神の子は笑うことを忘れてしまった。［T-27.VIII.6:2］

ぼくのワークショップでは、みんなが学び、かつよい時間をすごせるよう笑うことを思い出してもらっている。

ゲイリー　いいよ。カーネル・サンダースがローマ法王に会いに行き、ミーティングの最中にこう言うんだ。「法王、教会に十億ドルの寄付をします」。それに対してローマ法王はこう応える。「まあ、それはたいへん寛大な。あなたは非常に成功されているに違いない」。カーネル・サンダースはこう返す。「ただ一つだけお願いがあります。主の祈りをこう変更してください。『われらの日用の糧（bread）を今日も与えたまえ』の代わりに『われらの日用のチキン（chicken）を今日も与えたまえ』に変えてください」

ローマ法王はこう返事する。「それはどうかな。大々的な変更だ。自分一人では決められないから、枢機卿たちと話してみないとね。カンファレンス・コールをするよ。明日わたしが彼らと話したあとに、また来てくれないかい？　そのとき答えを伝えよう」

カーネル・サンダースが去ると、ローマ法王は枢機卿たちに電話をして聞くんだ。「さて、いい知らせと悪い知らせがあるんだが、どちらを先に聞きたいかね？」。ある枢機卿が「いい知らせを聞かせてください」と言う。法王が「いいだろう。十億ドルもの寄付金が入りそうなのだ」と返すと、枢機卿たちは興奮した。そのとき、ある枢機卿が言う。「待ってください。悪い知らせは何ですか？」。法王が言う。「どうやら取引先のワンダーブレッド社（Wonder Bread）を失うことになりそうだ」

パーサ　おもしろいわね。さて、エゴを取り消すのに役立つ別の方法について話さなくちゃね。あなたも知っているように、赦しは大きなものだし、それについてはもっと話していかなければならないけど、「聖霊《ホーリースピリット》に任せる」という別の方法もあるの。これはあなたが思っている以上に大切よ。なぜって、聖霊の判断があなたの判断より優れているからだけじゃないの。確かに聖霊は時間の始まりから終わりまでに起きたすべてを見ることができる。でも、もっと大切な理由があるの。「コース」では「教師のためのマニュアル」で、聖霊に任せることはあなたを罪から解放することだと教えているわ。

　あなたが自分自身の才能や能力に頼るのではなくて、高次の力に助けを求めるとき、じつは心のなかで分離の概念を取り消しているの。それを強化するんじゃなくてね。自分で何かをやろうとするときこそ、自分のために分離の概念を強めてしまうのね。でも、聖霊《ホーリースピリット》に任せることはそこから脱け出す方法よ。朝、十秒、時間を取って、こう言ってみて。「聖霊、今日のわたしの行動と思いのすべてをあなたにお任せします」。もちろん、あなたがすることは、あなたが考えていることの結果だから、心のレベルで考えることに注意を向けるべきなの。つまり「する」ことではなくて、原因のほうにね。「する」ことというのは全部、結果だから。夢のなかには、原因と結果があるわけではまったくなくて、結果しかないの。原因というのは心のなかにある映写機のことで、それこそが取り組むべきものよ。

エゴを取り消すもう一つの方法として、「祈りの歌」のパンフレットで語られている祈りの原形があるわね。最近、「内なる平和財団」から出版された『奇跡のコース』の第三版に盛り込まれたから、もうただのパンフレットではないけれど。あなたもときどきそれを繰り返し読むといいわ。原形の祈りは沈黙で行われたの。Ｊが二千年前に主の祈りを用いたとき、それはまだ祈りではなかったわ。単に神への訴えや、神への招待のようなもので、導入部分にすぎなかったの。もちろん聖書になったものは決していい翻訳ではないし、最初の数百年のあいだに教会によって変えられてしまったわ。主の祈りのもっといい翻訳が、「コース」のテキストにあるでしょう。そこをわたしたちのために読んでくれる？

ゲイリー　いいよ。そこは前からぼくのお気に入りだよ。ただあんたが言っているのは、その箇所は神と一緒にいるために精神的に準備する導入部分ということだね。ほんとうの祈りは、沈黙して完璧な一体《ワンネス》のなかで神に加わり、神の愛に浸ったときにあるものだ。完璧な一体《ワンネス》のなかではすべてを手にしているんだから、まさに感謝と完全な豊かさの状態だよね。完全なものには欠けているものなんてあり得ないから。

パーサ　そうよ。じゃあ、そこを読んでくれないかしら。そのあと、もう一か所読んでもらうわ。それから、数秒間沈黙して、完璧な一体《ワンネス》のなかで神に加わりましょう。それが分離を取り消すもう一つの方法よ。

ゲイリー　わかった。じゃ、読むよ。

父よ、わたしたちの幻想をお赦しください。あなたとの真の関係を受け入れられるようお助けください。そこに幻想はなく、いかなる幻想も侵入できません。わたしたちの聖性はあなたの聖性です。あなたの聖性が完璧であるとき、わたしたちの何が赦しを必要とできるのでしょう。忘却の眠りは、あなたの赦しと愛を思い出さずにいようとする意志にすぎません。わたしたちが誘惑に駆られませんように。神の子の誘惑はあなたが意志されることではないからです。あなたが与えられたものだけを受け取らせてください。そして、あなたが創造して愛してくださる心のなかに、それだけを受け入れられますように。アーメン。［T-16.VII.12:1-7］

パーサ　とってもいいわ。さあ、「忘れられた歌」からあなたのいちばん好きな部分を読んでみて。これからする瞑想で何をするのかよくわかるし、霊的視覚についてよく説明しているわ。神と一つになって、神の愛に浸るとき、こういう経験をしたいわね。

ゲイリー　そうだな。じゃ、読むよ。

身体を超え、太陽も星々も超え、見るものすべてを通りすぎても、なぜか馴染みある金色の光の弧《アーチ》がそこにある。あなたが大きく輝く輪のなかを見ると、金色の光の弧《アーチ》が伸びていく。あなたの目の前で輪が光に満たされる。輪の淵は消え、なかにあるものはもはや包囲されていない。光は拡張し、すべてを覆い、無限に伸び、永遠に輝き、途切れることなくどこまでも続く。そのなかで、すべてが完璧な連続性でつながっている。外側に何かがあるなどと想像するのは不可能である。その光が存在しないところなどないからである。[T-21.I.8:1-6]

これがあなたのよく知る神の子が持つヴィジョンである。ここに父を知る者の視覚がある。ここにほんとうのあなたの記憶がある。その一部はそのなかのすべてとともにあり、あなたのなかですべてが一つになるのと同じように、確実にあらゆるものと一つになる。[T-21.I.9:1-3]

パーサ　さあ、五分間、沈黙して、完璧な一体《ワンネス》と感謝の状態で神と一緒になりましょう。父よ、わたしたちはあなたを愛しています。神が存在しています。

註・そのとき、ぼくは自由になって神と一緒になろうとした。自分が大きく広がっていくのを感じ、境や限界といった考えをどんなものでも手放した。心のなかに言葉はなく、ただ永遠に広がる純粋で美しい白い光の思考だけがあった。抵抗はなく、ぼくを止めるものは何もなかった。じつは「ぼく」はいなかった。自分で考える代わりに、神に考えてもらっているようだった。その思考は完璧だった。

完璧だからこそ、それは完全で、満たされて、完結していた。それは傷つくことも朽ちることもなく、世界に触れられたり、いかなる方法でも脅かされることなどできないものだった。完璧な一体《ワンネス》のなかでは、攻撃されることはあり得ない。自分を攻撃するものは何もないからだ。その感覚というのはまったく恐れのない絶対的な安全で、そこでは感謝している状態がとてもふさわしいように感じる。「祈りの歌」は感謝の歌だ。ぼくは創造主を前にして喜びを感じ、「ありがとう、ありがとう」と言いたくなったが、そこに言葉を持ち込みたくなかった。ただその体験をしていたかった。

足りないものや欠けているものは何もなく、死もあり得なかった。死は生の反対を表すが、『奇跡のコース』には「すべてを包括するものは、相反するものを持たない［T-in.1:8］」とある。そこには宇宙の時空には存在しない不変性がある。しかし、完璧な実在《リアリティ》の状態には内在する体験がある。絶対的な静寂だ。そのとき起こるのは、動きとは異なるある種の拡張で、全体が同時に広がる。そこには時間もない。「次」という感覚がなく、ただその体験があるだけで、あとで必要になるものなど何もなかった。きわめてすばらしく幸せだった。それが神だったのだ。

しばらくその体験に浸っていた。どのくらいそうしていたのか、はっきり覚えていない。無重力を感じながら、自分がいた部屋に戻る必要もないと思っていた。そのときアーテンが話すのが聞こえ、また話し合いを再開するときが来たのだと知った。

アーテン　『奇跡のコース』は宗教ではない。信じたりそのために改宗が必要なものではない。これが正しいと誰かを説得する必要もない。霊性《スピリチュアリティ》というのは結局、私的なものだ。聖霊《ホーリースピリット》、イエス、J、ヤハウェなど、何と呼ぶかはどうでもいいが、きみとそれらのあいだでなされるものだ。

最後には、神との親密な関係を体験する個人的経験へと導かれる。それは完璧で、言葉にできない宇宙のオーガズムのようだ。
『奇跡のコース』のルールは少ない。それが宗教でないことの証明だ。それでもワークブックでは指示に従うことが求められる。たとえば、一日に一つ以上のレッスンをしないようになど。だからワークブックを終えるのに少なくとも一年はかかる。またはそれ以上だ。

ゲイリー　とても誇らしげに「六ヶ月でワークブックを終えた」と言ってきた男がいたな。

アーテン　そう、一つのルールすら守れない者もいる。それからもう一つ、書かれていないルールがあるのはきみも承知だね。「コース」は実践しなくてはならないものだということだ。実践しなければ、そこから恩恵を得ることをはできない。ある一定のワークを要するのが「コース」なんだ。だからその一部には「ワークブック」という名がついている。「コース」は霊的《スピリチュアル》な訓練だ。生徒に何かを求めると同時に、多くのものを提供する。得るに値するものは何であれ、そのために取り組む価値のあるものだ。悟りは手に入れる以上の価値がある。

ゲイリー　一方でそれは一見矛盾してるよね。まあ、実際「コース」にはそういうのがいくつかあるけど、これを話そうかな。ぼくは以前、世界を赦すにはJのようにとてつもないワークが必要だと思っていたけど、徐々に学んだんだ。人々を判断するほうが、彼らを赦すよりももっと時間がかかるってね！　赦すことがほんとうにどんどん自分の一部になって、あまり考える必要もなくなるよ。ますます自動的になっていく。年月を重ねるにつれて、時間もかからなくなる。でも人々を判断するのに時間を費やしていれば、彼らがなぜ赦すに値しないかという話をつくらざるを得なくなる。ただ嫌なやつを赦したほうが時間もかからない。

パーサ　そのとおりよ、兄弟。ちょうど赦しについて話しているから、ここでもう一度、わたしたちが話している赦しとはどんなものなのか触れておきましょう。古臭いニュートンの主体と客体の赦しは役に立たないわ。そういう赦しは誰かが何かをほんとうにやったと思うからこそ赦すのよね。それでは分離の概念を無意識に実在させてしまうわ。

真の赦しは彼らがほんとうは何もしていなかったからこそ、彼らを解放するものよ。それらを最初につくりあげたのはあなただからよ。あなたが見るものは、自らが時空の宇宙に投影したもの。だから悪い意味でなく、自分でつくり上げたものに対する責任を取るのね。力強い方法で。するとあなたは、結果ではなく原因に起点を置くようになる。これが「コース」が語る思考の逆転よ。

無意識の深い谷間に隠れたものを聖霊《ホーリースピリット》が癒やすのを許すの。知りもしなかった罪を原罪というけど、それは神から分離した最初の考えまで遡る。これこそが動揺の原因だけど、投影して、その理由を自分の外側にある何かに当てがうのね。つまり老後のお金が十分じゃないからとか、テロリストが飛行機を爆破させるから動揺していると思っている。自分を動揺させているのはほんとうは投影したものではなくて、心にあることを忘れているのね。解決法はその幻想の投影を赦すことよ。それもあなたがするほんの一部で、あとは聖霊《ホーリースピリット》が大部分を引き受けてくれるわ。実際に見ることはできないけど、その癒やしを体験することはできる。

だから赦すとき、根本的な転換が無意識下で起こるの。すると徐々に体験が変化し始めるし、身体の体験から真の自分を経験する体験へと移行する。真の自分というのは、愛とか純粋な霊《スピリット》のことで、「コース」ではどちらも同じ意味ね。霊《スピリット》のレベルでは、それらはまったく神と同じよ。

アーテン　その愛は完璧な愛だということをもう一度言っておくといいだろう。その愛は世界が抱く愛の概念とは違う。単に完璧なだけでなく、聖書と『奇跡のコース』の両方で言われているように、恐れを追放する完璧な愛だ。完璧な愛と恐れは共存できない。完璧な愛はすべてを包括する。この種の愛を誰にも差し出さずに引っ込めておくことはできない。もし差し出せずにいるなら完璧な愛を自分のために体験することもない。すべてを包括していないなら、それは実在《リアル》ではない。

ここで繰り返し言っておきたいことがある。恐れの代わりに愛を選ぶよう他者に伝えるなら、きちんと説明しない限り、それは薄っぺらい教えになって、ほとんどの人は世俗的な愛のことを語っていると思うだろう。「コース」で述べているのはそういうものではない。「コース」は神の完璧な愛について語っているんだ。世界で考えられている愛は、「コース」で言うところの「特別な愛」で、それは万人を対象としておらず、愛すると決めた特別な相手だけを対象とする。また、多くの人は特別な憎悪の関係を抱えている。それは自分の無意識の罪を投影しようとして選んだものだ。もちろん愛と憎しみの両方を持ち合わせた関係を持つことも可能だが、特別な愛や特別な憎悪においては、愛していると思っている相手を赦すほうが、そうでない相手を赦すよりずっと簡単だ。愛していないと思っている相手を赦すのはとても難しい。思い出さなくてはいけないのは、実在の愛は例外なくあらゆる人とあらゆるものを赦すということだ。実在の愛は、人々がほんとうは何であるかを知っている。彼らはほんとうは人ではなく完璧な愛なんだ。その完璧な愛は、彼らが神に創造されたのと同じように創られている。

人々は自分を人間だと思ったり、知性があるとすら思うかもしれない。でもゲイリー、もっと言わせてもらえば、愛のない知性なんて無と同じだ。われわれが話している実在の愛というのは人間の愛ではなく、聖霊《ホーリースピリット》の愛だ。そのレベルでは聖霊は神を代表している。聖霊そのものが、ほんとうのきみたちの記憶なんだ。聖霊はあらゆる人を自身と同じ存在として見るため、あらゆるところに罪のなさを見る。だからこそ、赦しは聖霊の偉大な教材で、われわれを完璧な愛の体験へと導く。完全無欠の存在を体験する愛の体験へとね。「コース」ではこう言っている。

神は、神の息子がすべてに満たないもので満足することを意志していない。[T-15.III.4:10]

ゲイリー　赦しについていろんな方法で説明してくれたけど、全部が相互に一致しているね。ぼくはやっぱり三段階を経て一つになると見ているんだ。それに慣れているからね。

まず最初の段階として、世界に反応するのをやめなくてはならない。反応すれば実在させてしまうからね。エゴで考えるのをやめなくてはならない。何かや誰かを判断したり非難する自分を感じたら、あるいはちょっとした不快感や不安、また怒りさえ覚えるなら、それは間違いなくエゴだね。聖霊《ホーリースピリット》はそんなことしないからね。だから自分の感情と思考を監視する必要がある。実際、ぼくらは何よりも感情で動きやすいんだ。でも、感情というのは考えていることの結果として現れるんだよね。

エゴで考えるのをやめたら、聖霊《ホーリースピリット》と一緒に考えられる。同時に両方と一緒に考えるなんて無理なんだ。エゴと聖霊は、完全に相互に排他的な別々の思考体系だ。だからエゴから聖霊に切り替える、それが聖なる瞬間だ。

ある状況について聖霊《ホーリースピリット》がアドバイスするとしたら、それを実在させるのをやめなさい、というものだろう。判断や反応がそれを実在のものにしてしまう。でもいままでは、それらを罪のあるものとして見ているのは、自分の代わりにそれらのなかに罪を見出していたいからだと気づくことができる。そして、それを取り消すために投影を逆転させて、その罪はそれらにではなく自分にあったと気づく。といっても、ほんとうに自分のなかにあるわけでもないんだけどね。だって、罪悪感の全概念は、それを実在させるためにエゴがつくり上げたものなんだから。

よって二つ目の段階は、エゴが全部をつくったのだから、見ているものは真実ではないと気づくことだ。時空の宇宙なんてないんだ。あるのはその投影だけ。だからぼくらは時空の宇宙の犠牲者ではない。犠牲者でいることには何の力もないよ。原因として存在するなら十分な力があるんだ。

三つ目の段階は、その事柄に関して心を変えることだ。「コース」のテキストの最後の節にあるけど、ここでもう一度選び直すんだ。身体を見すごして、霊《スピリット》の観点で考えることを選ぶ。エゴが見ているものを実在させるのをやめて、ヴェールの向こうの真実を見る。神はいたるところにあるから、どこを見ても罪はない。自分も含めて誰にもね。すべてが平和のなかで聖霊《ホーリースピリット》へと解放される。このプロセスは、実践していくとどんどん早くできるようになるのがわかるだろうね。真実だけを認識するようになるからさ。

その上、世界が自分に対してあるんじゃなくて、自分から生まれているっていう考えに慣れていくだろう。だんだん以前のようには世界に反応できなくなって、赦しが当然になる。

パーサ　とってもいいわ、兄弟。よく教わったわね。そしてもちろん、そのうちほんとうに赦されているのは自分だと気づく経験をするはず。判断を手放して、それを赦しと交換すれば、解放された自分を感じられるわ。

ゲイリー　そうだね。仏教徒が、誰かを判断することは自分が毒を飲んで誰かが死ぬのを待っているかのようだと言っていたけど、あらゆる批判はまさに自己批判だし、あらゆる赦しはまさに自分自身を赦すことなんだ。

アーテン　そのとおりだ。エゴは分離を信じている心の一部で、自らを特別に感じられるから分離を望んでさえいる。神と神の王国だけを信じる聖霊《ホーリースピリット》と一緒に物事を見るよりもね。そんなふうにエゴで物事を見ることから切り替えるわけだから、意識というものを真に建設的に使えるようになるんだ。われわれは意識は単に分離だと学んだから、エゴの代わりに聖霊《ホーリースピリット》との思考を選ぶために意識を使うことが唯一、意識の真の建設的な使い方だと強調しておきたい。これが「コース」の自由意志という概念だ。人生がどんなに複雑に見えても、何十億という人間や、何百万もの選択肢があるように見えても、じつはいつもたった二つの選択肢しかなくて、その一方だけが実在《リアリティ》を表している。その実在《リアリティ》とは愛だ。愛は誰も忘れていない。聖霊に従うことで、実在の体験に導かれていく。

ゲイリー　もちろん途中ほかの体験もいくつか起こるだろうけど、身体的というよりも霊的《スピリチュアル》なインスピレーションをますます感じるようになって、神や人々に親しみを感じるようになる。歩みを進めるなか霊的《スピリチュアル》な贈り物を開発しているように感じることさえあるかもしれない。他者を癒やす能力とかね。ぼくが「コース」を始めて数年経ったころ、マサチューセッツにいたおばのマーシャが電話をしてきたことを思い出すよ。彼女は癌で、ぼくは電話で彼女を癒やそうとした。そしてほんとうに効果が出ていると感じたよ。多分ヒーラーとして上達してたんだね。

アーテン　彼女は亡くなったね。

ゲイリー　よきことも悪しきことも受け入れなきゃね。どんな場合でも、人を赦すときは自分が赦されている。だからより自分の罪のなさに触れていくことになって、あまり罪を感じなくなる。皮肉だと思うんだけど、世界が実在していないとどんどん気づいていくのに、じつはますます世界を楽しむようになる。最初こういうことに取り組むとき、世界を実在しない夢として見ることで何かを諦めるのだと考えがちだけど、ぼくは自分がより人生を楽しんでいるのがわかった。映画に行くときみたいにね。映画は現実じゃないとわかっているけど、だからといって映画を楽しまないわけではないよね。じつはますます楽しめるんだ。音楽を聴くことも、前よりもいまのほうがずっと好きになった。ぼくにとってこのワークは、ビーチを歩いたり美しい夕日やすばらしい芸術を諦めることではなかった。罪や恐れを感じなくなればなるほど、それらをもっと楽しめるようになるんだ。

パーサ　いいとこ、つくわね、ゲイリー。両者にメリットをもたらすってことよね。赦せば穏やかに暮らせるし、一石二鳥よね。

「コース」はそういう意味でとても実用的よね。世界をリアルにするのをやめるのだけれど、それでもまだここにいるように思えるあいだにすべきことについて、聖霊《ホーリースピリット》からガイダンスをもらえるんですもの。

ゲイリー　そうだね。ワークショップの休憩のとき、ぼくのところに来る人たちのなかには、お金やセックス、夢や目標、そして人間関係なんかを諦めなくちゃいけないと思っている人もいるよ。彼らにこう伝えたいね。いまから三十年後、四十年後に、ほんとうにそうしなくちゃならなくなるんだと。身体は永続しない。だったらどうして永続するものを築くために時間を使わないのかとね。

つまり岩の上に家を建てるか、砂の上に家を建てるかの違いだよ。それにさ、ぼくらは永続しない砂を持ったままでもいいんだ！　ふつうの暮らしをしながら、赦しを行って、神の岩の上に家を建てられるんだ。これはとても実用的で霊的《スピリチュアル》な道のりだよ。暮らしを変えるためじゃなくて、暮らしに関する心を変えるためのものなんだから。

パーサ　Jは自分が何をしているのかわかっていたと思う？

ゲイリー　ああ、彼はわかっていたさ。それはそうと、「コース」の言語についてあんたに質問があるんだけど。Jがいつも聖霊《ホーリースピリット》や神などを表すのに「彼（He）」という言葉を使っているから困っている人たちがいるんだ。その上、シェークスピアみたいな無韻詩や弱強五歩格の詩があってさあ。おまけにそれらはイスラムの五歩格の詩のコーランに反しているし。というのは冗談だけど、とにかく「コース」の言語はぜんぜん読者にやさしくないと思っている人たちがいるんだよ。

パーサ　いくつか話すことがあるわ。まず七年ものあいだJと一緒に取り組んで、彼が語った「コース」を書き取ったヘレン・シャックマン博士にとって、シェークスピアは確実に助けになっていたの。ところで「コース」を最初に出版した「内なる平和財団」がＤＶＤを出したけど、そのＤＶＤで、ヘレンが彼女自身の言葉で語っているのを聞くことができるわ。彼女が「声」と呼んでいたものを聞いて、何年ものあいだそれに取り組むということがどんなだったかを語っているわ。ヘレンの声は一度も録音されなかったと思われていたけど、七〇年代後半にテープに録音されたインタビューがあったの。もっとも使うにはあまりに音質が悪くて、二十五年も箱に入ったままだったのだけど。でも現代のテクノロジーで音を綺麗にして、背景の雑音を消して、ヘレンの声がよく聞き取れるようになったわ。そのＤＶＤは視聴する価値があるわよ。だって自分の言葉で話すヘレンに会えるんだもの。かつて一度もなかったことよ。彼女が亡くなるたった三年前に録音されたの。彼女がどれほど頭の回転が速い人だったかわかるわ。それに証明を必要としないくらい、彼女の経験が本物だったこともね。

「コース」の言語について戻るけど、ヘレンはシェークスピアを愛していたから、Ｊがそれを使うことでヘレンを助けていたのね。それに言語を統一させるのにも役立ったわ。「コース」には欽定訳聖書からの引用が八百か所以上もあるけど、ほとんどは欽定訳聖書を訂正して明確にするためよ。性別は男性だけど、「コース」が言っていることを真に理解していたら、霊《スピリット》には男性も女性もないことに気づくわよね。なぜって、相違も区別もないし、相反するものもないからよ。完璧な一体《ワンネス》しかない。「コース」にはそのまま霊的《スピリチュアル》な芸術作品であってもらいましょう。社会的声明ではなくてね。トマスの福音書で言っていることを思い出しましょうよ。わたしたちのハートにとって大事なこと。「男女を一つにし、男性が男性でなくなり、女性が女性でなくなるとき……神の王国に入るだろう」

　言語についてもう一つ。シェークスピアの文体は古典的な形態の言語よね。五百年前に書かれた口語の英語を読んでみると驚くわよ。言葉は変化しているし、単語のスペルも変わっているから、でたらめに見えるくらい。言語は不変なものではないの。世紀にわたって変化する。でも古典的なシェークスピアの文体は世紀が変わっても変わらない。つまり人々はそれを読んで理解できる。いつも簡単とは限らなくてもね。

ゲイリー　言ってることはわかったよ。たとえ簡単じゃなくても、口語でなく古典的に書かれてあるから、人々はこれから五百年後も千年後も「コース」を理解できるんだな。時代を超えるから、古くならない。そんなふうに考えたことなかったよ。すごいね。多分Jって人は、世界や物事を赦した完璧な存在だっただけじゃなくて、機転を利かせる人だったんだろうな。

アーテン　ゲイリー、きみだって世界を赦せるんだよ。きみがすべきことは、どんな日だって目の前に現れたものを赦す、それだけだ。あるように見える人間関係、囚われたように思える状況、ときどきテレビで見るひどい出来事、実際に目にすること、心をよぎる悪い思い出、こういったものはすべて赦されるんだ。それらは全部同じだ。他人の身体も自分の身体も赦せるんだ。それらも同じだから。他人への恨みや、人生で後悔していることも手放せるんだ。その日は来るよ。毎日できることを一つ一つやって、為すべきことを成せばね。

パーサ　わたしたちはもうそろそろ去るけど、役に立ちそうなときに、また来るわ。わたしたちがいつ現れるかってことにもつねに理由があるのよ。

クリスマスだから、あなたの愛する「コース」から引用させてもらうわ。平和のなかで聖霊《ホーリースピリット》と一つになりましょう。二千年前のJのメッセージを多くの人が誤解しているわ。彼の死に方のせいで、彼のメッセージは苦悩と犠牲に満ちていると思われている。彼らがそう信じるのは、これまでの宗教が長い犠牲の習慣そのものだったからよ。でも、Jのほんとうのメッセージから離れられるものは何もないわ。次の引用は、「コース」のテキストの「犠牲の終わりとしてのクリスマス」という節からのものよ。わたしたちが去ったら、実在の愛を経験するために覚えておいてね。特別な関係のほとんどは何らかの犠牲を必要とするけど、愛は愛であることだけを望むのだと学ばなくてはいけないわ。

このクリスマスが、あなたを傷つけるであろうすべてを聖霊《ホーリースピリット》に差し出す。聖霊と一緒に癒やすことができるよう、あなた自身を完全に癒やしてもらいなさい。そして、わたしたちがともにすべての人を解放するよう、わたしたちの解放を一緒に祝おう。余すことなく解放しなさい。解放とは、すべてを解放することで、わたしたちのものだからである。あなたがそれをわたしとともに受け入れるとき、あなたはそれをわたしとともに与えるだろう。わたしたちの関係のなかで、あらゆる苦痛と犠牲と卑小さはなくなる。その関係は父との関係と同様に、罪のないものであり、強力だ。苦痛はわたしたちのもとにもたらされ、わたしたちの前で消滅する。苦痛なしでは犠牲はあり得ない。犠牲のないところには必ず愛がある。[T-15.XI.3:1-6]

2 今世と来世をめぐる旅

したがって、今年はあなたがいままで直面したなかでもっともやさしい決断をするときだ。それこそが唯一の決断である。あなたは実在《リアリティ》への橋をわたるだろう。なぜなら単に神が向こう側にいて、こちら側には何もないとあなたが認識するからだ。そう気づけば、その自然な決断をせずにはいられなくなる。［T-16.V.17:1-3］

二〇〇七年一月二十二日、アーテンとパーサが再び来てくれた。ぼくはマサチューセッツ州西部にあるクリパルヨガ・センターで、その年最初のワークショップをしたばかりだった。前回彼らが来た日からそのワークショップまで三週間半あったが、そのあいだにぼくの手は劇的に回復していた。本のサインも、荷物を持つのも、参加者との握手も問題なく、ぼくはとても解放された気分だった。そのころにはもうすでに赦しのプロセスをすっかり信頼していたし、何にでもそれを応用できる自信があったが、やはり赦しが人生に役立つのをこの目で見るのは愉快だった。ぼくの教師たちは赦しのプロセスと、そのプロセスを身体的な癒やしのためにどう応用するかについて、今回の訪問中にもっと話すと言っていたから楽しみにしていた。

ぼくはもうすぐマイアミで、その翌週にはハワイのカウアイ島とオアフ島で、ワークショップを行うことになっていた。真冬にそんな魅惑的なところへ行けるのが嬉しくて心待ちにしていた。寒いのと凍った地面や雪が嫌いなぼくは、この時期にメイン州から脱け出せるならどんなことでも大歓迎だったが、その冬が寒い地域ですごす最後の冬になるのをまだ知らずにいた。

妻のカレンは十年前に二年間ほど『奇跡のコース』を学んでいたが、それはぼくが「コース」に興味を持っていたからだと言っていい。彼女は数年間ぼくと同じスタディ・グループにも通っていたが、その後断念し、ぼくたちは別々の方向へ歩むようになった。彼女は自分のビジネスを始めるなどほかに興味のあることを見つけ、ぼくの人生はますます「コース」に傾倒していった。次第に講演のために大きな旅行にも出るようになり、それがぼくたちの関係をさらに悪化させた。彼女はもっとぼくに家にいてほしかったのに、ぼくはあまり家にいられず、彼女は長いあいだ一人ですごさなければならなかった。彼女が仕事を辞めてぼくと一緒に旅行に出られるほど、自分たちに経済的な準備ができているとは思えなかったため、このことがぼくたちのあいだでジレンマになっていた。

今回アーテンとパーサが現れたとき、彼らがいつもよりちょっと真剣な様子に見えた。パーサが話し始めた。

パーサ　今日はたくさん話すわよ、兄弟。まずあなたの手はよくなっているわね。教えを応用していることにお祝いを言うわ。わたしたちが教えた赦しの普遍的な意味あいを理解してきているわね。これからいろんな出来事で目白押しの一ヶ月がやって来るわ。それに向けてあなたの準備を整える手助けをしたいの。でも、はじめに驚かせたいことがあるわ。

ゲイリー　嬉しい驚きならいいんだけど？

パーサ　そうよ。前にわたしたちは、心が向く先は、心が頼る思考体系によって自動的に決まると「コース」が述べているのに注目したわね。聖霊《ホーリースピリット》とともに正しい心や赦しの思考で考えるなら、正しいほうへ向かうことになるし、その方向こそが神の家へと向かう道よ。もしエゴと一緒になって判断や非難の思考をするなら、自分を神から遠ざけることになるわ。

アーテン　霊性《スピリチュアリティ》に興味のある人は大抵、肉体が死んだあとは死後の世界へ行くと思っている。そこで来世で何をどう行うか決めて契約し、誓いをすると考えられているけど、そうではないんだ！　そういう一生はすでに終わっている。彼らがしているのは、撮影済みの映画をもう一度体験しているようなものなんだ。死後の世界と呼ばれるものは現に、ある生と生のあいだにあるが、そこは、すでに詳細が確定済みの夢の今世と、同じくすでに詳細が確定済みの夢の来世のあいだにすごす時期のことだ。そのような夢の生にある自由や自由意志というのは、すべてにおいてエゴの代わりに聖霊《ホーリースピリット》の解釈を選ぶ力のことを指す。聖霊の解釈を選んでほんとうの癒やしを達成できるかどうかで、死後の世界の本質的な体験も、来世でどんな一生を送るかも決まるんだ！

だからこそ、赦しの実践を遅らせないことが重要だ。来年まで遅らせてはいけないし、来世まで待ってはいけない。きみの未来はきみによってたったいま決められているんだ。それは見るものに対して聖霊《ホーリースピリット》の解釈を選ぶか、それともエゴの解釈を選ぶかというきみの選択にかかっている。

もしほかの生涯を見わたせるのなら、夢である来世は線型《リニア》的配列と同じ順番ではないかもしれない。きみが経験する来世は、いまから五百年前か千年前か百年前に起きたように見えるものかもしれないが、それは関係ない。その一生の本質と、どの赦しのレッスンをすることになるかは、いま目の前にもたらされた赦しの機会をきちんと学んだかどうかで決まる。だから、どんな日でも与えられたレッスンを活かしていくことがきわめて大切だ。そのレッスンこそが、聖霊《ホーリースピリット》がきみに学んでもらいたいと思っているものなんだ。それらを学ぶなら、つまり結果でなく原因に根ざす真の赦しを行うならば、夢である来世で同じパターンを繰り返さずに済むだろう。そして、さらなる進歩を遂げられるところへ進んで行けるだろう。もしかするとすべての赦しのレッスンを完了し、わが家へ戻ることになるかもしれない。もちろん、今世でそうすることだって可能だ。それは現れるものすべてをどれだけ献身的に赦せるかどうかにかかっている。

「コース」ではこう述べている。これは、今世にもどの世にも当てはまる。

試練とは、学び損ねたレッスンがもう一度現れているにすぎない。したがって、以前、誤った選択をしたところで、あなたはいま、よりよい選択ができるゆえ、以前の選択がもたらしたあらゆる苦痛から逃れられるのである。[T-31.VIII.3:1-2]

ゲイリー　じゃあ、目の前にもたらされた赦しのレッスンを学び損ねたとしよう。この引用はそのレッスンがもう一度やって来ると言ってるけど、ぼくはそのレッスンが必ずしもまったく同じかたちでやって来るとは思わない。同等の課題になるような似た出来事、状況、あるいは人間関係の可能性もある。

アーテン　そのとおりだ。明らかに、いまから百年後に現れるレッスンが、必ずしもいまのレッスンとまったく同じには見えないだろう。かたちは変化するが、意味や中身は変わらない。

パーサ　さて、驚かせたいことがあるって言ったでしょ。わたしたちはこれから三人で小旅行に出かけるわよ。でも心の旅行にはいくつか種類があることを最初に言っておくわね。地上の人間は、様々な物質を原動力にした原始的な身体的レベルの旅行形態を信じているし、それがどんなに古いものか考えもしない。たまに進化した旅行形態の例としてあげる心の移動《マインド・トランスポート》というのは、遠隔透視《リモート・ビューイング》とは違うの。遠隔透視は物理的に一か所にいたまま、少し離れたものや、ときにはかなり遠くのものを見るから、当然、体外離脱ではない。体外離脱では、軽いエネルギー状態の身体があなたと一緒について来るけれど、心の移動《マインド・トランスポート》では、身体そのものがついて来るように感じるの。そして、その感覚がもたらすものをすべて体験するの。身体にいるときの体験のようにまったく本物に感じる。

あなたがここで経験できる旅行形態ではないから、先に説明しておきたかったの。ほとんどの宇宙人が地球を訪れる際に、このタイプの旅を利用しているわ。五百億光年も離れている場所を訪問しようと光の速度で移動しても、そこに着くには五百億年もかかるんだもの。ぜんぜん現実的ではないわ。でも心の移動《マインド・トランスポート》という技術《アート》をマスターすれば、五百億光年分を移動するのにまったく時間がかからない。

ゲイリー　それなら不可能に見えるUFOの動きと速さの説明がつくな。宇宙人は旅をするのに心を使っているんだな。彼らは物理法則に頼っていないどころか、それを超越しているわけか。

パーサ　そうよ。「コース」でもそうできると言っているでしょ。でも、聖性の視点から「コース」ではこう述べているわ。

あなたの聖性は世界の法則のすべてを覆す。それは時間、空間、距離というあらゆる制限といかなる種類の限界をも超える。［W-38.1:1-2］

わたしたちがこれからする小旅行は体外離脱よ。死後の体験ではもっとも一般的なタイプのものね。多くの人がアストラル体を魂の存在だと思っているけど、彼らは個々の魂を持つという概念が、分離の考えだということをわかっていないわ。ほんとうの霊《スピリット》は完全なものだし、区別もなく、個人のアイデンティティもない。

これから、あなたが死後に見るかもしれないものを手短かに案内してあげる。仏教でも「コース」でも、「誕生が始まりでもなければ、死が終わりでもない〔M-24.5:7〕」と言われているように、最後の生に近づけば近づくほど、死後の世界はますますいま現在の宇宙のように見えるの。霊的に進歩していないと、あなたの好きな映画『奇蹟の輝き』〔原題は"What Dreams May Come"〕にあるような現実離れしたものをいろいろと見ることになるわ。

イエスがラザロを死から蘇らせた数日後、ラザロを殺すように命令されていたローマ兵たちがラザロに出くわすの。ピラトは死んでいた者が地上を歩くのが嫌だったのね。ローマ兵たちがラザロに「向こう側はどうだったか?」と聞くと、ラザロは「ここみたいだった」と返事をしたの。彼はとても霊的に進歩していたのね。それからローマ兵たちは彼を殺して、ラザロは二度も死んだというわけ。

死後の世界は様々なイメージをあなたに見せるけど、わたしたちの意図はそれらを実在させることではないわ。でも、リアルに見えるのは確かよ。準備はいい?

ゲイリー　いや、まだだけど？

註・そのとき、ぼくは自分の身体から離れて行くのを感じた。まるでとつぜん物質的な邪魔ものがなくなったみたいで、すばらしい感覚だった。まだ身体のような何か制限のある空間にいる感じはしたが、身体的な感覚というものはなかった。でも精神的な感覚みたいなものがあって、アーテンとパーサは見えなかったが、彼らがぼくと一緒にいるのがわかった。そして、とつぜん心のテレパシーでアーテンが話すのが聞こえた。

アーテン　いまきみはまだ制限がある空間にいるようだね。繰り返すが、それが分離の思考だ。時間でも、空間でも、身体でも、アストラル体でも、それらはどれも分離の考えに基づいている。いまのきみの状態は明らかに身体的苦痛がなく、とても爽快な気分と言えるね。特に最初はそうなんだよ。しかしまだ、心理的苦痛を感じる可能性はある。それをこれから見せるよ。

ゲイリー　待ちきれないよ。ねえ、あんたと話せるけど、何か変な感じだな。ぼく喋ってないよ！　唇もないし！　息もしてない！　これはすごいな。

アーテン　人間の身体には呼吸が必要だなんて信念は、そんなものなのさ。ただの信念にすぎない。死も同じで信念にすぎない。すべては心のなかにある。現に物質的な身体から離れているのに、それでもまだきみは体験している。身体は肉眼を使って見るが、きみはいまそうしていない。きみは心で見ている。人体であろうと、アストラル体であろうと、ほかのものであろうと、物体というのはほんとうはそこに存在していない。それらは投影の一部にすぎず、ほかの投影部分と何ら変わらない。Ｊは「コース」でこう述べている。

いかなる瞬間においても、身体はまったく存在していない。［T-18.VII.3:1］

しばらくすると、きみのアストラル体が消えたように思えるかもしれない。すべてを心で眺めていると感じるだろう。それはかなり進歩した状態なんだよ。

註・すると、ぼくは自分がどんどん高く上がっていくのを感じた。地球の淵のカーブが見え始め、暑さも寒さも感じず、ただとても軽かった。つかの間のあいだ浮かんでいるみたいで、まわりの空間とどんどんつながっていくようだった。まるで自分が空間と一つになるかのように。ところどころ雲のかかった大陸がいくつか見えたと思ったら、地球の空色から離れて、暗闇の大気圏外へ浮上した。自分の家だと思える青い惑星がまだ見えていた。

とつぜん速度が早まり、月のそばを通りすぎて火星へ向かった。以前、アーテンとパーサが火星には生命体が存在していたと教えてくれたが、その生命体は徐々に地球へ移住したそうだ。その火星を眺めるのは最高な気分だったが、素早く通りすぎ、ものすごい勢いで太陽系から飛び出した。

飛び出す前に、知っている惑星もいくつか見えた。

奇妙な感じだった！　アストラル体ではなくて、自分の心が動いているように感じたのだ。楽しかった。知らないものもいくつか見えた。信じられないようなスピードで宇宙の遠くまでぐんぐん進むと、思いもよらない葛藤を感じた。二つの銀河系みたいなものが見えたのだが、その二つが対立しているように感じるのだ。

アーテン　さあ、ここで内なる葛藤の思考例を一つ見てみよう。ああいうかたちあるものには葛藤などないように見える。「コース」が、見ているものは「内なる状態が外側に映し出されたもの［T-21.in.1:5］」と言うとき、それは文字どおりの意味を表す。一方の銀河系にはブラックホールがあり、もう一つの銀河系に向けてエネルギーを放射している。

ゲイリー　銀河系同士が戦争してると言うのかい？　冗談でしょ！

アーテン　いや、冗談ではない。銀河系同士がすれ違うとき、一方がもう一方を攻撃するんだよ。暴力的なエネルギーの粒子が、一方からもう一方へ向けて放射されている。信じられないかもしれないが、分離というのは時空の投影のいたるところで見られるんだ。

ゲイリー　人間だけじゃないんだな。

パーサ　そうよ。さあ、これからまたぜんぜん違うものを見に行くわよ。夢のなかでは見たいものを何でも見せてもらえるし、望むものは何でも投影できることを忘れないで。問題は、心の力に全開でアクセスしようとするのを妨げるバリアを取り除けるかどうかよ。

註・遠くに宇宙船のようなものが見えた。それはみるみるうちに大きくなり、とてつもなく巨大なものになった。畏敬の念すら感じた。アーテンは見えなかったが、また彼に話しかけてみた。

ゲイリー　いったい何だい、あれは？

アーテン　プレアデス星団の宇宙船だ。単純な銀河系のパトロール任務を負っているが、一瞬にして地球などどこにでも移動できるんだ。

ゲイリー　そういう存在は過去のものかと思ったよ。

アーテン　違う、彼らはまだいる。とても進歩した、いい集団だ。多くの者が悟っているから、ここにいる者はどんどん減っている。心は分裂してイメージとして現れるとわれわれは言ったが、プレアデス星人のような人種が悟ると、その多くがホログラムを去って、神のいるわが家へ向かい始めるんだ。悟った者たちは戻って来ないから、人口は減少していく。生まれてくる者より、悟って幻想を去る者のほうがだんだん増えて、その種は消滅する。いい意味でね。神のいるわが家へ行くわけだから、悪い意味じゃあない。さあ、宇宙船に乗るかい？

ゲイリー　ぼくをもてあそんでるな。

パーサ　さあ、カウボーイ、行きましょう。

註・ほんの一瞬ののち、自分が宇宙船にいるのがわかった。信じられないくらい巨大なところだった。こんなに大きなものを誰がどうやってつくるんだ？　すると二人の宇宙人がどこからともなくやって来て、ぼくの前に降りた。彼らは人間のようだったが、人間よりは大きくて、二人とも金髪だった。

パーサ　あなたたちにとって、プレアデス星人は人間に見えるし、魅力的よね。いま彼らは北欧人の姿をしているけれど、あなたに見せない別の姿もあるのよ。

ゲイリー　どうして？　ぼくは何を見ても大丈夫なのに。

パーサ　わたしたちは彼らの決めたことには干渉できないの。

ゲイリー　ああ、そうか。『スタートレック』の最優先指令ってやつだろ？

パーサ　そんなとこね。二人に何か聞きたい？

註・ぼくはそこにいた二人の男性にこう聞いてみた。「こんなに大きな船をどうやって操縦するのかい？」

一人が答えた。「つくられたときと同じ方法で心を使う。わたしたちは宇宙を横断しなくても、どこにでも行きたいところへ行けるし、まばたきをするあいだに到着できる。いずれ人間もそうできるようになるだろう。まだまだ道のりは長いだろうけど」

彼は続けた。「ちなみに人間も、宇宙人として来世を生きることができるよ。プレアデス星人としてもね」

「やった！」と言って、ぼくがもっと話そうとすると、彼はこう言った。「それもきみの考え方次第で決められる。きみともう少し話がしたいが、きみの小旅行はもう終わらせたほうがよさそうだな。お元気で」

すると、ぼくたちはその巨大な宇宙船の外側にいて、猛スピードでそこを離れて星々を通りすぎていた。ぼくの心の声が、あれはシリウスとオリオン座だと教えてくれる。スローダウンして止まったとき、ぼくの心はくるくるとまわり始めていた。

パーサ　あそこを見て。何が見える？

ゲイリー　わからない。トンネルか何かに見えるけど。

パーサ　ワームホールよ。地球では多くの科学者が、宇宙を移動するための最高の物質的手段を手にしていると信じているわ。ワームホールはそういうふうに使われることもあるけれど、タイムトラベルにも利用できるのよ。だから、大抵の宇宙人たちはまず最初にワームホールを使うけど、やっぱり心の移動《マインド・トランスポート》がいちばんよ。

ゲイリー　ねえ、いま死後の世界って言われてるところにいるならさあ、なんでいろんなものがリアルタイムで起きてるように見えるんだい？

パーサ　簡単よ、ゲイリー。それはどれもが本物《リアル》じゃないからよ！　死後の世界にいるあいだは、見る準備のできているものを見るの。だから多種多様なの。

註・ぼくたちは加速して、来た方向に戻っているようだった。地球に向かっていると直感した。

その道程はぼくには理解のできないものだった。

パーサ　あなたが見ているのは反物質に破壊されたものよ。もともと星だったんだけど、中性子とブラックホールによって引き裂かれたの。

ゲイリー　ぼくらの太陽系の外側がそんなに凶暴とは知らなかったな。

パーサ　宇宙はぜんぜん調和の理念に基づいていないわ。一つにまとまっているのは、全部が同じ投影だからという理由でしかないの。たった一つの投影があるだけ。だからほんとうにバラバラにはなれないの。でも一見したところ、分裂を繰り返してバラバラに分かれているように見えるんだけど。

註・さらに進んで行くと、ぼくらのものと思える太陽が見えてきた。磁力線が何本もあって、その線に沿って波動も見える。

アーテン　あれは太陽の磁場が波を打って広がっているもので、太陽エネルギーを様々な方向へ運んでいるんだ。電磁システムの大切な要素で、引力とともに太陽系の動きを司っている。その波動は宇宙全体に放射されるから、いたるところで見られる似たような作用ともつながっているんだ。

註・太陽に向かって急いで進むと、また太陽系の惑星がいくつか見えてきて、地球に急接近していった。ぼくたちは再び大気圏に突入し、北アメリカ方面のある場所に近づいていく。住んだことのないところだ。その都市にどんどん近づくと、ミシガン湖が見えてシカゴだとわかった。記憶しているより大きなスカイライン［空を背景にしたビル群の輪郭］が見える。近づくにつれ個々の建物も見えてきた。そのうちの一つは病院のようだった。救急病棟の入口らしきものがある。建物全体は見慣れているものとは違い、未来的な雰囲気が漂っていた。

とつぜん、ぼくは手術室のようなところで、ある女性の出産を見ていた。

ゲイリー　あれは誰？

パーサ　わたしたちのお母さんよ。

ゲイリー　何だって⁉

パーサ　彼女はわたしたちのお母さんなの。あなたの来世でわたしが生まれようとしているところよ。あなたは死後の世界を完了すると、自動的にホログラムのこの場所とこの時間、つまりあなたがわたしとして生まれるところへ導かれるわ。

ゲイリー なんかおかしくなってきたぞ。あの女性のお腹にいるのがぼくで、ぼくらの最後の生が始まるところだって言うのかい？

パーサ そうよ。どうやってあなたがもう一度やり直すことになるのかを見せたかったの。未学習のレッスンを学ぶチャンスを得て、やり直すのよ。あなたの場合は、残りのレッスンは少ないでしょうけど。ゲイリーでいるあいだは、いつも洗練された赦しの実践者というわけではなかったかもしれないけど、あなたの忍耐強さは報われるわよ。

さあ、あなたが達した高次の領域へ行きましょう。あなたは、結果ではなく原因に根ざした真の赦しを行うことでそこへ達したのよ。赦しの結果として得るのが聖霊《ホーリースピリット》の癒やし。これから、ある意識を経験するけど、その意識がパーサとして生まれ変わる前の死後の世界を見せてくれるわ。さっきは、あなたの死後の世界の導入部分をスキップしたの。この部分だけを単独で見せたかったからよ。ゲイリーの身体を脇に置いて死後の世界を再生すると、まずこれからわたしたちが見せようとしているものに遭遇するわ。それからいろんなものを見て、小さなあかちゃんの身体のなかに入っていくの。まあ、決してほんとうに身体のなかに入るわけではないけれどね。さあ、兄弟、一緒に来て。

註・ぼくたちはまったく違う場所にいた。白っぽい美しい光がぼくを包んで、その光が温かい癒やしに感じられた。ピリピリする感覚と誘われるような感覚があってオーガズムのようだった。これまで神と完全に一つになったと感じたことが数回あったが、そうした啓示のときにしか訪れない無上の喜びみたいなものを感じていた。

『奇跡のコース』の「祈りの歌」で、まさにそのときのぼくの気持ちを表している美しい箇所が思い出される。ぼくは「コース」を一語一句覚えているわけではないが、印象深い箇所などパッと思い出して心を込めて言える部分はけっこうあった。これはその一つだ。美しい言葉を心のなかで思い浮かべて、ぼくは黙った。アーテンとパーサが一緒にいるのはわかっていたが、あらゆる人がそこでぼくと一緒にいてくれているように感じられた。「祈りの歌」が述べていることを実体験できたことに感謝した。

死は次のようであるべきである。それは静かな選択であり、神へ向かう道程に、身体が神の子を助けるために優しく使われてきたからこそ、喜んで安らかに成される選択である。そのときわたしたちは身体に対し、それがもたらしたあらゆる貢献に感謝する。しかし、わたしたちは制限のある世界を歩む必要がなくなったことと、隠れていたキリストや美しいまたたきの一瞬にしか鮮明に見ることのできなかったキリストに到達しようとする必要がなくなったことにも感謝する。いまやわたしたちは、再び見るよう学んだその光のなかで、目を覆われることなくキリストを見つめることができる。［S-3.II.2:1-4］

わたしたちはそれを死と呼ぶが、死は解放である。死は嫌がる肉体のもとへ、苦痛とともに強引なかたちで訪れたりしない。むしろ、手放すことを優しく受け入れるかたちで訪れる。真の癒やしが起きたなら、死は次のようなかたちで訪れることがある。それは、喜んで行い、喜んで終えた労働から、しばし休むときがきた際に訪れるものである。いま、わたしたちは平和のなかをより自由な空気と、より優しい環境へ向かって進む。そこではわたしたちが与えた贈り物が、わたしたちのために確保されていたことを見るのも難しくはない。いまキリストがより鮮明になったので、彼のヴィジョンがわたしたちのなかでさらに継続され、彼の声、つまり神の言葉が、より確実にわたしたちのものになる。[S-3.II.3:1-5]

その状態はしばらく続いていたみたいだが、どのくらいだったのかわからない。ぼくの思考は一時停止していたらしい。身体はなく、心も目でとらえられなかった。ずっとその状態でいても文句を言うことはなかっただろうが、そのうちだんだんと居心地が悪くなってきた。いまのは何だ？何かが変だった。まるで自分が間違ったことをしたような気分だった。それが何なのかわからなかったが、自分がそこから逃れたがっているのはわかった。そしてとつぜん、ぼくは自分の家にいて、二人のアセンデッド・マスターの前に座っていた。口がきけないほど驚いていたが、質問だらけだった。

ゲイリー　すごかったよ！　あんなに自由を感じられるなんて知らなかった。源《ソース》と一つになった最後の感覚がいちばんすごかったよ。途中はそうでもなかったけどさ。でも、いくつかわからないことがある。死後の世界の話をよく聞くけど、体験者の話はもっと細かいし、ぼくのとは何だか違う気がするんだよね。たとえばクリスタルの城を見たとか、美しいヴィジョンで息を呑むほどすばらしい景色だったとか、自分の思考で創造してたとか、いろいろあるよね。そういうのはどうなの？

パーサ　だから最初に、見る準備ができているものを見ると言ったのよ。

アーテン　人は見る準備ができているものだけを見ることができるんだよ。われわれが「見る」というとき、いつも心で見ることを意味しているが、「見る」というのはじつは考え方のことを指している。もう一度繰り返すが、霊的視覚は心のレベルで起こり、身体で見るものとは一切関係がない。身体は「見る」ことなんてできないし、どのみち何も行うことはできない！　だが心はつねにエゴでなく聖霊《ホーリースピリット》に仕えた上で、身体を使うことを選べるんだ。

ゲイリー　わかった。じゃあ、とりあえずいまは身体から完全に抜けていなくて、見るものすべては、一見みんなで分かち合ってる時空の宇宙の一部だとしよう。あんたは一人ひとりが体験する死後の世界は様々で、何を信じているか、何を体験する準備ができているかによって異なると言うんだな？

パーサ　もちろんんよ。あなたは赦しを行ってきたし、この幻想の人生のあいだ、その赦しを続けるの。結果として、移行した際によい経験がもたらされるのよ。いま起こったように見えたことは、他の人の経験と比べてもすばらしい体験だわ。大抵、みんな期待していたものを見るところから始まる。長らく会っていなかった親戚や、表現できないほど綺麗な色や、長いトンネルとか、光のようなものにいたるまでね。息を呑むほど美しいヴィジョンに遭遇することもあるわ。いわゆる身体での人生を超越してるっていう、俗に言う宇宙の神秘ね。

でもそういうのは長続きしなくて、いずれあなたが感じ始めた心地悪さを経験することになるの。大抵はもっとひどいのよ。心理的な苦痛の感覚だから、そこから逃れたくなるわ。それは源《ソース》からの最初の分離と、その結果の罪悪感を再生したものなの。だから身体のなかに隠れることでそこから逃げようとして、病院にいたあなたのような立場になるのね。無力の小さな犠牲者、つまり何の責任も負えないあかちゃんね。でももちろん、あらゆる責任は自分にあるというのが真実で、ただそれを忘れているだけ。

だからこそわたしたちは、いまある赦しの機会をきちんと活用することがどれほど大切かを強調しているの。応用して学べば学ぶほど、地上にいようがいまいが、あなたの未来の経験はますますよくなるわ。

ゲイリー　じゃあ、ぼくは大小関係なく全部赦さなくちゃいけないんだな。ぼく以上に本を売ってる人は、ほんとうはどこにもいないってことを理解する必要があるな。あと「引き寄せの法則」や心を駆使して、何とか会おうとしているあの人やこの人も、結局みんないないいってことなんだな。

アーテン　そういえばこの二年間、きみはシャキーラに注目してたもんな。

ゲイリー　ちょっと、それをストーカー行為だって言う人もいるけど、ぼくにとっては愛の表現なんだよ。

パーサ　「引き寄せの法則」は結局、大抵の場合うまくいかないわ。このことはあとで少し触れるわね。ちなみに、『引き寄せの法則』（ソフトバンク）と『ザ・シークレット』（角川書店）の改善版を読みたいなら、ナポレオン・ヒルの名著『思考は実現化する』（きこ書房）を読むといいわ。この本の初版は一九三〇年代に遡るの。いまはみんな「ダ・ヴィンチはその秘密《ザ・シークレット》を使った」とか「エジソンもその秘密を使った」とか言うけど、いちばん大事な部分を見逃しているわ。彼らは身を粉にして働いたのよ！ほかにも人々が知らないゆえに伝えられていないもっと大切なことがあるけど、あとで触れるわね。

アーテン　成功は十パーセントがインスピレーションで、九十パーセントが努力と言われている。多くの場合、そのとおりだ。たとえば、きみには怠け者だという評判がついてまわっているが、主にそれはきみの最初の本でわれわれ三人が言ったことのせいだ。でもほんとうのところ、きみはこの数年とても一生懸命働いているし、たまにはそうしなければならないのさ。ほかの霊的《スピリチュアル》な教師たちよりもはるかにたいへんな困難にさらされているが、それはきみが人々の聞きたがっていることだけを述べていないからだ。「コース」の教えや、ワークショップで話していることを考えてみても、きみはよくやっているし、きみの本もCDもよく売れている。予想以上と言ってもいいくらいだが、きみはこれを実現させるために非常に熱心に取り組んだ。

ゲイリー　だから、あとは聖霊《ホーリースピリット》に任せるんだ。

パーサ　そのとおりよ。うまくいくわ。でも少なくとも、もう少しゆっくりやっていくのも得策かもしれないわよ。せめて毎月、週末の一回くらい休んだらどう？　そうすれば、月に十日ほどは連休で家にいられるし、書く時間ももっとできるでしょ。メッセージを広めるための旅行も十分すぎるくらいできるでしょうし。

ゲイリー　そうしてもいいけど、多分来年だな。今年の予定はもう全部決まってるから。あんたはほんとうにぼくがもっと自分のために時間を取るべきだって思うのかい？

パーサ　ええ。理由はほかにもあるのよ。すでに書いた二冊もよかったけど、もっと執筆活動をしてほしいのよ。人々はなかなかこういう教えを聞くことがないし、あなたは彼らのために「コース」の認識を高めるだけじゃなくて、新しい生徒を呼び込むことができるわ。

ゲイリー　もっと本を書くなら、一ヶ月に一回の週末じゃ足りないだろうな。

アーテン　よし、キャリア・カウンセリングは十分だ。きみの結婚生活のほうはどうかい？

ゲイリー　うーん、難しいよ。乗り越えようとしていないわけじゃないんだ。長いこと結婚しているし。ただ、もううまくやれるとは思えない。いいときもあったけどね。数年前からぼくが頻繁に旅行に出るようになったことが、最後の決定打になったと思う。いまは続くとは思えない。ぼくたちはもう同じ考え方をしていないし。カレンはいい人だよ。いつでもいい人だったよ。だけど、ぼくたちは別々の道に向かっている。

ねえ、最近、運転免許証を更新したんだけど、どうして結婚許可証も運転免許証みたいにしないんだろう？　五年かそこら有効にしてさ、期限が切れるとき、どっちかが更新したくなかったら、それまでってて！

アーテン　ありがとう、ゲイリー。パーサや全霊的《スピリチュアル》コミュニティもわたしと同意見だと思うが、きみのそのユニークな見方は爽快だし、その件はわれわれの課題としたい。

パーサ　何か真面目に言えることはない？

ゲイリー　真面目な話、どうしていいかわからない。

パーサ　特に来月、まあ、それ以降もあなたはいろんな面で困難に見舞われるわ。いつも言っているように、あなた自身がそれを経験して赦すために、あまり詳しくは言えないけど、圧倒されるでしょうね。

ゲイリー　またかい？

パーサ　そうよ。でもいつもわたしたちが一緒で、すべて見守っていることを忘れないで。Jも同じよ。わたしたちは聖霊《ホーリースピリット》の顕現として、教師たちの教師として、知らないものは何もないのよ。

ゲイリー　ありがとう。心強いよ。

アーテン　次の訪問まで、何も必要としない立場に軸を置けるよう試すといい。何かを必要とするなら、きみは欠如の立場にいることになる。たとえば、プロジェクトや何かのためにお金が必要なら、そのお金を愛を延長するために使うツールだと考えるといい。幻想に向けて愛を延長していてもかまわない。大切なのはその愛であり、その愛が実在していることであり、何も必要としないところからくる豊かさの感覚なんだ。すると、その豊かさをも延長することができる。「コース」がこう述べているように。

だから、あなたの豊かさを惜しみなく与えなさい。そして、兄弟たちに彼らの豊かさを教えなさい。[T-7.VII.7:7]

ゲイリー　それは人間関係でも当てはまるね。相手が必要だからといって、追いかけるべきではないね。誰かを必要としているなら、自分は恵まれていないことになる。でも相手を必要としていないなら、互いの豊かさを自覚した上で、その人と一緒になることができる。

パーサ　そうね。これは人間関係にもお金にも、何にでも当てはまるわね。大切なのは、何事も聖霊《ホーリースピリット》の愛と一緒に行うこと。エゴの讃美のためでなくね。何をするかが問題ではなくて、エゴと聖霊のどちらと一緒にするかが問題なのよ。

アーテン　多くの人は、何をするかが問題だと思っている。そして、自分自身や自分の知性をそれとなく賞賛する方法として、「何をするのか」を利用する。しかし、ほんとうに重要なのは愛だ。何であれ愛に根ざして行うなら、霊《スピリット》に導いてもらえる。

ゲイリー　そうだね。原子を分裂させる方法を発見して、原子力云々とやらを開発したときみたいだね。その発見で最初にしたことは何だったっけ？　爆弾づくりだよ！　それは知性を要したかもしれないけど、絶対に愛は必要じゃなかったよね。

アーテン　だからアインシュタインは、人類は善なのかと真剣に疑問を投げかけたんだ。

ゲイリー　エゴの本質を考えると、それはごもっともな疑問だな。全人類の一人ひとりはエゴの支配下で、最善の状態でも善悪に分かれている。たとえ、いい一日でもそういう状態なんだ。心が聖霊《ホーリースピリット》の思考に支配されているとき、つまりこれはぼくたちが自分たちのために選択しなくてはいけないことだけど、そのときだけ人類は徐々に善になり、いずれ神のもとへ戻る。

アーテン　よく言った。

ゲイリー　どれほど愛のない知性が無であるかとあんたが言ってたの、あれ気に入ったよ。

アーテン　きみは『奇跡のコース』の集まりにいろいろ行っているが、そこでよく「コース」の知ったかぶりで、何についても正しくないとだめな議論の余地のない人に会うだろう。また旅行中、この世界で知的障がい者と言われている人たちにもたくさん会うだろう。そうした障がいを持つ多くの男女が、愛情ある人々に出会って生きているというのはおもしろくないかい？　前にも言ったが、もし他者を見るように自分自身を見ているというのがほんとうなら、愛情ある人々に出会って生きている知的障がい者のほうが、幸せより正しくあることを願う知識人よりも、人生でずっと霊的進歩を遂げていることになる！

パーサ　どう心を使うかは自分次第ね。エーリヒ・フロムが言ったように、愛は人類のあり方の問題への答えだし、わが家へ戻る方法よ。もちろん愛の経験をいちばん早く促すのは真の赦しで、だからこそわたしたちはいつも赦しに戻るの。でも「コース」で使われている愛という言葉は、完全な思考体系、つまり聖霊《ホーリースピリット》の思考体系を表しているのを思い出してね。「コース」の恐れという言葉も完全な思考体系を表しているけど、こちらはエゴの思考体系よ。この二つの思考体系は相互に排他的で、決して調和することはないわ。あなたはそのどちらかを選ばなくてはならないし、そうしないとあなたの心は分裂するわね。天国には相反するものはなく、神の王国に再び入るためには、心のなかの対立に忠誠を尽くすわけにはいかないの。

ゲイリー　心をどんどん聖霊《ホーリースピリット》に取って代わってもらおうとしているんだけど、聖霊は結局じつは実在《リアリティ》の自分だから、別に怖いことをしようとしているわけじゃないんだ。それにそうするとき、以前心配していたことをくよくよ心配する必要はもうないんだって感じるよ。たとえばここ数年、ぼくは政治への関心が前より薄れてきている。そういうことから以前ほど大きな影響を受けなくなるくらい、ぼくはテレビに映る政治家たちを赦したんだと思う。

パーサ　すばらしいわ。それでもまだ投票したり、意識を向けたかったら、そうすればいいのだし。つまり、あなたは政治に対して反発的な態度ではなく、心穏やかになったということよね。

ゲイリー　そうだ。しかも、定年後の資金とか、何かをするお金が十分にあるかどうかも、それほど気にならなくなった。必要なものは備えられるし、今後もずっとそうだとわかっている感じっていうのかな。

パーサ　上出来よ。「コース」は「精神療法《サイコセラピー》」のところでこう教えているわ。この部分でよく出てくる「セラピスト」という言葉を、「ヒーラー」や「教師」、あるいは自分の職業に置き換えても、意味はまったく同じよ。

進歩したセラピストでさえ、ここいるあいだは何らかの地上の世俗的なものを必要としている。金銭が必要ならば与えられるが、それは報酬としてではなく、神の計画をよりよく遂行することを助けるためである。金銭は悪ではない。それは無である。しかし、ここでは誰も幻想なしで生きることはできない。なぜなら、彼はまだ最後の幻想があらゆるところであらゆる者に受け入れられるよう尽くさなくてはならないからである。彼はこの一つの目的における大きな役割を担い、そのためにここへ来たのである。彼はそのためだけにここにいる。そして、彼はここにとどまるあいだ、とどまるために必要なものを与えられるだろう。[P-3.Ⅲ.1:3-10]

ゲイリー　よかった！　それに必要なものがどうやって来るかは問題ではなくて、来ることになっているなら、ただやって来る。どうやって来るかを重要視している人がいるけどね。「昔ながらの方法で財産を築いた」っていう友人もいるよ。

アーテン　相続だな。

パーサ　ところで、「彼はそのため『だけ』にここにいる」という引用だけど、「コース」で「だけ(but)」という言葉をそういうふうに使っているのは、すでに話し合ったとおりシェークスピアの言語でそう用いられているからよ。あなたのようにシェークスピアにあまり興味のない人にとっては、「コース」全体で「but」を「only」に置き換えてかまわないわ。そのほうがすんなりと読めるでしょう。

ゲイリー　いいね。そういうちょっとした助言、好きだな。ほかにもある？

パーサ　ええ、ただこれからする助言はちょっとしたものではないわよ。来月何が起きても、すべては何のためなのかを忘れないでね。それが教えを一貫した重要なものにするのだから。つねに何のためなのかを知っておくことよ。すべては赦しに用いるためにあるの。自らの幻想に真実を授ける代わりに、自分の幻想を真実に向けて差し出すの。「コース」はとてもはっきりと説明している。たとえば……。

世界は幻想である。ここに来ることを選ぶ者は、幻想となって存在でき、自らの実在性《リアリティ》を避けていられる場所を求めている。しかし、ここにも自らの実在性《リアリティ》を見つけると、彼らは一歩退き、実在性に導いてもらうようになる。それ以外に彼らがほんとうに選ぶべきものがあるだろうか。[W-155.2:1-4]

ゲイリー 「ここに来ることを選ぶ者」と言うとき、心の方向は赦しを行うかどうかで自動的に決まるとあんたは意味しているのかと思ったけど、どうやらその引用は、死後の世界でぼくらはここへ来ることを決断したと言っているみたいだな。

パーサ 違うわ。「コース」の大半と同じで、これはたとえよ。聖霊《ホーリースピリット》の代わりにエゴを選んだ最初の瞬間にあなたはここへ来て、時空の宇宙はつくられたの。その瞬間からあなたは赦しを行わないことでここにとどまることを選んでいるし、人間関係や状況や出来事に関するエゴの解釈を受け入れないことによって、わが家へ帰ることを選ぶの。さっきの引用がたとえである理由は、時間がホログラフィックだからよ。それなのに、ここで行う選択は線型上《リニア》にあるように見えるわ。それが時間の一見矛盾してるところよ。ホログラムにおいては、すでに起こったことだけど、線型上《リニア》にあるその経験は、これから行わなければならないものなの。

あなたがやりたいのは、線型《リニア》の時間を本気で拒否して、唯一可能なほんとうの選択をすること。シンプルよね。その選択によって、時間の狂った幻想を見なくて済む。「コース」にも同じ頁にこう記されているわ。

これが、今日わたしたちが行う単純な選択である。狂った幻想は証拠としてしばらく残るだろう。それは、ここへ来ることを選び、その選択が間違えだったと判明するのを喜んでいない者が見るためにある。彼らは真実から直接学ぶことはできない。なぜなら、彼らは真実が真実であることを否定したからである。したがって彼らは、彼らの狂気を知覚してもなお幻想を越えて彼らのなかにある単純な真実を見ることができる教師を必要としている。[W-155.3:1-4]

もし真実が彼らに世界を諦めるよう求めるなら、彼らには、実在する何かを犠牲にするよう求められていると映るだろう。多くの者が、世界の実在性《リアリティ》を信じながら、世界を放棄することを選んできた。そして、喪失感に苦しむゆえに解放されていない。そのほかの者は世界だけを選び、より深い喪失感に苦しんできたが、それが何かを理解していない。[W-155.4:1-4]

これらの道のあいだには、犠牲と欠乏が直ちに放棄されるがゆえにあらゆる喪失感から遠のく別の道がある。それこそが、いまあなたに定められている道である。[W-155.5:1-2]

パーサ　だから、世界に執着しないというのが、あなたの進む道よ。自分の人生を生きていいのだけど、聖性を選び続けていけば、その人生の実在性《リアリティ》を単純には信じなくなるわ。世俗的な働きをするときも、心のどこかに完全な実在性《リアリティ》をとどめておくことで、間違った世界にあった経験は徐々に取り消されるの。必然的に永遠という真の本質の経験と置き換わるわ。

アーテン　兄弟、われわれはきみに満足している。たいへんだと思うときは、ためらわずに心のなかでわれわれに呼びかけてほしい。そうしたら、われわれはきみに語りかけるよ。ときが来たら、また会おう。

ゲイリー　あんたがたに感謝している。旅をありがとう！

パーサ　どういたしまして。あなたはもうすぐ、また別の旅に出るわね。マイアミの幻想を楽しんでね。

註・アーテンとパーサはいつものように、一瞬のあいだに同時に消えた。その週の後半はマイアミへ行き、湾岸のユニティ教会でワークショップを行った。教会のメンバーとワークショップの参加者のほとんどがスペイン語を話す人たちで通訳を頼むことになったが、それはぼくにとって二度目の体験だった。通訳には逐次通訳と同時通訳の二種類がある。逐次通訳は、話し手が一、二文話しポーズを置いて、そのあいだに通訳者が繰り返す。同時通訳の機材がないときは通常、逐次通訳で行われるが、その場合、一時停止して通訳を待つので、たったいま話したことを覚えておき、そこから話し始めなければならない。このやり方は聖霊《ホーリースピリット》のなかで自分を見失うようで、あまり楽しいものではない。

同時通訳のほうは、通訳者がマイクを通じ、グループ全体ではなく通訳を希望してイヤフォンをしている人に向けて話す。この場合、通訳者が話し手に合わせてくれるので、ほとんどの話し手にとっては、同時通訳のほうがスタイルを変えずに済むし、楽に話せるから自分のままでいられる。けれども、大抵は通訳者を助けるために、ふだんより多少ゆっくり話すのが一般的だ。やはり英語よりも、スペイン語、イタリア語、フランス語など、他言語のほうが単語数も多い。

マイアミでは同時通訳がつくことになっていた。通訳者の名前はヘイスース(つづりはイエスと同じ「Jesus」)だった。ヘイスースは小さくて優しい男だった。彼はぼくの話をとても上手に通訳してくれて、ワークショップはうまく進行した。その後メキシコでも同時通訳を頼むことになったが、結果はマイアミと同じで大盛況だった。スペイン語で出版されたぼくの最初の本の翻訳がすばらしかったという声を聞き、『奇跡のコース』はほかの言語よりもスペイン語で急成長するとわかっていたので嬉しかった。

ワークショップのあと、ヘイスースが街を案内してくれた。マイアミといえば、ときどきテレビで見るサウスビーチと空を背景にくっきり見えるビル群のイメージだったが、ヘイスースはぼくのその間違った印象を変えようとしていた。ワークショップの参加者も数人同行した。ぼくたちはいろいろな見所を説明してくれるヘイスースに着いて行き、「イエスに着いて行こう」などと冗談を言い合った。

ぼくがマイアミに着いてすぐ、偏見に凝り固まったあるアメリカ人政治家が街にやって来て、マイアミは第三世界のようだと発言した。ぼくが思うに、その感想は人種差別以外の何ものでもない。その後、マイアミがアメリカで最も綺麗な都市にあげられた世論調査を見たことがある。アメリカで第三世界を見たければ、ニューヨークのラガーディア空港とケネディ空港に行くといい。アメリカを初めて訪れる人は、そこで目にするものにショックを受けると思う。こう言うのも、古びた空港のせいなのだが、それに比べマイアミは美しい。

ヘイスースはすばらしい声の持ち主で、母国語を美しく話していた。ぼくにとってスペイン語はほとんど音楽のように聞こえる。英語よりずっと華やかで興味深い。ぼくには言語の才能がそれほどない。今世ではその才能に恵まれなかったと言える。それでもヘイスースがスペイン語で友人たちと話すのを聞くのはとても楽しかった。彼はすぐに英語で同じことを話してくれたので、親切に案内してくれる見所を理解できた。

ヘイスースは街中を運転して、見たことのあるビーチや島、そしてぼくの知らないところにも連れて行ってくれた。コーラルゲーブルズやココナッツグローブのような美しい地域も通った。椰子の木やときおり見える水路、よく整備された造園に素敵な家々、その地域はとても魅力的だった。リトルハバナにも行き、店裏で違法のキューバ産の葉巻を買えると噂の店に寄り、キューバ料理の人気レストランにも行った。ヘイスースがモヒートというカクテルをくれたが、甘くてかなり強い酒だとすぐにわかった。幸い、翌日の講演のことを覚えていたので、二杯目は控えた。

スペイン系の新しい友人たちの親しみやすさと温かさが、とても嬉しくてありがたかった。マイアミはまた来てもいい場所だと思った。ぼくにはマイアミから四十分ほど北に行ったところに住んでいる親しい友人夫妻もいた。ジーン・ボガードと妻のヘレンはフォートローダーデールのそばのボカラトンに住んでいる。じつはジーンは、ぼくとポッドキャストをしたいと依頼してきた人物で、ぼくの技術の精通ぶりを紹介するが、そのときぼくはポッドキャストが何かも知らなかった。そのジーンをプロデューサー兼共同司会者として迎え、ゲイリー・レナード・ポッドキャストを立ち上げたのは、前年の十月のことだった。ぼくは世界中から寄せられたたくさんの好意的な返事に驚いた。間もなくぼくたちは、iTunesのスピリチュアル・カテゴリーのトップ・テンに入った。

似たような人生を送っていたぼくたちは、ともに同い年で、二十年間、プロのギタリストをしていた。ぼくの教師たちと『神の使者』によるところが大きいが、二人とも『奇跡のコース』を理解し、いろんな面で似たような考え方をしていた。マイアミからフォートローダーデールのエリアには、将来ぼくを惹きつけるであろうものがたくさんあることがわかった。特に、フランク・シナトラがファウンテンブロー・ホテルで言ったように、「旬の季節」ならなおさらそうだ。ぼくはとつぜんあることを思い出した。「コース」や教師たちが何度となく言っていた「それは何のためにあるのか？」ということを。

『奇跡のコース』はよいものを赦すことにはあまりフォーカスしていない。そうしても無意識に潜む罪悪感が表に顔を出したりしないからだ。それよりも、主に怒りや不快感を持つ場合について焦点を当てている。実際、「コース」はどんな不快感でも大差はないと教えている。たとえその不快感が大きかろうが小さかろうが、いずれも平和なものではないからだ。

世界で目にする美は自分の主観とわかっているが、それらがぼくの平和を奪うわけではないので、美しいもの自体が問題なのではないと気づいた。Jが決してぼくに罪悪感を抱いてほしいなどと思っていないとわかっていたし、「コース」が美しい夕日や芸術作品を赦すことに非常に気を配っているとも思えない。「コース」自体が芸術作品だ。だからぼくはよく、外側に見る美しいものは、単に内側の美と豊かさの象徴と思うことにしている。それらは実在していないから、それを楽しむことに罪を感じる理由もない。特に何かを楽しんで愛に根ざしているとき、「それは何のためにあるのか」といえば、自分の罪のなさを気づかせるためという場合だってあるのだ。

この世界のどう見ても美しくないものは、この先、それらを赦すので多忙になるほど十分すぎるくらいある。

その翌週、ぼくはカレンとハワイへ行き、ワークショップを二つやることになっていた。まずは、目もくらむほど綺麗なカウアイ島で、そしてその翌週には「集まる場所（The gathering place）」として知られる美しいオアフ島で行う予定だった。ぼくたちはこの機会を利用して、二週間をほぼバケーションとしてすごすつもりだった。でも、このバケーションはリラックスとはかけ離れたものになっていく。

カウアイ島はエネルギーの渦《ボルテックス》で、特に新月の夜におかしなことが起こると言われている。エネルギーは移行したり変化するものと同じように実在していないと重々承知してはいたが、ぼくはそのようなものが、時空で行動するわれわれの脚本とどう関連しているのかに興味があった。確かにぼくの教師たちは、占星術は時間の始まりに設定された脚本とたびたび一致することがあると、何年か前に言っていた。巨大な投影のなかですべてはつながり、あらゆる出来事は事前に定められていると。

カウアイ島での最初の夜、サウジアラビアから訪れていた読者が、ぼくのためにノースショアでパーティーを開いてくれた。講演契約代理人のジャンや、この島で過去三年のあいだにできたぼくの友人数人も参加していた。パーティーはかなり下品になり、ぼくはその場にいた四十人かそこらの人たちに向かって乾杯の音頭を取ったのを覚えている。知人のアイルランド人の女性から教わったスピーチをした。「ぼくはそんなに大酒飲みじゃないんだよ。せいぜい一杯か二杯ってとこで、三杯飲んだら酔いつぶれ、四杯飲んだら主催者と寝てるのさ」。笑いを取ったが、その俗っぽいさまに驚いた参加者もいただろう。霊的《スピリチュアル》な生徒の多くは、楽しい時間をすごすのと霊性《スピリチュアリティ》を同一視しない傾向にあるから。

夜が更けるにつれ、主催者が数人のベリーダンサーを紹介した。どうやら彼にはぼくの好みがわかったらしい。当然ぼくは文化的な義務として、そのダンサーたちを間近で観察した。途中で『奇跡のコース』をまだよく知らない生徒が、「『コース』のパーティーはいつもこんなに羽目を外すのか？」と聞いてきた。こんなことはあまりないが、文句はないねと答えておいた。

カレンにはこのパーティーの状況が受け入れられなかった。ぼくがダンサーたちをじろじろ見て、ついには一緒に踊ってさえいたと彼女は言っていたが、おそらくそうだったのだろう。ぼくたちはその晩の終わりに喧嘩して、彼女はぼくを残して戻り、結局ぼくはパーティー会場に泊まった。あとから知ったが、パーティーの主催者もその晩、同居していた女性と喧嘩になり別れたそうだ。起こるべくして起こったというだけで、責める対象は何もない。とはいっても、このシンクロニシティには驚いた。

翌日、カレンとぼくはまた一緒にバケーションを続けることにした。一緒にいることに慣れきっていたぼくたちは、お互い離れているのは嫌だった。でも残りの旅は最悪なものとなり、楽しいことは何もない辛い拷問のようだった。

この私生活の状況が講演などの仕事に影響しないよう気をつけたこともあり、二日後のカウアイ島でのワークショップはたいへんうまくいった。三人の新しい友人もできた。カリフォルニアから来ていた彼らは、その後、ぼくの人生にさらにかかわることになる。

カウアイ島ですごした残りの週は二元性の驚異だった。溢れる美と安らぎと同時に、苦悩に満ちた日々となり、カレンとぼくはうまくやっていけなかった。旅の真の目的を思い出すのは難しかったが、ぼくは努力し、何度か「コース」のある箇所を思い出して読み、その状況を神に委ねた。

エゴを神のもとへ運ぶことは、過ちを真実へ運ぶことにほかならない。そこで過ちが訂正される。なぜなら、過ちがそこで出会うのは、過ちとは相反するものだからだ。矛盾はもはや成り立たないので、過ちは取り消される。矛盾が成り立たないという本質がはっきりと明らかになるとき、どのくらいその矛盾が持ちこたえるというのだろうか。光のなかで消えるものが攻撃されることはない。それは真実ではないので、単に消えてなくなる。実在《リアリティ》は一つのはずなので、異なる様々な実在に意味はない。それが時間や気分や偶然で変わることはない。その不変性こそが、実在を実在たらしめている。これを取り消すことはできない。取り消すことは、実在していないもの《アンリアリティ》のためにある。そして、この実在性《リアリティ》はあなたのために十分である。［T-14.IX.2:1-11］

オアフ島でぼくたちは島を一周し、その美しさを満喫した。カイルアという美しい町のビーチに泊まり、イルカと一緒に泳いだりもしたが、それでもぼくたちの状況は改善されなかった。ある晩、パソコンでいずれこの本になるものを書いていると、とつぜんベッドにいたカレンにタイプの音が大きすぎると文句を言われた。信じられずこう思った。何のお陰でぼくたちがここにいる費用が払えていると思っているんだ？　それまでの思考がプチンと切れ、二人の状況はさらに悪化した。このすべての責任を取ろうと思えば取れたが、それでも理解に苦しんだ。おそらくエゴの世界はつねに理解できないものだからだろう。あらゆる善のために悪はある。唯一これを理解する方法は、そのどちらも真実ではないと気づくことだ。善悪を超えたところに真の幸せがある。真の幸せは時空の宇宙で起きていることには左右されないのだ。

この奇妙な状況のまっただなか、アメリカ国内のみならず世界中から寄せられた支持に慰められた。最初の本は十八ヶ国語で普及し、様々なところから激励を受けた。アメリカ国内で毎週、霊的《スピリチュアル》な生徒たちに会えることが、人生のもっとも嬉しい体験の一つになっていた。自分の書いた本と各地で行う講演が人々にもたらす変化を、彼らの顔から感じとることができた。『神の使者』は紙面でも多くの賞賛を受けた。多数もらったインターネット上のポジティブなコメントには、特に感謝した。というのも、本が最初に出たときは、「コース」の生徒と言われる人たちにじつにひどく傷つけられたからだ。彼らが文句をつけた部分は主に、アーテンとパーサも「コース」の偉大な教師と認めるケン・ワプニックと同意見の部分がほとんどだった。本は多くの寄付にも貢献したが、その点も批評家たちにはほとんど無視された。ただ支持者たちがぼくの本に興奮する理由には一つ共通点があったらしく、「コース」の生徒で教師でもあるレイチェル・アゾアが、その理由をとりわけわかりやすく伝えてくれている。

長年にわたる霊的《スピリチュアル》な探求者、そして『奇跡のコース』の生徒と教師として、わたしはこれが「コース」についてもっともよく書かれた本だと言わずにはいられません。ある事柄がすべてを物語っています。この三十年間、人々はたくさんの「コース」の関連本を読んできましたが、「コース」の本に戻り、独学、あるいはスタディグループで学んでも、まだ「コース」を理解していませんでした。そういう人たちを見てきましたし、わたし自身もそうだったのでよくわかります。ところが、この本が出てから、みんなが「コース」に興奮し、再び活気づいています。この本を読んでから「コース」を読み直したり、スタディグループへ行くと、ほんとうに「コース」を理解できるからです！　これはかつてなかったことです。しかも、新しい生徒たちが興奮と理解を示しながら「コース」の道に入ってきています。ゲイリー・レナードさん、あなたを存じ上げませんが、あなたとあなたの教師たちにお礼を申し上げます。『神の使者』によって『奇跡のコース』の事情はがらりと変わるでしょう。もっと楽しくなるでしょう！

ダイヤモンドヘッド・ユニティ教会で行われたオアフ島でのワークショップは、ひときわ満足のいくものだった。参加してくれたすばらしい人たちと、この上なく見事なロケーションのお陰である。ぼくはその土地の空気を吸い込み、参加者のあいだに感じるつながりに浸った。ハワイでの二週間のあと、カレンは仕事に戻るためメイン州へ帰った。ぼくは次の冒険となる『奇跡のコース』のカンファレンスが開催されるサンフランシスコへと向かった。

メイン州へ戻るときに何が自分を待ち受けているのか見当もしていなかったが、一つだけわかっていたのは、それが実在しないということだ。ダイヤモンドヘッドを発ち、西海岸へ向かう際、大切なことは一つしかないことを忘れまいとこれまで以上に決心し、そのために自分の心を見張ろうと誓った。Ｊが彼の揺ぎない「コース」でこう述べている。

神の王国には限界も終わりもない。神のなかには、完璧でないものや永遠でないものは何もない。これらのすべてがあなた自身である。この外側で、あなたであるものは何もない。[T-16.Ⅲ.7:7-8]

3 脚本は書かれているが確定ではない——それが次元の本質だ

これはあなた自身を知るためのコースである。あなたは自分が何者かを教えてきたが、ほんとうの自分から教えてもらおうとはしてこなかった。［T-16.Ⅲ.4:1-2］

北米の主要都市へ旅するようになって数年経ち、ぼくは二つの都市がもっとも美しいと思うようになった。もちろん、これは個人的な意見で違う考えの人もいるだろう。ぼくはそれまでに二度、サンフランシスコを訪れていた。一度目はコミュニティ・ミラクル・センターが主催したミュアウッズでのワークショップで、二度目は『神の使者』を有名にするチャンスをくれた最初の出版社であるフィアレス・ブックスのD・パトリック・ミラーとの講演だった。パトリックとぼくは数々のスピリチュアルなウェブサイトをチェックし、インターネット上で大々的な宣伝をしたりと、じつによく協力し合っていた。大手出版社のヘイハウスが引き継ぐまでに、本はすでにアメリカ中のバーンズ・アンド・ノーブル全書店に置かれていた。

二度目の訪問のとき、パトリックが親切にサンフランシスコを案内してくれ、絶景が広がるバークレーヒルズへ連れて行ってくれた。そのころはまだ友人になったばかりのジーン・ボガードと、彼の妻のヘレンも一緒だった。ジーンは自分で執筆した本を上手に朗読してオーディオCDにするために、パトリックと一緒に働いていた。ぼくたちはバークレーヒルズの周辺を海と陸の両方から探索した。その湾岸沿いの街が愛される理由が、ぼくにも多少わかってきていた。

北米でもっとも美しいと思うもう一つの都市は、ブリティッシュコロンビア州のバンクーバーだ。全世界へ行ったわけではないが、バンクーバーの美しさはずば抜けている。二〇〇四年に一冊目の本のワークショップをしたときのことを思い出す。ぼくは見事な眺めに酔いしれながら、新しい友人と歩いてランチへ行った。しばらくしてレストランからワークショップへ戻ろうとしていたとき、友人に「おい、エックハルト・トールが奥にいるよ。彼に会うかい?」と言われた。「ああ、もちろん」と答えると、友人がぼくをエックハルトに紹介してくれ、ちょっとした会話をすることになった。二人は知り合いだったのだ。互いの本について軽く話すと、彼がとても謙虚で気取らない人だとわかった。彼を不誠実だと思う要素は何もなかった。

あとですごいと思ったのは、彼との出会い方だ。何百万人もいる都市でランチに出かけて「偶然」エックハルト・トールに出会うなんて、どんな確率だ? 偶然なんてものはないとはっきりと気づかされた。一年もしないうちに、ぼくらは一緒に『自由への扉』〔原題は"Living Luminaries"〕というDVDに出演していた。大ヒットはしなかったが、何百、何千という人に観てもらえ、ぼくの仕事をさらに知ってもらうチャンスになった。ほかにも映画用のインタビューを受けるようになり、その後数年のあいだに世に出た。一つの出来事が別の出来事のきっかけとなり、講演があろうとなかろうと、バンクーバーへ戻りたいと思うようになった。

サンフランシスコでは、まるでロックスターのような扱いを受けた。三人の作家がぼくの否定的な記事を出していたので、人々のぼくに対する感情に影響が出やしないかと懸念していたが、その答えが判明するまでそう長くはかからなかった。カンファレンスの参加者全員が揃うところで講演できるのは「コース」関連の作家三人だけだったが、ぼくはそのうちの一人となり、あとの二人は何とぼくについて否定的な記事を書いた作家だったのだ！　彼らはその記事には一切触れなかったし、ぼくも触れずにいた。三人のうちの最初の講演者は聴衆をほとんど眠りにつかせていた。ぼくの出番は次だったが、まだ話し始める前に総立ちの盛大な拍手喝采を受け、みんなが、ぼくの本から得た体験をもとに、ぼくとの経験をも築いてくれていることを教えてくれた。彼らの半数は、過去二、三年のあいだにまわった各地ですでにぼくに会い、ぼくのことを知っている人たちがほとんどだったが、残りの半数は本を通してしかぼくのことを知らなかった。

ときどき聴衆のどのくらいが『神の使者』を読んでいるのか知るために、手をあげてもらうことがある。こうすると、どういう人たちを相手に話しているのかわかるからだ。この日は九十パーセントの人が手をあげてくれた。ぼくはノリに乗って五時間くらい話せただろうが、与えられた時間は一時間と十五分。日ごろ好きな生意気なジョークを交えながら、「コース」について話した。講演の終わりや廊下で、また食事やサイン会の際に挨拶してくれる人たちの反応で、うすうす感じていたことが裏づけられた。「コース」の生徒の大多数とぼくのあいだで起きていたのは愛の体験で、それはほかの人たちの意見に影響されるようなものではなかった。その週末が終わりに近づくにつれ、カンファレンスは愛の大会と化していた。たとえば、法的な問題や「コース」のことで長年確執を抱えていた生徒たちが、互いを抱きしめ合っていた。

ぼくは心を打たれた。そこにいたのは、「コース」の意味に関して必ずしもつねに同意していたわけではない学習者たちだったが、そんなことは問題ではなかった！「コース」の教えを十分に追求している生徒であれば、いずれ赦しがすべてだという事実を理解することになる。愛の大会を引き起こすのに必要なのは赦しだけだ。われわれの友、シェークスピアをわかりやすく言い換えると、昼が夜になるのと同じくらい自然に、愛は赦しから生じる。

ぼくは体験が神学に勝るのを目撃して励まされた。カンファレンスを通し、「コース」がぼくたちにこう教えてくれたかのようだった。

普遍的な神学というのはあり得ない。しかし、普遍的な体験は、可能どころか不可欠なものである。「コース」が導く先にあるのがその体験である。［C-in.2:5-6］

ぼくは、それがまさに目の前で起こるのを見ることができた。

サンフランシスコで開かれた一九六七年のサマー・オブ・ラブは見逃したが、同じ地で開催されたカンファレンスで得た愛の体験に魅了された。その上、『奇跡のコース』に込められているのは、叡智以外の何ものでもないということに気づかされた。最終的に赦しがすべてであるのを忘れさえしなければうまくいくのだ。ほんとうにうまくいくのは、赦しを用いたときだけなのだ。
　次の週はオレゴン州のポートランドに寄る予定だった。その後、ぼくの誕生日のためメイン州の家に戻り、数日休んだのちテキサス州オースティンへ移動することになっていた。サンフランシスコを発ってポートランドへ向かう直前、大好きな教師たちが再び訪問してくれた。彼らはぼくに教えるために身体を利用するのを楽しんでいるようだった。といっても、彼らの身体は実在《リアル》ではなく、そもそも実在の身体など存在していないのだが。二〇〇七年三月初旬、ぼくの美しいパーサが話し始めた。

パーサ　こんにちは、名人。おめでとう！　みんなをシビレさせたわね。

アーテン　ああ、認めたくないが、きみはよくやっている。

ゲイリー　アーテン、感傷的にならないでくれよ。

アーテン　じゃあ、きみの結婚生活について話そう。どうなんだい？

ゲイリー　仕方ないな。前にも言ったけど、どうしていいのかわかんないよ。ぼくもカレンも耐えてはいるけど、うまくいっていない。何か助言はないかな？

アーテン　いいだろう。家に帰るべきときは帰りなさい。まずはそこからだ。

ゲイリー　もうあんたなんか嫌いだよ。どっか行っちゃってよ。パーサを口説かせてくれ。

アーテン　きみがわたしを嫌っていないのはわかっているが、パーサを口説きたいのはほんとうだろう？

パーサ　ゲイリー。アセンデッド・マスターとして、わたしが性的に親密になることにはまったく興味がないって、わかってるでしょう。そうするのが悪いからじゃないわ。ただ、わたしの恋人は神なのよ。

ゲイリー　いいじゃないか、パーサ。一分もしないうちに終わるからさ。あんたは何とも感じないよ。

パーサ　どういうわけか、それは疑わしいわね。でも仮りに、同意したわけじゃないけど、ほんとうにわたしを口説こうとしているなら何て言うのかしら？

ゲイリー　あんたがぼくで、ぼくがあんたなら、自分を愛する以上にあんたを愛すとでも言うかな。でももしぼくが宇宙で、あんたが銀河系なら、ぼくはあんたを飲み込んで、ぼくのお腹であんたのすべてを消化するよ。

パーサ　まったく、女の子みんなにそう言ってるに違いないわね。

アーテン　きみの抵抗はさておき、われわれはきみをカレンのいる家に帰してあげるから、まずはそこからだよ。それにパーサは正しい。きみの仕事は順調だ。きみさえよければ、今日は話し合いたいテーマがあるんだが。

ゲイリー　あんたがたは、いつもおもしろいテーマを用意してるみたいだな。何だい？　でもパーサ、あんたを諦めたわけじゃないからね。

アーテン　きみは自分で自動車事故を防ぐほど赦しをきちんと行っている、とわれわれが言ったときのことを覚えているかい？

ゲイリー　覚えているよ！　あのときは映画館にいたんだ。あの嫌な映画を選んでしまって、判断を誤ったと思ってたんだ。でも、あとであんたがこう言ったんだよ。赦しを行っていなかったら、ぼくはその映画とは違う時間に終わる映画を選んでいただろうって。何が起きたかっていうと、赦しのお陰で、ある痛々しいレッスンを学ばずに済んだってことだ。ぼくの学びがその痛々しいレッスンを不要なものにして、違うシナリオに切り替わったというわけだ。それは「コース」が最初のほうで述べているのと同じだよね。時間の次元について語っているところで、奇跡とは明らかに結果でなく原因に根ざした赦しのことで、それは時間のあらゆる次元で功を奏すると言っている。

アーテン　では、それを個人としてだけでなく、人類全体として行うことができると言ったらどうだろうか？

ゲイリー　驚いたな。そんなふうに考えたことなかったよ。人類の集団的思考ですべてが変わることがあるってことかい？「変わる」と言ったけど、脚本が変更可能だと言っているんじゃないよ。脚本は変更できないからね。ただ時間の次元の変更について語るとき、何か別のものがある気がするんだ。

アーテン　そのとおりだ、ゲイリー。たとえば、人類が時間の別次元に移行するなら、最初の二回の訪問で伝えた未来の予言や、いまここで話しているすべては無効になり得るんだよ。十分な人数が赦しを実践したら、違うシナリオに切り替えられるんだ。聖霊《ホーリースピリット》はその古いテープを消せるんだ。聖霊が一人のために時間を崩壊し、すべてにおいてその人の人生の歩みを助けるならば、世界全体にも同じことが起こるんだ。

パーサ　ねえ、DVDを借りると、違うエンディングが収録されていることがあるじゃない？　いま観ているこの映画の違う結末も、じつは観られるのよ。

ゲイリー　そうだね！　映画には完成した芸術作品であってほしいから、別バージョンのエンディングっていうのはあまり好きじゃないけど、人類がもっといいものを見るのはかまわないよ。

パーサ　じゃあ、これも覚えておいて。違うエンディングを観ると決めたら、それもすでに撮影済みだってことをね！　脚本を変えるわけじゃないのよ。ただその別の箇所を観るというだけなの。そして、古い箇所は消去されるのよ。これから歩むなかで、あなたが新しい部分をつくり上げるわけじゃないわ。それらは、すでにそこにあるんですもの。

ゲイリー　あんたの言うことはわかるよ。「コース」に記されているように、すでに起きたことを心のなかで眺めているにすぎないんだね。その本質は変わらない。

パーサ　そうよ。

ゲイリー　じゃあ、前にあんたが言ってたシナリオだけど、何らかの核装置が主要都市で爆発する可能性があると言ってたよね。どんな装置か言ってなかったけど、ぼくが知る限り、汚染爆弾か何かだろうね。ニューヨーク、ロサンゼルス、ロンドン、テルアビブの四都市が攻撃される危険性がいちばん高いと言ってたけど、そういう攻撃も避けられるのかい？

パーサ　そうよ。でもわたしたちは、あなたたちがそれを回避するとは言わなかったでしょ。違うシナリオに切り替えることで、それを避けられると言ったのよ。個人も人類もどんな経験をするかはつねに本人の選択で決まるのよ。

アーテン　注意したいことがある。赦しを実践しているからといって、いつも喜ばしい結果になるとは限らない。しかも、時間の次元の切り替えをどうするかを決めるのは、きみたちではない。それは聖霊《ホーリースピリット》にしかできない。聖霊には全体が見えるが、きみたちには見えないからだよ。イエスが地上の冒険の最後に与えられたのは、どう見ても愉快な体験ではなかったが、聖霊は彼には対処できると知っていたんだ。彼の赦しはあらゆる罪悪感を癒やすほど進歩していたからね。それで彼は何の苦痛も感じなかったんだ。

だから、いつもよいことが起こると期待しないように。きみのするべきことは、何があっても赦すことだ。そして、これからより一層、聖霊《ホーリースピリット》を信頼することを学ばなければいけない。きみはもうそうしているんだから、続けるべきだ。全人類がそうしなくてはならない。ただ、かたちのレベルで対処するには大きな問題がいくつかある。問題といっても、それは実在していないし、われわれはそれらを実在させるためにここにいるわけではないが、その赦し方についてならいくつか助言はできるよ。

ゲイリー　あんたの言う「問題」っていうのは、いま起きているように見える様々なことだと思うんだけど。気候変動とかテロリズムとか、大勢の人が二〇一二年十二月二十一日に世界が終わると思っていることとか。わかりきったことを聞くけど、二〇一二年はどうなるの？

アーテン　二〇一二年に世界は終わらないさ。それではエゴにとってあまりにもあっけなさすぎる。エゴはこのゲームを続けていたいんだよ。ヨハネの黙示録以来、各世紀で必ず数回、一部の人間が、あるときは大勢が、世界が終わると思ってきたが、決して終わっていない。前にも話したとおり、二〇一二年には新しいサイクルが始まるんだ。サイクルは違うかたちで繰り返される。事態はどんどん大きくなり加速しているから異なって見えるが、ほんとうのところ何も変わっていない。かたちの上では異なるが、中身は同じなんだよ。

かたちに関していえば、アメリカは気候変動などの地球規模の問題解決のために、世界との協力態勢を改善し始めるだろう。多くの時間を無駄にしてきた上、世界の最強国家が解決の一端ではなく、問題の一端を担っているのだから、困難ではあるがね。当然、中国やインドもこの問題に大きくかかわっている。世界の気候がますますおかしくなっているのは疑う余地もない。

ゲイリー　まったくだよ!

アーテン　これ以上進む前に、何かジョークを言ってくれ。これからのテーマは重苦しくなるから、何か軽めのを頼む。

ゲイリー　いいよ。ある男が新聞の「喋る犬、百ドルで売り出し中」という広告に興味を持ったんだ。電話で道順を問い合わせて、そこへ行くんだ。犬を売っている男に「その犬ならあっちの部屋にいるから、喋りたきゃ喋ればいい」と言われて部屋に入ると、案の定、犬が喋るんだ! 犬は男に、CIA(中央情報局)で働いていて誰にも疑われないからスパイとして送られたことなどを喋る。その犬はロシア政府をスパイして極秘情報をCIAに流したり、様々な特別任務を遂行したという。情報局から英雄と称えられ、犬で換算して人間と同じ定年退職の年齢で辞めたんだと。そして情報局から年金をもらい、自分の回想録でも執筆しようか思案中だという。

男は仰天した。犬の持ち主のところへ行き「あの犬はほんとうに喋るよ! あんた、自分が何を持ってるのか、わかってるかい? 百万ドル稼げるよ。いったい何でたったの百ドルであの犬を売るんだよ?」と問い詰めると、持ち主はこう言った。「あの犬は嘘つきなんだ。どれ一つもやっちゃいないさ」

パーサ　はい、いまのは可愛い冗談ね。

ゲイリー　ほんとうの話だよ。

アーテン　きみはさっき気候について話そうとしていただろう。

ゲイリー　ああ、そうだった。ぼくが最初に変だと気づいたのは九年前のひどい吹雪だったよ。気温は一日中ずっと三十二度［原文は華氏。摂氏では0度］だったんだ！　どんだけおかしいんだって言いたいよ。電柱はどれも折れて、州全部の電柱を総取っ替えだよ。一九九八年の一月のことだ。そのために全米から技師たちが集まらなきゃならなかった。彼らは一ヶ月もかけて修理をして英雄扱いだったよ。最初に天候が変だと気づいたのはそのときだった。お陰で真冬に二十三日間も停電だった。ありがたいことにカレンの両親が薪のストーブを持っていたから、命がけでそこへ行ったよ。それ以来何年も記録的な積雪が続いたけど、昨年、二〇〇六年から二〇〇七年にかけての冬は、一度も雪が降らなかったんだ！　スキー場の人たちはびびってたよ。同時にニューヨーク市は史上最大の降雪量を記録して、オアフ島では四十四日間連続で雨が降ったんだ！　そんなの初めてだったよ。何だかあちこちで聖書に書いてあるみたいになってきてるんだけど。

パーサ　変な気候といえば、今年の後半にはバグダッドで史上初の積雪があるわよ。ロンドンでも初の竜巻が起こるだろうし、カリフォルニア州では二インチしか雨が降らないわ。南東部と南西部は干ばつになるでしょう。ところが、来年は中西部でひどい洪水が起こるの。いつも大雨かまったく降らないかのどっちかね。雪も大雪かぜんぜん降らないかのどっちかだし、気温も暑すぎるか寒すぎるかで、すべてが極端よ。「ふつう」の天気は姿を消している。嵐はどんどん大きくなるし、ますます被害を出しているわ。

ゲイリー　問題解決のために、アメリカの協力で世界が本格的に努力するようになるって言ってた気がするんだけど、そうなの？

パーサ　そのとおりよ。でも、また大災害に見舞われる可能性はあるわ。中国の協力は得られないでしょうし。ああ、そういえば『神の使者』は中国本土でよく売れるようになるわよ。

ゲイリー　冗談だろう？　彼らは本土に入れてさえもくれないよ。神のことにいっぱい触れてる本は嫌いなんだよ。

パーサ　それはほんとうね。でも中国共産党政府がほんとうに恐れているのは共産主義への挑戦だから、あなたは大丈夫よ。いずれあなたの本を受け入れてくれるようになるわ。

ゲイリー　やったね！　いつか中国へも行けるかな。

パーサ　おそらくね。でも、わたしたちと聖　霊《ホーリースピリット》に相談するのを忘れないで。どこへ行くときもそうよ。あなたが聞かない限り、いつその国を訪れるのがいいのか、あるいはいつが安全なのか、わからないでしょう。あなたはアメリカ全五十州で講演をするつもりなの？

ゲイリー　そうさ。今年が終われば四十州に行ったことになる。

パーサ　大したものね。でも休みを取って、自分を気遣うことを忘れちゃだめよ。それから以前、批評家からの質問には答えるようにと助言したけど、これからずっとそうしなくてはいけないという意味ではないわ。

註・ぼくはそれまで中傷記事に対しては必ず応答記事を書いてきたし、質問があがれば答えてきた。その後、マイケル・マーダッドという著名な作家（尊敬される「コース」の教師でもある）が、そういった中傷記事に関して彼独自の意見を発表した。彼の「A Course in Megafools」というタイトルの記事に掲載されている。

ゲイリーは最近、彼を中傷する人たちや関係者全員に対し、その中傷の矛盾と虚偽を明らかにした事細かで見事な自己弁護を提示してきた。その彼の弁護が現在、雑誌『Miracles』に掲載されている。レナードは人類の裁判所でなら楽勝するだろう。しかし、彼は王道を歩み（ケン・ワプニックがそうしたように）、攻撃する人たちを無視することもできたかもしれない、とここで述べることには価値がある。それでもやはり、応答するという彼の選択はまた、『奇跡のコース』のコミュニティ（主に数人のファシリテーター）に浸透する偽善行為と、それゆえに「コース」を学ぶことから多くの人たちを遠ざけてしまった事実を明らかにすることで、より大きな善をもたらすかもしれない。

ガラスの家の住人のくせに石を投げることを選んだ人たちなど無視して王道を歩むこともできたのに、とマイケルが言っているのを読んで、ぼくは彼が正しいと気づいた。批評家や彼らの質問に対して無応答でいるというのは、アーテンとパーサの助言ではなかったし、いままで総じて、彼らの助言にはとても助けられていた。だがぼくを攻撃する彼らを見すごすという選択肢も、今後においてはなかなかいい導きなのかもしれないと思った。どのみち全質問に一度ならず何度も公で答えてきたが、もしかしたら、もう少しリラックスする時期が来たのかもしれない。応答しないという考えに、とても安らぎを感じた。パーサがいま言ったことが、それを裏づけていた。

ゲイリー　よかった。ぼくもそう考えてたんだけど、言ってくれてありがとう。ところで、『神の使者』でしてくれた予言について考えてたんだよ。九〇年代に話してくれたことだけどさ。ほとんどの人はあの本に九年も費やしたことに気づいていないんだ。とにかく訪問数が多かったし、次の訪問までの間隔もだいたい長かったからね。特に最後のほうは長かったよ。でも、当時すばらしい予言をしてくれたね。アメリカ合衆国はクリントン大統領の政権下で財政状態もよくて、ほんとうに順調だったけど、あんたがたはアメリカが下り坂になって、ヨーロッパが経済力と政治権力を獲得するだろうと言ったんだ。最初の本が出てからのUSドルの下落振りは信じられないよ！　ぼくが言ったことを好まない人たちもいたけど、あんたがたは正しかった。きっと政策をいくつか考え直すときなんじゃないかな。

パーサ　ヨーロッパもこれから問題を抱えていくわ。でも、徐々にまた勢力は増すでしょう。それはアメリカの政策が、政策ではなくて打算だからよ。アメリカの政策は一部の少数派に大きな富がもたらされるようにつくられていて、それ以外の人なんてどうでもいいという感じね。それでいて、なぜうまくいかないのか理解できないのよ。アメリカの場合、考え直すかどうかが問題じゃなくて、そもそも考えるかどうかが問題よ。より大きな善のために考えることがぜんぜんなかったわ。政治についてはこれくらいにして……。ただ、これから歴史的な選挙がいくつかあるけど、それが終わるまで本は出したくないわね。

ゲイリー どうしてだよ？ 今回は予言しないの？ さっきもっと本を出せって言ったのと矛盾してないかい？

パーサ いいえ。そのあとにもっと本を出すようになるから。でも、ほかの理由はいまのところ言わないでおくわ。それまでのあいだは聖霊《ホーリースピリット》の助けとともに、世界を赦すことがあなたの任務だというのをつねに忘れずに。世界に関していうと、神があなたを世界に連れきたわけじゃないけど、あなたが世界を歩むのを聖霊が助けてくれるわ。

ゲイリー じゃあ、人類がいま以上に赦しを行うことなく、このままでいるとしよう。そうしたら夢のなかで何が起こるんだい？ すべては赦しのためで、聖霊《ホーリースピリット》がぼくに学ばせたいレッスンだというのはわかっているけどさ、やっぱり今後のことをちょっと知っておきたいよ。

アーテン もし、より大勢が赦しを行えば、次のようなことが起こるだろう。相変わらず出来事と変化にはよいものと、そうでないものがあるが、大勢が赦しを実践した場合に大きく変わるのは、恐ろしい出来事に発展しないケースが出てくるということだ。時間の次元の多くはとても類似していて相違点は少ないが、その相違の差は非常に大きなものだと言えるからね。

ゲイリー ぼくが自動車事故に遭わなかったってさっき言ってたけど、それよりもっと大きな規模の話をしてるんだよね。

アーテン　そのとおりだ。きみはいまこの瞬間、時間の全次元に存在していて、数々の生涯を同時に生きている。きみにはそれが見えない。分離の概念によって心のなかに壁があるからだ。われわれが言ったように、きみの存在は空間にあるものでも線型上《リニア》にあるものでもない。きみはあらゆる場所に存在している。たとえ幻想のなかでさえもだ。だが空間的、線型的《リニア》枠組みのなかでは、きみは少しずつしか体験できないんだよ。

ゲイリー　ぼくはもう、自分の許容範囲を超えたことも経験してるけどなあ。

アーテン　おやおや、きみはよく順応してきたじゃないか。いろんな場所を訪れて、いいホテルに泊まって、高級レストランで食事するようになったんだ。女性からもとても注目されている。ところで、それはなぜだい？

ゲイリー　簡単さ。ぼくがゲイだと思ってるんだ。

アーテン　そうだな、それで困ることはないもんな。きみはいま世界中を旅しているが、美人をいちばん見かけるのはどこだい？

ゲイリー　それも簡単さ。空港だよ。

アーテン　鋭い観察力だ。

パーサ　二人とも、ちょっとのあいだ大人らしく振る舞えないかしら？

ゲイリー　わかったよ。でもせっかくこの話題になったから、男がどう考えているか教えてあげるよ。

パーサ　おもしろそうね。ゲイリー、男はどう考えているのかしら？

ゲイリー　単純だよ。セックスできないなら、何かを爆発させようと思ってるのさ。

パーサ　それなら大抵のことは説明がつくわね。さあ、アーテン、予言のほうはどう？

アーテン　そうだな。われわれが言ったことをすべて肝に銘じておくように。きみたちは今世紀中に、様々な新エネルギーを手にするだろう。限られてはいるがその一部はもうすでに利用されていて、今後さらに発達する。風力がそのいい例だ。風力はこれから広く普及するだろう。それから技術のほうも発達する。石炭を安価なガソリンに変える生産技術はすでにあるが、将来、大気汚染を悪化させずに済むようになる。気候問題のいちばんの原因は自動車じゃなくて石炭なんだよ。でも大気を汚染せずに石炭を燃やす方法を発見したら、この先、二百五十年分の石炭を優に持つアメリカは、とつぜん世界のサウジアラビアになるだろう。もちろん、一部の選ばれた人間だけが富を得るような政策とは違うエネルギー政策を立てないとだめだが。原子力発電所の建設を推奨する人もいるが、そんなことをして時間を無駄にせず、エネルギーの賢いつくり方を開拓しないといけないよ。

今世紀中に、無限のクリーンエネルギーを生産するための水中エネルギータービンが開発されるだろう。おそらくメキシコ湾流とほかの水流が原動力になるだろう。

ゲイリー　わあ！　でもその技術が発達したとして、地球温暖化のせいでメキシコ湾流がストップしたら笑えるな。

アーテン　今世紀中にはチューブのなかを高速移動できるようになり、輸送手段に大革命をもたらすだろう。

ゲイリー　いったいそれは何なんだい？

アーテン　調べてみるといいよ。たが、きみのように頻繁に旅行をする人は、その技術がいまあればいいのにと思うだろうね。

パーサ　自動車産業が深い落ち込みを見せているアメリカでは、ハイブリッドが大ブームになるわ。それに電気自動車も改良されて、特に西部で流行るわね。圧縮空気で動く車だって出てくるわよ。

ゲイリー　空気不足に陥らないことを願うよ。エタノールはどうなんだい？

アーテン　ああ、そうだな。何百万人もの人間が餓死している世界で、トウモロコシを燃料に使うかい!?　そんなの必要ないし、単にきみの政府が気に入ったイカれたアイディアにすぎない。そのうち無限のフリーエネルギーをつくり出せる方法が出てくる。といっても、その方法は過去百年のあいだに抑圧されてきたものだがね。ある時間の次元ではその方法が明かされているが、別の次元ではそうではない。人々の心の使い方が何を体験するのかを決めていくんだよ。

ゲイリー　フリーエネルギー？　何てこった！　ところで、前に水素燃料自動車が広まるって言ってたよね。

アーテン　ああ。でもまずヨーロッパで広まると言ったんだ。アメリカではまだほど遠いが、それによってあるシナリオが呼び起こされる。十分な人数が霊的に進歩すれば、われわれがあげたエネルギーによってこの国の状態はたいへんよくなるだろう。きみたち次第だよ。それらのエネルギーを機能させると決めたら、ほかのエネルギー形態はどれも必要なくなるだろう。

一方で、多様化の傾向は強まっていく。いろんな自動車が出てくるだろう。いまの情報産業のようにね。人々はテレビからインターネットやほかの娯楽形態へ切り替えていくだろう。たとえばいま様々な電子機器が登場しているよね。もう物事は以前のように単純ではなくなるだろう。

ゲイリー　核テロリズムについて確かなことは言えないって、本気かい？

パーサ　ええ、いま言うのはよくないわ。しかも、わたしたちが知っているのは核テロリズムだけじゃないから。地球規模の核の脅威は終わっていないの。ロシアとその近隣諸国や、ロシアとアメリカのあいだでもね。その上、北朝鮮問題があるわ。韓国と日本、そして言うまでもないけど、いずれハワイとアメリカ合衆国西部も北朝鮮の標的になる可能性があるわ。あと中国もいるわね。加えてインドとパキスタンの軍備拡張競争。中国とイスラエルとイランもその競争に加わっているわ。親愛なる兄弟さん、ワイルドな予言でしょ。

アーテン　いまから一年以内に、太陽の黒点移動の新しいサイクルが始まる。それは五年続いて、二〇一三年にはピークを迎えるだろう。天候から人類の出来事にいたるまで、あらゆることに影響が出るよ。影響を受けるのは大気だけではないんだ。きみたちには見えていない、世の動きに影響を及ぼすものがたくさんあるんだよ。もちろんそれらは全部、その奥にあるものの象徴さ。つまり、心のレベルに潜む無意識下の罪悪感だね。それは最初の神からの分離と、その分離が引き起こした、とてつもない罪悪感や恐れにまで遡る。

パーサ あと、月で水の痕跡を発見するでしょうね。火星の氷も発見されるわ。要するに水なんだけど、それ以上を意味するの。前に言ったように、かつて火星には知的文明があったことを示す確かな証拠がいずれ見つかるわ。最初は彼らがあなたたちの先祖だということはわからないけれど、火星の植民地化が始まれば、科学者たちも次第に自分たちのＤＮＡの起源が地球だけだなんてあり得ないと気づくでしょうね。進歩した技術が戦争に利用されて、ドローンが空を飛び交い、陸ではロボットが人間相手に戦うようになるわ。軍人たちの訓練もバーチャルで行われるようになるわね。

いまあなたたちは石油のことを心配してるけど、心配するなら水のほうよ。新鮮な飲料水不足と、作物をつくる際の水不足は、将来、深刻な問題になるわ。だからいまから取り組むべきね。

アーテン パラレルワールドや時間の多次元性というのは、一部の科学理論でも認められているし、形而上学者や霊性《スピリチュアリティ》に関心を持つ者たちだけのものではなくなっている。それらは確かに幻想のなかで存在している。しかし、多元性の本質そのものは科学者には知られていない。人々がレッスンを学んで多元性の必要がなくなれば、二度と人の目に触れぬよう、聖霊《ホーリースピリット》がそれを消し去るからだ。多くの人が宇宙は無限だと信じているが、宇宙は無限ではない。「コース」が教えているように、「誤って創造するきみたちの能力［T-2.III.3:3］」には聖霊によって限界が設けられている。そして、Jが教えているように、いずれ全員が真実を受け入れるようになる。

すべての人が贖罪《アトーンメント》を受け入れるのは、時間の問題にすぎない。最終的な決断は避けられないため、これは自由意志とは矛盾しているように思えるかもしれないが、そうではない。［T-2.III.3:1-2］

ゲイリー　だから、幻想のなかの囚人であるぼくたちにほんとうにある唯一の自由意志は、ぼくらを幽閉するエゴの代わりに、解放してくれる聖霊《ホーリースピリット》を選ぶことなんだね。ここにとどまることを選べば、結果はいつも死になるが、わが家へ帰ることを選べば、結果は永遠の生命《いのち》になる。

パーサ　たいへんけっこうよ。それから将来、科学者たちはそれぞれの身体に適合する臓器をつくり出せるようになるわ。その臓器は拒絶反応に免疫があるから、長いあいだ死と考えられていた心臓が再び動くようになるわよ。それに科学者もみんなも生命体として、地球のことだけではなく宇宙全体のことを考えるようになる。分子雲が星を誕生させる様子を目撃するでしょうね。あと、人間のようには酸素を吸わない存在もいろいろいるわ。だからといって、必ずしも彼らが人間みたいに「生存」していないというわけじゃないわ。

それから、今世紀中に地球外生命とのコンタクトが確認されるでしょう。これはすでに起きているんだけど、科学者たちは一般的に認めていないの。

アーテン　ところで、きみのこの前の本には間違いがあるね。われわれが何千ものきみの違う姿を見せたときのことを覚えているかい？　最後のほうで、きみは今世のアーテンの姿を見たがっていただろう？

パーサ　わたしたちはその姿を見せなかったわね。そして、あなたはトマスとタダイの姿を見に戻りたがっていたの。本では、「それじゃもう一度戻ってくれる？」とだけあなたは言っているわ。あなたの心が読めるわたしたちは、あなたがほんとうに見たがっているものがわかったから、トマスとタダイを見せたのだけれど、もしあなたのお願いどおりあともう一回しか戻っていなかったら、あなたは彼らに会えなかった。あなたは別の人生を二十も見たのよ。「グレイト・サン」と一緒にいたアメリカ先住民や、ロジャー・シャーマン、それにアラモ伝道所で死んだ人など。

註・ぼくは、ヴィジョン、記憶、夢、そして著名な占い師たちによって、過去世ではアラモ伝道所で殺されたオハイオ州出身のウィリアム・ハリソンという男だったことや、アメリカ独立宣言の署名者の一人であり政府樹立を助けたコネチカット州の名高いロジャー・シャーマン議員だったことを学んだ。映画にもなったシャーリー・マクレーンの著書『アウト・オン・ア・リム』（角川書店）

で一躍有名になった名声高き霊媒師ケビン・ライアーソンも、彼の守護霊《スピリットガイド》でアセンデッド・マスターのアタン・リ（Ahtun Re）の導きを通して、ぼくがほんとうにロジャー・シャーマンと聖トマスだったことを確認してくれた。

ゲイリー　そうだった。政治家みたいに、ぼくもうっかりしてたな。

アーテン　これから言うことは、きみにとっては辛いかもしれない。すでに憶測されていることだから、まったく新しい情報ではないが、ほとんどの人は知らないことだ。たとえ聞いたことがあっても、彼らはそれが真実なのか確実にはわからずにいる。だから、われわれはきみに真実を伝えなくてはならないんだよ。

ゲイリー　いいよ。深刻そうだな。

アーテン　世界貿易センターと国防総省の襲撃と旅客機四機のハイジャックには、アメリカ合衆国政府の一部が積極的に関与していたんだ。その結果、二〇〇一年九月十一日、三千人近いアメリカ人と外国人が亡くなった。

ゲイリー　まさか、あんたは、ぼくが思っていることを言ったんじゃないよね。

アーテン　いや、そうなんだ。すまない。証拠がないわけではないんだ。ツインタワーが崩壊したのは、旅客機が激突して火災になったからではない。どんな超高層ビルでも、火災のせいであんなふうに崩壊したことはいまだかつてない。あのビルは、ラスベガスで古いホテルを取り壊すのと同じように崩壊されたんだ。ハイジャック犯たちはＣＩＡにだまされ、ほんとうはＣＩＡに利用されていたにもかかわらず、自分たちのテロ組織下で働いていると思っていた。彼らはまんまとＣＩＡの思惑にはまり、自分たちのリーダーに指示されていると思いながら、ＣＩＡが望んでいたことをやってのけたんだ。彼らにとって連絡を取る行為は危険だったから、あんなふうに利用されるのも難しいことではなかった。しかも、ハイジャック犯はきみの政府が発表した者たちではない。世界貿易センターに突入した旅客機は、ハイジャックされた飛行機ではなく、リモートコントロールで操作された空っぽの飛行機だったんだ。

アルカイダもオサマ・ビン・ラディンもあの襲撃を画策しなかった。ビン・ラディンはあの襲撃が自分の手柄となって喜んだろうが、政府にとっては身代わりの殺人犯として打ってつけの人物だったんだ。

調べてごらん。何千もの物理学者や技術者たちが、世界貿易センターとセブン・ワールドトレードセンターと国防総省で起こったことについてどう語っているのか。組織団体の言うことは聞くんじゃないよ。きみの政府の人間たち、特にワシントンＤＣ周辺の防空担当だった副大統領は、国民を支配できる権力を得て世界中で都合のいいことをできるよう、「パールハーバー」を起こしたかったんだ。きみもその成り行きを見ただろう。アメリカ国民を監視し、ファシズムへの大きな一歩を踏み出す言い訳として、あの結末を利用したのさ。

犯罪者たちは、大統領が果たす役割まで用意していた。ブッシュ大統領は知らされていなかったんだ。この非人道的な重犯罪を犯した人たちは、自分たちに知性があると信じ、イラクは楽勝だと思っていた。だが彼らは間違っている。その上、いずれ証拠が人々に真実を突きつけることはないと考えているが、それも誤りだ。そうなるまでには長い道のりを要するんだがね。

確かにすでに真実を知っている人たちもいるが、企業法人のニュースで耳にすることを何でも信じるアメリカ国民は、ほとんどが臆病なんだよ。企業や国家政府は、連邦準備制度理事会や、地球上でもっとも権力のある一族が所有する中央銀行の融資能力によって支配されている。彼らは世界規模で支配したがる連中だ。

九・一一という幻想の最大のとどめはセブン・ワールドトレードセンターだよ。あのビルはその日の遅くに崩壊したが、飛行機が激突したわけでもないし、世界貿易センターからはフットボール競技場分ぐらい離れていたんだ。それにＣＩＡのニューヨーク本部も入っていた。彼らの関与を示す証拠を隠蔽しなければならなかったんだ。でもビル崩壊のために使われたスーパーテルミットは完全に消滅せず、現場で形跡が発見された。その後、これらのスーパーテルミットによって生じた熱とエネルギーが測定された。現場のエネルギーは、議会の調査で形式的に承認された政府のシナリオにあったものよりも、はるかに高いものだった。

ゲイリー どうしてこのことを前に教えてくれなかったんだよ？

アーテン 考えてごらん、ゲイリー。きみには準備ができていなかった。最初の一連の訪問の最終日は九・一一の直後だったんだ。一冊目の本を出すために、きみにはその後の一年半でやるべきことがたくさんあった。きみだって、この国のみんなと同じようにショックを受けていた。当時、九・一一の計画に関与したとして自国の政府を非難する本を出しても、きみのためにはならなかっただろう。きみはただ軽蔑されて、人々の注意は完全に本のメッセージから逸れていただろうね。

ゲイリー どうやってそいつらは、国民に知られずにあんなことができたんだよ？

アーテン 四人のＣＩＡ工作員が整備員を装ってテルミットを仕掛けるのに必要だったのは、たった二、三週間だったよ。そして、電波信号で爆発させたんだ。使用されたスーパー・テルミットはそんなに大きくなかった。ほかのテルミットよりも小さくて進化した、ずっと強力なものだったんだ。

この件は、ただ向き合って、徐々に赦していけばいい。これだっていままでと同じ投影なんだよ、ゲイリー。その向こう側にある、霊《スピリット》の実在《リアリティ》を見るようにしなさい。

ゲイリー わかった。でも難しいよ。数年前どころか、いまだって準備ができているかわからない。

パーサ　思い出して。実在させてはいけないの。ただ、気づいて赦すのよ。バーチャルリアリティのビデオゲームを見ているようなものなのよ。その部屋には誰もいないの。いるのはあなただけ。あなたと一緒にいるのは聖霊《ホーリースピリット》以外にはいないわ。スクリーンにはほんとうに誰もいないの。あなたが見ているものは真実ではないの。

ということで、わたしたちはまたしばらく消えるわね。ゲイリー、わたしたちはあなたを愛しているわ。元気を出して、赦し続けるのよ。あなたがわたしたちを称えているのよ。Jがこう教えているのだから、赦しの奇跡を選んでね。

実在《リアリティ》は霊《スピリット》にのみ属している。そして、奇跡は真実だけを認識する。［T-1.IV.2:4］

4 悟りを開いた心のための身体的治癒

神は身体をつくらなかった。なぜなら、身体は壊れやすく、それゆえに神の王国に属さないからである。身体はあなたが考えている自分というものを象徴する。それは明らかに分離の手段であるゆえに存在してない。聖霊《ホーリースピリット》はいつものように、あなたがつくったものを受け取り、それを学びの手段に置き換える。また聖霊はいつものように、エゴが分離のための論拠として利用するものを、それに反する証明だと解釈し直す。心は身体を癒やせるが、身体は心を癒やせないなら、心は身体よりも強いに違いない。あらゆる奇跡がこれを実証する。[T-6.V.A.2:1-7]

ぼくはアーテンとパーサと、癒やしについてもっと話したいと思っていた。赦しを実践するときじつは癒やしを行っている、というのがぼくの理解だった。でも他者の特定の問題を癒やしたいという具体的な意図がつねに必要なのか、それとももっと全般的なアプローチのほうがいいのか、わからなかった。自分の背中の痛みを治したことが何度かあったが、それ以来数年経っていた。もう二度と繰り返したくなかった。背中を痛めた数年前に、ぼくはある具体的な思考プロセスを築いたが、二、三ケ月前、右腕の橈骨神経と右手の痛みに対処しようとそのプロセスを用いていた。それはとてもよく効いた。ぼくはこのことについて教師たちと話したいと思っていた。

「コース」で「魔術」と言われているものを使用することが悪くないのはわかっていた。魔術とは、たとえば、薬や手術によって痛みを治そうとするように、ある幻想を別の幻想を用いて癒やそうとすることだ。多くの場合、人々が治癒するのにこうした方法は不可欠だ。魔術なしで自然に治ってしまうと、エゴは恐ろしさのあまり、自らを傷つけようともっと悪い方法を見つけ兼ねないから。たまにエゴに餌を与えるのは何も悪いことではないのだ。自分が何をやっているのかわかっているなら、なおさらだ。それに幻想のなかではすべてが魔術とも言える。水も酸素も魔術だけれど、だからといってここにいるあいだ、それらを使用しないわけではない。

二〇〇七年の立春が近づいていたころ、アーテンとパーサがもうすぐ現れるだろうと予感していた。彼らは毎月来てくれていた。いつも会えるのが楽しみだった。毎月来ると決まっていたわけではないが、もうそろそろだと感じていた。

誕生日の前日、サンフランシスコの「コース」のカンファレンスから家に戻ると、カレンとぼくの関係はさらに悪化した。おそらく人生で最悪の誕生日だっただろう。カレンはつねに誕生日を大事にしていたが、彼女がもうぼくに関心を持っていないのは明らかだった。ぼくはこの結婚が確実に終わっていると感じ取ったが、あまりにも忙しく、いつそれについて向き合う時間を持てるかわからずにいた。ぼくはアーテンとパーサが再び現れたら、身体と癒やしの話題にフォーカスしたいと思っていた。彼らは喜んで同意してくれた。

パーサ 自分で築いた思考プロセスのことを思い出してたでしょ。聖霊《ホーリースピリット》の導きで、あれは背中のためだったのよね。最近では手にもね。まず背中のときのプロセスを話してくれない？ 読者のためにも役立つかもしれないわ。そのあと手の話をしましょう。ほぼすべての治療でそうした思考が役立つことも、そのときに話しましょう。

ゲイリー あんたが要点に直行するのは好きだな。この思考プロセスは、「コース」と、『神の使者』の「病を癒やす」という章であんたがたが言ったいくつかのことを基にしている。じゃあ、あんたが苦痛を味わっていると仮定して話すよ。そうすると、これを読む人たちもこのプロセスを使えるようになるからね。彼らがそうしたければさ。これはどんな種類の慢性の痛みにも役立つと思うんだ。もちろんかたちのレベルでは一人ひとり違うし、それぞれに効く正しい心の理念も様々だけど。

このプロセスは夜寝るときに行うようにできている。そうすると心が癒やしのモードになって、睡眠中に身体を癒やすようになるんだ。聖霊《ホーリースピリット》がもっとも重要な役割を果たすから、このプロセスを行う直前に聖霊のことを考えて彼らとつながるようにするといいだろう。うとうとする前に、聖霊《ホーリースピリット》のことを思い出すんだ。真剣に考えすぎないで、ただ一緒にいてもらえるように聖霊を迎え入れるんだ。

まず横になったら痛い箇所を思い浮かべ、その痛みも身体も心のプロセスだということを思い出す。痛みは身体的な作用ではない。夢のなかでその痛みを考えているのは自分なんだ。それは実在の痛みじゃなくて、痛みの夢であり、その夢を見ているのは自分なんだ。痛みは夢と同じように自分の心のなかにある。痛みが自分の心のなかにあるのなら、それに関する自分の心を変えられるんだ。これが心のプロセスだときちんとわかったら、「コース」で言われていることを自分自身に言ってみる。

罪悪感のない心が苦しむことはできない。［T-5.V.5:1］

数分して、これを理解したら、次のように自分に言う。

わたしに罪はありません。神はわたしを無条件に愛しています。神が行いたいのは、わたしを永遠に大切にすることだけです。神は神ご自身と同じように、わたしには罪がないと知っているからです。

自分が神と一緒になって、無限に拡張していくところを想像してみよう。自分には何も制限がない。自分は身体から解放されて、完全に神に守られている。聖霊《ホーリースピリット》の美しい白い純粋な光がこちらのほうへやって来て、自分を包み込むところを想像してみよう。一、二分すると、まわりにあったその癒やしの光が自分を通り抜けていく。聖霊の愛が自分を、自覚できない無意識の罪悪感から解放してくれる。そして、癒やされる自信を持てるようになる。このプロセスのあいだ、ぼくらは一人じゃない。聖霊が罪のなさを見出してくれている。準備ができたら聖霊の癒やしの愛のなかで眠りにつくんだ。

これを三十日間、毎晩続けるといい。それから、すべての病と痛みは心に属し、「身体とは何の関係もない［M-5.II.3:2］」ことに心を開いているように。

アーテン　とてもいいよ。きみが最初にそれをしたとき、ただ背中のためにやったら効いたんだったね。数ヶ月前は手、具体的には、首と肩から、腕と手にかけての神経のためにやったらまた効いたわけだ。

ゲイリー　そうだよ。ちょっとしたもんだろ？

アーテン　「コース」をやっている者にしては悪くないな。最近、誰かを癒やそうとしたことは？

ゲイリー　えっと、癒やされたのがわかっているのは二人いたっけ。一人はニューヨーク、もう一人はフェニックスにいるよ。一人は公に治ったと言っているけど、もう一人は認めないだろうね。もちろん彼らを癒やしたのはぼくなんかじゃなくて、治すと決めた彼ら自身の心だよ。大抵は無意識にね。

ワークショップでじっと座っていられない若い女性がいたな。休憩のとき気づいたんだけど、彼女は素早く歩きまわっていて、何をするのも速かった。多動性障害じゃないかと思う。とにかく、ぼくは心のレベルで彼女とつながって、彼女の罪のなさを教えてあげて一緒に赦しをしたよ。

アーテン　効いたのかい？

ゲイリー　わからないよ。彼女はワークショップの終わりのほうでもかなり素早く動いていたし。でも、だからってそのあと効かなかったとは限らないだろう？

パーサ　そのとおりよ。それに癒やしと赦しを行ったあとは、聖霊《ホーリースピリット》の手に委ねて手放すべきよ。結果に執着せずにね。この世界のすべてに対するのと同じように。

ゲイリー　「コース」を完璧にやりたいなら、ぼくがすべきなのは世界を諦めることだけなんだろうな。少なくとも、ここにある、あらゆるものへの心理的執着を手放さないといけないよね。

パーサ　そうよ。その準備はできてる？

ゲイリー　できてると思いたいね。

パーサ　心配せず、ただ実践し続けなさい。あなたはよくやっているわ。それにワークショップのその女の子は、あなたに助けられたと思うわよ。

ゲイリー　そうだといいな。ねえ、強迫性障害と注意欠陥障害を同時に抱えているところを想像してみてよ。忌まわしいに違いないね。

パーサ　健康の面でエゴを助けるために、あなたにできることをいくつか教えてあげるわ。

ゲイリー　魔術の使用を勧めてるのかい？

アーテン　選択肢だと考えてくれ。身体で存在しているように見える限り、一見、きみの行為は身体がしているように見えるわけだ。きみが「コース」の生徒だからといって、運動をしないとか、歯を磨かないわけじゃあないだろう。だから、エゴが健康改善のためにできることをいくつかアドバイスしよう。過度にとらわれなければ楽しいはずだ。

パーサ　そうね。特にカップルでやると楽しいでしょうね。アーテンとわたしも遊び感覚で健康のためにやったわ。とてもリラックスできるわよ。

ゲイリー　おもしろそうだな。

パーサ　身体には大抵、ふだんは見向きもされないけれど、神経抹消が集中しているところが五か所あるの。その神経を刺激すると、身体中の健康が促されるのよ。撫でたりマッサージするの。誰かにしてもらえないなら、自分でもやるべきよ。

ゲイリー　変態っぽいなあ。どこから始めたらいいの？　もちろん、ぼくはあんたにやってもらいたいけど。

パーサ　最初は頭皮から始めるの。頭皮には神経がたくさんあるのよ。誰かにきちんとマッサージしてもらうと、身体の別の部分で何か感じることもあるわ。これはとてもいいことなの。必ず頭皮全体をマッサージしてね。身体の健康維持にはもってこいの方法よ。髪を洗うときの刺激では不十分なの。指と手のひらでマッサージするのよ。

　二番目に刺激するのは耳よ。頭皮と同じで、ここはヒーラーやマッサージセラピストも通常スルーするところだけど、神経終末が密集しているの。特に耳のなかをマッサージするのは気持ちがいいわ。

そして、三番目が心臓よ。

ゲイリー　心臓か。おもしろいな、奇遇だよ。ちょうど、医者が止まった心臓をどうマッサージするのかっていうのを読んだからさ。でも、心臓が止まる前のマッサージがいいって話だよね。

パーサ　とても大切なのよ。あらためて言うけど、心臓はほぼ完全にほったらかされていると言ってもいいわ。でもマッサージや刺激を与えることで、心臓が心臓そのものを癒やす助けになるの。血液の循環がよくなって動脈も綺麗になるし。かたちのレベルでは死因のトップは心臓病になっているけれど、このアドバイスに従うと大きく変わるでしょう。

ゲイリー　納得できるよ。次は何だい？

パーサ　あなたの好きなやつよ。四番目はおへそ。おへそには身体の中央の胸から性器にかけて連結する神経終末がたくさんあるの。おへそもふつうは無視されているわ。

ゲイリー　ああ、よーく知ってるさ。

パーサ　癒やされると同時に、こういうのを楽しんでも、罪悪感を持たないで。四か所について話したけれど、ラストの五番目の足も身体のとても重要な箇所で、マッサージなどで刺激を受けるべきところよ。

ゲイリー　クロッシングスのスパで一度リフレクソロジーを受けたけれど、すばらしかったよ！　痛い箇所もあったけど、ほとんどは気持ちよかったよ。

パーサ　いま教えた箇所でも、刺激を受けると少し痛むことがあるかもしれないわ。わたしが説明したのは基本的に全身のリフレクソロジーよ。足だけじゃなくてね。もちろん足も含めて、リフレクソロジーを続けていくと、痛みがだんだんなくなるわ。痛いのは神経がつながっている箇所に何か異常があるからよ。鍼治療のように神経に刺激を与えることで、徐々にその箇所が癒やされていくわ。刺激を与えても痛みがなくなれば、その箇所は癒やされたということよ。「コース」の「精神療法《サイコセラピー》」で教えられているように、リフレクソロジーと同時に赦しを実践することになるわ。多分、毎秒ではないでしょうけど、少なくともたまにはね。

ゲイリー　それはすごいね。痛いところがなかったらどうなの？

パーサ　だったら楽しめばいいわ。予防は治療に勝るって言うでしょ。

ゲイリー　ありがとう！　やってみるよ。ほかにアドバイスはない？

アーテン　あるとも。基礎を忘れないことだ。思考がすべてを司るなら、なぜ健康にいいことをするのが大事なんだと思うかもしれないが、答えは簡単だよ。きみはエゴを教育しようとしているのさ。エゴはきみに身体だと思ってもらいたいんだが、きみはほんとうの自分の住処のわが家へ行けるように、エゴが取り消されることを望んでいる。エゴがリラックスして取り消されやすいように、ここに存在するあいだは何らかの身体的な行為をするんだよ。それに、きみはそうしなくちゃいけないんだ！　ただ公園のベンチに座って、今後一生、瞑想するにしても、いずれ食事を取らなければならなくなる。Ｊでさえも食事をして、ふつうの人間関係を持ち、人々と交流したんだから。

結論はこうだ。ここでの生き方に関していえば、納得できることをするべきだということ。霊的《スピリチュアル》な道を歩むなかで、いずれ何も変わらない状態にたどり着く。正しい心で思考することで、つねに霊《スピリット》の体験と触れるようになるからだ。これはプロセスだよ。自分がそのプロセスを踏むのを認めてあげるんだ。

ゲイリー　じゃあ、赦しを実践してエゴが取り消されていくあいだ、同時に自分の身体を大事にいたわるべきだって言うんだね。その結果が健康な身体ってこと？

アーテン　おそらく。

ゲイリー　おそらく？

アーテン　思い出してくれ。こうしたプロセスは、きみがここで生きているあいだ、いい人生を送るのを助けるもので、同時にエゴを取り消すのに役立つものだが、結果にこだわってはいけないよ。こだわれば、きみはその全部を実在させてしまうんだ。人はみんな身体を含めあらゆるものを評価したがるが、そんなものはすべて主観的なものでしかないということに気づいていない。霊的《スピリチュアル》な道を歩んでいると、病気でいるより健康体でいるほうがずっと霊的《スピリチュアル》だと見なすだろう。でも、ほんとうにそうかい？　世界でいちばんの健康体を維持する運動選手たちが、必ずしも霊的に成長しているとは限らない。一方で、とても霊的《スピリチュアル》なのに病気の人たちもいる。じつはほかのすべてと同じように、病気になる時期もここに生まれる前にすでに決まっているんだ。

ゲイリー　だったら、何が霊的《スピリチュアル》かをどうやって判断するんだい？

アーテン　まさにそのとおりだ。

パーサ　あなたの意志さえあれば、狭い戸口も通れるの。つまり真の霊的《スピリチュアル》な姿勢では、健康体でも病気でも、何の違いもないの。なぜかって？　だってどちらも真実ではないもの。

ゲイリー　だったら、どうしてぼくは健康体であるべきなんだい？

アーテン　その答えは、健康体でいたっていいからだよ。これは選択肢だと言ったのを思い出してくれ。規則ではない。きみたちは規則と宗教に執着しているが、選択においては結果にこだわる必要はないんだよ。これはきみが選ぶことだが、過度に熱心にやる必要もない。人生は気楽に楽しんでいいんだ。そして、何が起きても赦すつもりでいればいい。

ゲイリー　人には様々な価値判断があるよね。たとえば病気より健康がいいとか、身体は醜いより美しいほうがいいとか。でも、誰が美を決めるんだい？　すべてはつくり出されたものなんだ。ぼくたちの多くは肉食だし、みんな動物よりも人間の身体のほうが価値があるに違いないと思っている。菜食の人もいるけど、植物だって生きているし、ぼくたちの思考や言葉に反応するんだ。最近、人間がこれまで信じてきたよりも、動物にははるかに高い思考能力があると証明しているビデオをいっぱい見たよ。だから、動物だって愛をもって生きてるってことにならないかい？　ぼくは自分の犬の目の奥に、愛と感情と知性を感じたよ。Ｊの言う、相手を見るときあなたは自分自身を見るだろうというのが真実なら、ぼくの犬は霊的《スピリチュアル》な進歩を遂げていたってことにならないかい？

パーサ　そのとおりよ。天国であなたの犬はあなたと一緒になるわ。みんなと同じようにね。身体ではないほんとうの姿で、つまりあなたと同じ霊《スピリット》として。あなたは一体性《ワンネス》のなかで犬の存在を感じるから、寂しがることはないわ。だって、あなたはあらゆる人とものがそこに存在するのを体験するんですから。当然、そこにはあなたの愛した人や動物もいるのよ。

人々の価値観は世界に根づいているものだけど、全員が持つ真の価値観というのはこの世界に属していないわ。それから、聖霊《ホーリースピリット》は動物にも働きかけるのよ。動物は種によって独自の考え方をするし、人間と同じでその一生その一生で霊的《スピリチュアル》な進歩を遂げるときもあれば、そうでないときもある。結局、人間と同じように、あなたと同じ場所へ行き着くの。キリスト教では動物に魂があるとは信じられていないけれど、心は心であって、どんな器に見えてもじつは関係ないのよ。

ゲイリー　そうだな。あんたがさっき言ってた、健康でも病気でも、どちらもほんとうじゃないから関係ないっていうの、気に入ったよ。同じことがお金にも当てはまるよね。ぼくの両親はお金がなくて罪悪感に苛まれていたよ。本が出てからは、お金がありすぎて罪悪感を感じている人にたくさん会ってきた。結局、思うようにはいかないんだ。人っていうのは、お金がなくてもありすぎても罪悪感を抱く。とにかく、どんな理由につけ罪悪感を持つんだ！　ちょっと立ち止まって、裕福も貧乏も真実じゃないんだから、どちらでも関係ないってことに気づかなくちゃだめだね。両方とも真実じゃないなら、一方がもう一方より霊的《スピリチュアル》だなんてこともないんだし。

パーサ　お見事よ。最近は、お金持ちであることが霊的《スピリチュアル》だと考えるのが流行っているわね。十億ドル儲けたら、心を使ってそのお金を引き寄せたと考えるわけだけれど、ほんとうのところは単に今回はあなたの順番だったというだけなの。そう脚本に書いてあるから、どのみち起こることになっていたのよ。あなたの考え方や起こったように見えるすべてはその脚本の一部だったの。百年前は、貧乏であることがとても霊的《スピリチュアル》だと考えられていて、貧困の誓いを立てる人たちだっていたくらいなのよ！　だからわたしたちは、すべてが主観的だと言っているの。流行は訪れては去るものだけれど、実在の霊性《スピリチュアリティ》は変化しない。たとえ自分のもとへ何がやって来ても、幸せと平和でいられる霊性を持とうとするのが正しい発想だし、それが自由というものだし、本物の霊性よ。

アーテン　話を戻して、ここで生きているあいだ赦しと一緒にする選択について、もう一度話そう。エゴの心を占領しておくためにできることを簡単にリストアップしてみよう。このリストにあることをしているあいだは、同時に正しい心の思考にもこっそり入り込めるんだ。

1．歩くこと。一日、三十分から始めるといい。そうするとだいたい一マイル半〔約二キロメートル半〕歩いたことになる。人が歩く平均速度は一時間に三マイル〔約五キロメートル〕だから、徐々に一時間に増やしていくといいだろう。そうすれば一日、三マイルになる。もし休みたければ週に二日なら休んでも大丈夫。もちろん休まなくてもいいが、週に五日で十分だよ。

ゲイリー　ジョン・トラボルタが毎日一時間歩いて、三年後には三十九パウンド［約十八キログラム］くらい痩せたっていう話を読んだなあ。ダイエット法はたくさんあるけど、歩き続けるとリバウンドしないで、体重を落としたままで維持できるんだな。

アーテン　そのとおりだ。きみも前はよく犬を連れて散歩に行っただろう?

ゲイリー　犬のほうがぼくを連れ出してくれてたんだと思うよ。でもそうだな、犬が亡くなってから十五パウンド［約七キログラム］ほど太ったよ。

アーテン　すべては習慣さ。奇跡と同じでね。何かにすっかり慣れてしまうと、それをしないでいると寂しくなるものだ。歩くこと以外で、きみがやるべきことといえば……。

2. 深呼吸すること。これは必須だよ。考えるときはいつでも息を深く吸って、深く吐くこと。古い空気を横隔膜から出して、新しい空気を取り込むんだ。疲れたときにしばらく深呼吸をすると、前より元気になっているのがわかるだろう。

3. ストレッチをすること。脚と背中と腕をストレッチするんだ。身体をほぐすといい。

ゲイリー　固いより柔らかいほうがいいもんな。

アーテン　4. 水をたくさん飲むこと。水をたくさんの飲む人は、飲まない人よりも癌にかからないんだよ。これは男女ともに大事なことなんだ。女性の場合は乳がんの予防になることがある。もちろん、病気になるか元気になるかを決めるのは心だよ。でもきみたちの身体はどうせほとんど水なんだから、水を飲めば体内でいろんなものが濃縮するのを防げる。十分な水は頭痛の予防にもなるよ。

5. 月に一日、断食をすること。月に一日だけ、食事をしない日にするんだ。ジュースは飲んでもいいが、食物もアルコールも薬も摂らない。

ゲイリー　薬も？　無理だよ、そんなの。

アーテン　真面目な話、どういうわけか統計学でも一ヶ月に一日断食した人のほうが、心臓発作になる確率がきわめて低い。モルモン教徒のなかには、教義の一つとして断食する人たちもいるんだ。まあ、彼らの理由は違うだろうが、断食が健康にいいことは研究でも証明されている。

6. はちみつを摂ること。毎日摂る必要はないが、はちみつはかたちのレベルでもっとも見逃されている不思議なものの一つだ。エジプトで考古学者が何千年も経っているはちみつを発掘現場から発見したが、まだ新鮮だったんだよ！　はちみつは、かたちのレベルで見られるもののなかでも、有機栽培でかつ腐敗しにくい数少ない食べ物なんだ。なかなか眠れないとき、就寝前に睡眠薬を飲む代わりに、はちみつを大さじ二杯食べるといい。なるべく二杯分になるように摂るといい。驚くかもしれないよ。睡眠に飢えていろんな処方薬を混ぜて亡くなった人たちについて読んだことがあるだろう。はちみつの治癒力を知っていたら、そんなことにはならなかっただろうね。

胸焼けがするなら、夕食の三十分前か出かける前に、はちみつを食べるといい。それから就寝前にもう一度。続けていると効果が出やすい。ただ次の二つを忘れないように。エゴは無意識のレベルで非常に複雑だから、まず万人に効くものはないということ。でも、多くの人に効くだろうね。それから、三歳以下の子供には絶対はちみつをあげてはならない。子供の身体はまだ、はちみつを消化できないからね。

それからアレルギーがあるなら、住んでいる地域で採れたはちみつを食べるように。

7. ノニジュースを飲むこと。美味しくないが、冷やせばそれほどまずくもない。開封後はどのみち冷やさなくてはならないしね。ノニジュースというのは植物のノニから抽出されたもので、多くがタヒチ産だ。治癒力が豊富に含まれている。きみにはハワイでシャーマンだったころの記憶があるだろう？

ゲイリー　あるよ！　だいたい夢で思い出すんだけど、ぼくはフナを信仰して教えていたんだ。ヒーリングもやっていたし、ノニをいろんなことのために使っていたよ。外傷とか、内臓に効くようにジュースにしたりとか。ハワイ諸島では何度かいい人生を送ったよ。その一回がシャーマンだったんだ。そのころ学んだものに戻らないといけないな。楽しむだけでもね。

アーテン　8. ジュースを飲むこと。オレンジジュース、トマトジュース、グレープジュース、グレープフルーツジュース、キャロットジュース、ネクター、そのほか何でもすべてよし。ノニジュースを買う余裕がなかったり味が苦手だったら、ほかのジュースで代用していい。あえて毎日フルーツジュースをグラス一杯か二杯飲むようにすると、身体レベルで効果があるだろう。もちろんきちんとした食生活も大切だよ。野菜を避けないように。好きな野菜を少し食べるだけでも、まったく食べないよりはいい。レストランでは、パンの代わりにサラダを食べるように。小さな習慣の積み重ねさ。

9. 晴れの日は外に出て、二十分間、日に当たり、ビタミンD3を摂ること。この二つをすることで鬱病など様々な問題が防げるだろう。われわれはほんとうの原因は思考だとわかっているんだがね。ただこういうアドバイスで気分がよくなるだろうし、気分がよければ正しい思考を用いる可能性も高くなる。よりよく考えれば、よりよい気分になるし、よりよい気分になれば、さらによく考えるようになる。特にきみを導いている「コース」のような訓練があればね。

10. 笑うこと。コメディを借りて観たり、おもしろいテレビ番組の盛り上がっているシーンを観るといい。楽しい映画やコメディクラブに行くのもいいだろう。笑うことはどんな薬よりも効く。

11. 若さを保ちたいなら、寿命を延ばすこと《エイジ・エクステンション》。身体の治癒力を刺激して若さを保つ天然物の発見が今後進むだろう。いずれきみたちはMaxOneという寿命を長くする商品をつくるだろうから、それを飲むといい。きみには「コース」と直接関係のないものを販売してほしくはないんだが、これは例外にしよう。いま話している今後の動向によって、じつに便利に利用できるだろう。

ビタミン剤、特にビタミンCは、きみには効果的だから続けなさい、ゲイリー。また、炎症を防ぐ補給剤も非常に大事だ。アメリカ人の多くは脂肪と砂糖の摂取からくる動脈血栓を患っているが、炎症がない限り通常、害はない。動脈を収縮させて、詰まりやすくさせるのは炎症なんだ。きみは三十年もビタミンについて調べているね。きみが動脈血栓を自己予防するための正しい補給剤を見つけられるよう、手を貸していくよ。

ついでに、世界のある地域では、ビタミンCの静脈内投与が癌の治療でうまく利用されている。ただ、北アメリカでこの治療をするところを探すのはとても難しいだろう。医療業界がその効果を認めていないからね。彼らが儲かるのは、人々を回復させるからじゃなくて、病人を治療するからなんだよ。リサーチして自分の健康に責任を持つのも、個人に任されているんだ。

12. 体内に酸素を送り込むこと。これはちょっと用心しなければならない。訓練が必要だから、ほとんどの人はやらないだろう。正しく行わなければならないし、指示に従わなければならない。きみたちの健康において、酸素不足というのが人体でいちばん見落とされている問題点だとまず気づくべきだ。癌細胞は酸素があるところでは生きられないからね。身体中の全細胞に酸素を適切に送り込むことができれば、ほとんどの病気は防げるし、病気があったとしても治るだろう。

体内に酸素を送り込む最良の方法は、三十五パーセントの食用グレードの過酸化水素を摂取することだ。歯科医や医者が使う三パーセントのものは、害なく摂取するのが不可能だから、混同しないように。三十五パーセントの食用グレードの過酸化水素を適切に摂取するには、詳細なステップに従わなければならない。マディソン・キャヴァノウの著書『The One Minute Cure』（未邦訳）にその情報がよく載っている。さっきも言ったように、指示は厳密に守らなくてはならない。大抵の人は自制心がなくて指示を守れないんだ。でもきちんと守れば、かたちのレベルにおいて、健康でいるためにできる最強な方法の一つになる。だが多量摂取してはならない。水に数滴入れて摂取するんだが、必ず指示に従うように。

友よ、以上だ。どれも多大な努力を要するわけではない。ほとんどは簡単だし楽しいものだよ。でも「コース」と同じで、実行しなければきみの役には立てない。

ゲイリー みんなにヨガをやるべきだって言われるんだよ。でも、ビールが美味しくなくなるような気がしてさ。

パーサ あなたがヨガが好きで続けたいなら、それはすばらしいわ。でもあなたは身体を鍛えることにあまり関心があるタイプじゃないから、歩くのがいちばんいいかもね。「コース」の訓練は、人生と呼ばれているものをあなたが生きていく上で、あなた自身が行うことなのだし、それはあなたに適しているものなのよ。だから、そうした決断については聖霊《ホーリースピリット》と決めるよう、あなたに任せるわ。いろんなアプローチがたとえ身体を実在化させたとしても、大勢の人生にプラスになることは間違いないわね。

アーテン こうしてきみに選択肢をいくつか与えたが、パーサとわたしも悟りに達した最後の生で、これらのことを一緒にしたんだよ。だから悟ったというわけではないよ。聖霊《ホーリースピリット》の思考体系の訓練を応用したから悟ったんだ。ただ、こういうアプローチはおもしろいし役立つから、ただ楽しむといいさ！

ゲイリー　ありがとう、アーテン。あんたは背が高くて色黒で、ギリシャ神話の神そっくりなハンサム野郎にしてはいいヤツだよ。

アーテン　そのせいできみがわたしを嫌っているのは知っていたよ。でも、赦すきみを見られて嬉しいよ。

ゲイリー　何かほかにはあるかい？

パーサ　あなたの場合、もっと十分な休みを取ってもよさそうね。仕事は断っても大丈夫なんだということを忘れちゃだめよ。あなたはわたしたちのメッセージをシェアするのに一生懸命で、自分のための時間を十分に取れていないわ。エドガー・ケイシーから学びなさい。彼は過労で亡くなったのよ！　彼は自分を訪れた人たち全員を助ける責任を感じていたの。

立ち止まって花の香りを味あわなくちゃ。もし人からの依頼を断れないなら、自己中心性を克服していないことになるわ。「この人は実在の問題を抱えた、実在の身体だから助けないといけない」と言いながら、あなたはその人からの依頼を実在化させてしまっているの。それじゃ完全に本末転倒よ。彼らは身体ではないし、実在の問題を抱えてもいないし、そこに存在してもいないのよ。彼らも神と同じ霊《スピリット》であることに変わりはないわ。「コース」でも身体は生きてさえいないと教えているでしょう。

すべては生命《いのち》を通して達成される。そして、生命は心に属し、心のなかに存在する。身体は生きもせず死にもしない。なぜなら、身体は生命そのものであるあなたを内側にとどめておくことなどできないからである。[T-6.V.A.1:3-4]

それから、こうも言っているわ。

というのも、身体は神の子の創造主と同類ではないからである。生命《いのち》のないものが、生命の子にはなり得ない。[T-23.IV.2:5-6]

ゲイリー　それを聞いて、カリフォルニアで見たバンパーステッカーを思い出したよ。霊柩車に「わたしが見ているのは死者である」と書いてあったっけ。

アーテン　「コース」でJが徹底して区別しているのを思い出してくれ。彼はこう言っている。

天国の外側に生命《いのち》はない。生命は神が生命を創造したところにあるはずである。[T-23.II.19:1-2]

きみにしばらく考えてもらいたい「コース」の引用部分を暗唱してから、われわれは去るとしよう。あとでその箇所を調べるといい。すぐに見つかるよ。

ゲイリー　最初の本のときのことを覚えてるかい？　ぼくは「コース」の全引用箇所を自分で見つけなくちゃならなかったんだよ。用語索引もなくてさあ！　いまは誰でも電子版の「コース」で検索して、あっという間にどんな引用箇所でも見つけられる。

パーサ　「コース」を学ぶという点で、アナログな方法はあなたの役に立ったわね。それじゃあ考えてもらいたい引用部分は次のとおりよ。人間関係のことで落ち込んだら、わたしたちとJのことを思い出して、わたしたちと同じように世界を赦すのよ。

エゴは、あなたの心に対して陰謀を企てるために身体を利用する。エゴは、「敵」がエゴも身体もあなたの一部ではないと認識するだけで、その両方を終わらせられると気づいているので、エゴと身体は一緒になって攻撃する。これに関与しているものについて考えるなら、おそらくこれはあらゆる知覚のなかでもっとも奇妙な知覚であろう。実在《リアル》でないエゴは、実在《リアル》である心に、エゴの学びの手段は心だが、身体には心以上の実在性があると説得しようとする。正しい心の状態にある者で、それを信じられる者はいない。正しい心の状態にある者は、誰もそのようなことを信じたりはしない。[T-6.IV.5:1-4]

それなら、エゴがあげるすべての疑問に対する聖霊《ホーリースピリット》のただ一つの答えを聞きなさい。その答えとは、あなたは神の子であり、神の王国のかけがえのない一部であり、神が神ご自身の一部として創造されたものだということである。ほかには何も存在せず、これだけが実在する。あなたは眠りを選び、眠りのなかで悪夢を見てきたが、その眠りは実在せず、神はあなたに目覚めるように呼びかけている。あなたが神の声を聞くとき、あなたの夢は何も残らないだろう。なぜなら、あなたは目覚めるからである。あなたの夢はエゴの象徴を多く含み、それらがあなたを混乱させてきた。しかし、それはあなたが眠っていて何も知らなかったからにすぎない。あなたは目覚めたとき、自分のまわりに、自分のなかに、真実を見るだろう。そして、夢はあなたにとって実在性《リアリティ》を保っていないため、あなたはもやは夢を信じなくなる。しかし、神の王国とそこであなたが創造したすべては、あなたにとって大いなる実在性《リアリティ》を持つだろう。なぜなら、それらは美しく、真実だからである。[T-6.IV.6:1-8]

5 トマスとタダイのレッスン

わたしは「世の罪を取り除く神の子羊」と正しく称されてきたが、子羊を血まみれたものとして描写する者たちは、その象徴の意味を理解していない。正しく理解するならば、それはわたしの罪のなさを物語るとても単純な象徴である。ともに横たわるライオンと子羊は、強さと罪のなさは矛盾せず、おのずと平和に生きることを象徴する。「心の清き人は幸いである、その人たちは神を見るであろう」というのは、同じことを別の言い方で表したものである。清い心は真実を知り、真実を知っていることこそが、その心の強さである。清い心は破壊と罪のなさを混同したりしない。なぜなら、それは罪のなさから、弱さではなく強さを連想するからである。[T-3.I.5:1-6]

二〇〇一年末、アーテンとパーサが最初の一連の訪問を終えてから、ぼくは過去生の記憶をどんどん取り戻していた。それだけでなく、自分の未来や最後の生を垣間見ることもあった。そういう記憶は様々なかたちでやって来る。不思議な体験のほとんどはとても視覚的で、一日中いつでもやって来る。瞑想をして、イメージやヴィジョンを見ることもあったが、メッセージと一緒にイメージを見るのは、ぼくが「中間ゾーン」と呼ぶ時間帯がいちばん多かった。それは夜ベッドで眠りに落ちる寸前のうとうとした状態のことだ。

完全に眠ってはいないが、完全に起きてもいない、そんな瞬間にイメージを見ることが多かった。イメージはそれこそ千差万別だったが、単なる静止画像ぐらいのときもあれば、ほかの時空のシーンになったり、音が聞こえることもあった。まるでほんとうに映画を観ているようだった。イメージは年月とともに一層強まり、鮮やかになっていった。睡眠中に深い夢を見ている段階でそうした体験をすることもあったが、いちばん正確で記憶に残るヴィジョンというのは、無意識が表面化し、リラックスした意識と出会ったときに起こる、とぼくは感じていた。それは無意識からの情報だから、とても信頼できる。無意識が表面化するとき、それを何よりも正確に見ることができる人というのは、意識を脇に置くことをすでに学んだ人でもある。

ぼくの場合、それが可能なのは半分眠っている状態のときだった。エドガー・ケイシーはただ完全に眠って、無意識が彼自身を通して語ったため、「眠れる預言者」と呼ばれた。歴史上もっとも優れたチャネラー、サイキック、霊媒師たちというのは、意識が無意識を妨げるのを抑制する方法を見につけた人たちだと言える。情報を解釈する際、意識というのは本人のエゴを被せるフィルターのような役目をする。情報をフィルターにかけようとする意識が少ないほど、より良質なメッセージを抽出できるのだ。

その一例がセスをチャネリングしたジェーン・ロバーツだ。彼女は意識をすべて手放し、自分を通して別の存在が前面に現れるのを許した。ぼくが会ったなかでもっとも優れた霊媒師のジョージ・アンダーソンは、スケッチブックにいたずら書きをすることで意識を占領させておく。彼の無意識から出てくる情報の正確さは見事だ。大抵のサイキックや霊媒師はクライアントに質問をするが、彼にはそんなことをする必要もなく、クライアントが仰天するような情報を絶えず流れるように伝えていく。

ぼくはだいたい瞑想状態か、睡眠の一歩手前で意識を脇に置く。でもそう、一見すっかり目が覚めているときに、ヴィジョンを見ることもあった。アーテンとパーサに会うときはいつでも目覚めているが、彼らからの情報は単にぼくの無意識からやってくるのではなく、聖霊《ホーリースピリット》の顕現によってもたらされるものでもある。「コース」の声が聖霊の顕現だったのと同じように。

ぼくは過去生を思い出すプロセスで、あることに気づいた。それは過去生が連続した夢であること、そしてそのほんとうの価値は赦しの学びに使われるためだけにあるということだ。この人生で同じ赦しのレッスンに再び見舞われてから特にそう考えるようになった。かたちは違うかもしれないが、レッスンも過去生もその意味は同じなのだ。

赦しのレッスンを学ぶ際には、輪廻転生さえも幻想なのだということを覚えておくと賢明だろう。というのも、実際ぼくたちは身体のなかに生まれ変わるわけではないからだ。ぼくたちの体験はアインシュタインの言う「意識の視覚的妄想」だ。確かに身体のなかにいるように思えるし、そう感じるが、それはエゴの仕掛け《トリック》で誤った体験なのだ。身体は実在せず、宇宙のほかの部分と同じように投影の一部にすぎない。

そうした夢の生の記憶が蘇るのは大抵ベッドにいるときだったが、教師たちのこの五回目の訪問でそれも変わることになる。


註・サイキックと霊媒師とチャネラーの違いをあまり知らない人のために述べておこう。いつもそうというわけではないが、サイキックは一般的に、生まれ変わってきたように見える心と向き合う。それに対し、霊媒師はもっぱら「あちら側」へ移行した心と向き合い、チャネラーは自分を通して別の存在に語ってもらう。ヘレン・シャックマンは彼女が伝えた情報の質からして、おそらくもっとも偉大なチャネラーだ。イエスが彼女を通してメッセージを伝える際、彼女は意識を変える必要がなかったという意味でも非常に類まれであった。彼女の意識はイエスが語る言葉を独特の速記法で書き取ることと、それを「見る」ことでいっぱいだったのだ。それなのに彼女はイエスの声を単に「聞く」者として知られるようになったため、その後イエスをチャネリングしたと主張する真似っこチャネラー群が押し寄せる引き金となってしまった。彼らはどれほど自分でフィルターをかけているかを理解していなかった。

だからこそ、ヘレンが得たイエスの情報の質と一貫性はずば抜けて優れている。ほかのチャネラーたちは『奇跡のコース』と同じことを語っていると思っているが、彼らはその違いをほとんどわかっていない上に個人的に信じている情報を加えてしまい、メッセージがどこで逸れてしまっているかも理解していない。彼らの多くは独自バージョンの「コース」をつくり上げ、それが「コース」の改善版や続編だと思っているが、じつは別物をつくるよりも原書を学ぶほうがよっぽどいいのである。彼らがチャネリングした情報は、彼ら自身のエゴでフィルターがかかっている。本物に忠実なだけでは、なぜだめなのだろうか？

話を戻そう。その何年も前から、ぼくは古代エジプトのファラオの家族の一員だったころや、聖トマスといま呼ばれているユダ・デドモ・トマスだったころの記憶を取り戻していた。それから前述したが、偉大な教師「グレイト・サン」を知るカホキアに住むアメリカ先住民の人生や、ロジャー・シャーマンというアメリカ独立宣言の署名者の人生、ウィリアム・ハリソンというアラモ伝道所で殺されたオハイオ州出身の男の人生、それからぼくの教師としての未来の人生も体験していた。そのほかの生涯の記憶も様々なヴィジョンで数え切れないほど体験したが、当時の自分の名前や、知り合いの人たちの名前がまだ確認できていなかった。なかには確認の取れたものもあったが。

再びアセンデッド・マスターに会ったのは火曜日の昼すぎだった。彼らが来るのを予感することもあったが、大抵は予想できなかった。ぼくが日々の生活に彼らの言葉を取り入れて実践する時間を持てるよう、数ケ月も来ないこともあった。今回はパーサが話し始めた。

パーサ　こんにちは、ゲイリー。人生はどうあなたをもてなしているかしら？

ゲイリー　まあまあかな。レイクチャールズは楽しかったよ。みんな、ぼくが来たことをすごく感謝してくれたよ！　講演者はふつうヒューストンやニューオリンズのほうに行くから、彼らを訪れる人は少ないんだ。まあ、ぼくもフレンチ・クオーターはチェックしないわけにはいかなかったけどね。ハリケーン・カトリーナ以来、ニューオリンズへ行くのはちょっと悲しいよ。大勢の人が去ってしまった。誰もが神に破壊されるだろうと思っていたバーボン・ストリート地区は洪水にやられずに済んだけどね。海抜二十フィートに建築するなんて、フランス人は頭がよかったんだなあ。とにかく、あんまり時間はなかったけど、その辺りを見れたし、いいレストランにも行けたよ。
　モントリオールも素敵だった。オールド・モントリオールに行って、地元の食事を試せてほんとうによかった。ワークショップのあと、フランスの出版社のマークが中東料理の美味しいレストランへ連れて行ってくれたんだけど、そこのダンサーたちも見事だった。最後には大勢の客が立ち上がって踊ってたほどだよ。それから、よくわからない言葉でチャンティングもしてたな。とにかく楽しかったよ！

パーサ　幻想の時間は刻々と進んでしまうから、わたしたちはあなたの私的な人間関係にも、もっと踏み込んでいくわよ。だから今日はちょっと違うことを用意しているの。聖トマスと話をするっていうのはどうかしら？

ゲイリー　何だって？

パーサ　デドモ・トマス、双子のトマスよ。彼がいまここであなたの前に現れて話をしてくれるわ。磔刑があった当時の姿をそのまま見られるわよ。彼は、あなたがわかるようにアラム語ではなく英語で話すわ。彼の外見はまるでJみたいよ。あなたも知っているように、二人はそっくりだったから、トマスはよくJと間違えられたの。

ゲイリー　ああ！　彼らの夢を見たよ。覚えてるよ。瓜二つだったね。

アーテン　じゃあ、これから彼をいわば肉体の姿で見ることになる。聞きたいことは何でも質問していい。いいかい？　緊張したり怖がることは何もないぞ。きみはただ自分自身と話すんだから。きみは昔トマスだっし、次はパーサになるんだ。二人ともきみを愛しているから、きみはきみ自身でいればいい。彼らを愛するだけでいいんだよ。

ゲイリー　ぼくはずっと前からパーサを愛そうとしてきたさ。でもいいや。さあ、会わせてくれよ。

註・ときおりこの教師たちはぼくを仰天させるが、今回はその比ではなかった。次の瞬間、アーテンが消えて、パーサがまったくの別人に変身した。それがヴィジョンで見た男だとすぐにわかった。その男は、ぼくが記憶しているJと似てはいたが、少し違っていた。Jの名前は当時ヨシュアで、現在はほとんどの人が第一音節にアクセントを置くが、正しくは第二音節で、ぼくの教師たちは彼をただJと呼んでいた。ぼくがいま見ている男はJではなく、トマス、あるいはデドモ、双子の片割れとも呼ばれてJとよく間違われた人物だ。その彼が話し始めたとき、ぼくはショックで言葉を失い、ただ心を奪われて座っていた。

トマス　こんにちは、兄弟。まるで幽霊を見ているようだね。

ゲイリー　信じられないよ。いや、信じるよ。もうぼくを驚かせるものなんて何もないな。これはすごいよ。夢とヴィジョンで見ていたあんたやJとそっくりだ。

トマス　何を期待していたのかい？　ペテン師かい？

ゲイリー　いや、そういう意味じゃないよ。まず一つ教えてくれ。あんたはどこから来たの？　アーテンとパーサにしてもさ、それがずっとよくわからなかったんだ。

トマス　きみはパーサがわたしに変わるのを見たね。こんなふうに考えてほしい。パーサが未来から来ていないのと同じように、わたしも過去から来たのではない。わたしはこの体系全体の外側から、つまり時空の外側から来ている。いまのわたしは聖霊《ホーリースピリット》の顕現なんだ。パーサは将来、いまから約百年後に悟る。きみは悟りに達すると、最後に身体を脇に置き、神やJ、聖霊《ホーリースピリット》と何ら変わりなくなる。霊《スピリット》のレベルではすべて同じで、違いは幻想のなかでのみ有効なんだ。天国に幻想はないからね。

ゲイリー　じゃあ、あんたが幻想を認識していないというなら、どうやってここに現れたんだい？

トマス　すばらしい質問だ。正確に答えると、わたしトマスはここに現れていないんだよ。

ゲイリー　ちょっと待ってくれよ。ぼくはいまあんたを見てるんだよ。

トマス　じつはきみが見ているのは、きみが受け入れて理解できるように、きみの夢のなかに現れた聖霊《ホーリースピリット》なんだ。聖霊はきみの幻想を信じることなく、それを認識する。だから聖霊はそのときのきみにとっていちばん効果的な方法で現れるんだよ。聖霊は愛だ。神と同じ完璧な愛。ただ、その愛はきみの前では姿をもって現れる。そうすることでしか、きみには聞こえないからね。前にきみとアーテンとパーサで聖霊の実体《リアリティ》について話したことを覚えているかい？

ゲイリー　もちろん。彼らが「コース」からこんな引用をしていたな。

聖霊《ホーリースピリット》の声は、「神を代弁する声」であるゆえに、それはかたちを取る。そのかたちは聖霊の実体《リアリティ》ではない……。[C-6.1:4-5]

トマス　そうだ。聖霊《ホーリースピリット》の実体《リアリティ》は霊《スピリット》だ。それは愛であり、つまり実在の愛で、すべてを包括している。

ゲイリー　じゃあ、あんたは愛とトマスのどっちなの？

トマス　愛だよ。悟った者もそうでない者も、移行した者は誰でも夢のなかで聖霊《ホーリースピリット》の顕現として現れることができる。ただきみがそうするとき、それはもうきみじゃないんだよ。きみのイメージなんだ。いったん、きみの身体がこの世を去ると、きみはここから出ていって、二度と同じかたちでは戻ってこない。その一生の復習でない限りはね。

ゲイリー　復習？

トマス　そうだよ。もう一度、同じ人生に戻って繰り返すことができるんだ。前よりきちんとレッスンを学んだら、時間の次元を変えて、違う結果を体験することだってあるかもしれないんだよ。アーテンとパーサが言ったように、これはきみが脚本を変えるという意味ではなく、きみはただ前とは違う次元を見られるということなんだ。

ゲイリー　そういう体験についてはよく知ってるよ。まあ、それが起こるとき、大抵は自分で時間の次元を変えたなんてわからないんだけどさ。ただ何となく違うように感じるんだよね。状況とか知人が変わったみたいに感じたりする。おそらく物事がうまくいくように思えるんだろうね。

ところで、二千年前にJと一緒だったときの人生についてあんたと話したいんだけど、ただその前に別の質問をさせてほしい。分裂について聞きたいんだ。分裂が起こると、複数の人が同じ人物の前世の記憶を持つことがあるんでしょ？

トマス　そうだ。当然そうでなきゃならないんだよ。

ゲイリー　どうして？

トマス　心という概念は、顕微鏡の下で分裂している細胞みたいなものだっていうのを覚えているだろう？

ゲイリー　ああ。繰り返し分裂するんだな。だからアダムとイブの神話みたいに二人で始まって、五千年後には六十億人いるってわけか。輪廻転生が可能に見えるのは、ここにいると思っている一つの存在が分裂し続けたからにほかならないってことだな。それで一見、魂と呼ばれる分離した心が、身体をもって世界や宇宙に現れて見えるんだ。人間の身体のときもあるが、そうでなくてもいいわけだ。身体は物体なんだ。境界や制限があるものは何でもそう、ピアノだって物体だよ。心は分離の思考を投影する装置を通して、象徴的なかたちで見えるものということか。

トマス なかなかいいが、ちょっと考えてほしい。心が分裂し続けると、いずれは同じ人物の分離した心から何人もの人間が生じることになってしまう！ ということは、もともと同じ心だった彼らは、同じ過去生の記憶を持つことになる。もちろん、これは線型《リニア》の幻想においてのことだ。実際にはすべては一度に起きたんだ。それに幻想というのは、たったいま自分がそれをしているように見えるし感じるものだからね。線型上《リニア》では、人々が同一人物だったときの確かな記憶を持つことになるんだよ。

ゲイリー じゃあ、二千年前、自分は聖パウロだったという人物が、ほんとうにそのときの一生を思い出せるとする。だけど同じことを語る別人も現れたとする。両者が真実を語っている場合があるってこと？

トマス まさにそのとおりだ。それに、これはきみにも当てはまる。現在この惑星にいる者で、二千年前、聖トマスだった人は何人もいるし、なかにはそのころの確かな記憶を持つ者もいるだろう。

ゲイリー　それは変だな。ぼくと同じ記憶を無意識下で持つ人間がほかにいるなんてさ。だって、ぼくらはかつて同じ心を持ってたってことでしょ？

トマス　薄気味悪いだろう。でも、きみたちはいまでも同じ心を持っているんだよ。ただ分離という夢を見ているせいで、そう思えないだけさ。さて、話を進めるとしよう。Ｊについて何を知りたいんだい？

ゲイリー　ぼくの記憶や夢やヴィジョンが正確かどうか知りたいんだ。たとえば、マグダラのマリアと結婚しているＪのヴィジョンを見たんだよ。彼女は綺麗だったなあ。

註・Ｊとマリアが結婚していたと述べている点で、『神の使者』が『ダ・ヴィンチ・コード』（角川書店）と似ていると思った読者がいた。実際のところ、それぞれの初版は同時期の二〇〇三年の春に出版されたから、お互いを真似し合うことは不可能だった。

トマス　マリアは美しいなんてものじゃなかったよ。彼女は悟っていて、Ｊと同じだった。弟子たちはいろんな理由で彼女に嫉妬したよ。

ゲイリー　どうして？

トマス　第一に、Ｊは公の場でよく彼女にキスをした。それが一部の者を怒らせた。当時、そういうことはあまりしなかったんだ。第二に、彼女はＪのように悟っていたけれど、わたしたちは違った。その上、彼女はすばらしい教師だったんだよ。わたしは書記をしていて、ほかの人より教えをよく理解できたが、人前で演説するのが嫌だった。同じように今世のきみも人前で話すのをためっていたが、赦しを通して乗り越えたね。その点できみを尊敬するよ。マリアはいい演説者だっただけでなく、霊的《スピリチュアル》な天才だったんだ。

ゲイリー　ぼくが天才じゃないって言うのかい？

トマス　天才という言葉はきみには当てはまらないと思うな。

ゲイリー　じゃ何だよ。ぼくを馬鹿だと思ってんのかい？

トマス　いや、きみのその限られた知能において最善を尽くしているとでも言っておこう。

ゲイリー　アーテンは辛口だと思ってたけど、あんたも相当だな。

トマス　わたしはただこうしてきみと楽しんでいるだけだよ、兄弟！　さっき言ったように、わたしはきみを尊敬しているよ。

ゲイリー　そうだ！　最後の晩餐のことを覚えてる？

トマス　ああ、きちんと覚えているさ。

ゲイリー　あれはすばらしかったな。

トマス　最後の晩餐について知られていないのは、あの晩、Ｊとマリア、そして弟子たちのあいだで笑いがいっぱいあったことだ。Ｊとマリアはふだんもごくふつうの夫婦のようだった。まったく気取ったところがなく、自分たちについて偽らなかった。あの有名な最後の晩餐の絵は完璧ではないが、あの晩の彼らがよく描かれている。笑いに関してはダビデの賛歌を参考にするといい。ダビデの賛歌は死とは直接関係ないが、よく葬儀で読まれてきた。生き方、恐れなく生きることを示しているからね。死というものに対しても笑うことを学べるんだよ。Ｊとマリアは聖書のその部分を愛していた。こう述べている。「たとえわたしは死の影の谷を歩むことになっても、災いを恐れません。あなたがわたしとともにいてくださるからです」。もちろんだよ！

磔刑のとき、一人のローマ兵がJの手首に釘を打ちつけたが、Jは痛みを感じず、苦痛を見せることもなかった。その兵士は憤り、Jに叫んで問い詰めた。「なぜ何の痛みも感じないのだ?」。Jは落ち着いて彼を見つめ、こう言った。「心のなかに罪悪感がなければ、苦しむことはできないのだ」。その兵士はJに痛みを与えられない自分の無能さに憤慨し、Jのわき腹に槍を突き刺した。そんなことをしてもその兵士の助けにはならず、Jへの影響は何もなかった。

十字架に釘づけになり血を流しているとき、Jはマリアを優しくじっと見つめ、彼女も彼を見つめていた。目を合わせた二人の顔には優しい微笑みが浮かんでいた。彼らはJが死を克服することを知っていたんだ。彼の心のなかでは、彼は身体ではなかった。彼の存在は、世界に殺害されることなどできないものだった。世界によって傷つけられることさえなかったんだ! 彼のほんとうの存在である霊《スピリット》は、神と何ら変わらず永遠に続く。彼女はJと同じことを体験していた。彼らの内側にある真実を変えられる者は、この世界にはいなかった。

それが磔刑のメッセージだよ。のちにJは「コース」でこう述べている。

> 愛だけを教えなさい。それがほんとうのあなただからである。[T-6.I.13:2]
>
> 磔刑についてこれ以外の解釈をするのなら、あなたはそれを、本来意図された平和への呼びかけではなく、攻撃のための武器として使うことになる。[T-6.I.14:1]

ゲイリー　Jは死を克服したんだね。いま話してくれたこと、ぼくも少し覚えているよ。磔刑の様子もね。Jはあのあとぼくたちの前に現れたんだ。でもあんたは、あれはほんとうはJの姿をして現れた聖霊《ホーリースピリット》だって言ってるんだよね。彼の身体はほかの身体と変わらずリアルに見えたし、そう感じたけどさ。あんたやアーテンやパーサも同じ方法でぼくの前に現れているんだろう?

トマス　そのとおりだよ。ほかにもきみには考えるべきことがあるんだが。

ゲイリー　ぼくはいつだって助言を歓迎しているよ。それに従うわけじゃないけど、いつも聞くようにしている。

トマス　いまから言うことを想像してほしい。Jは磔刑にかけられ、わたしたちはローマ兵に追われた。多くの者が、特にペトロは意気消沈していた。タダイとわたしにとってもたいへんなときだった。わたしたちはJのメッセージを理解した。マリア、フィリポ、ステパノも、そのほかの者も理解していた。それでも多くの者にとってきわめて辛い時期だった。わたしたちはほんとうに信じていたのだろうか?　Jはほんとうに死を克服したのだろうか?　当然、誰もJが死を克服したと唱えるために出かける気にはなれなかった。

ここは正しく理解しなければならない。わたしが言いたいのは、ある事実がなければ弟子たちは世界に出かけていってJの言葉の意味を教えてまわるなどしなかったということなんだ。ある事実というのは、磔刑のあと彼がわたしたちの前に身体をもって現れたことだよ。実在《リアル》か非実在《アンリアル》かはともかく、他者と同じような姿で現れたんだ。Jが死を克服したことを疑う者は、この点を注意深く考える必要がある。Jが実際に復活しなかったとしたら、それ以外にどう弟子たちの行動を説明できるというのか？　わたしたちの熱意の変わり様を説明できる論理など、ほかにないだろう。確かに彼の生前の教えやたとえは、すばらしいし奮い立たせるものがある。しかし聖霊《ホーリースピリット》には、わたしたちが自分たちを激励して行動するための準備ができているのがわかっていた。聖霊はきみがきみの道を進むよう励ますかたちで協力することがある。わたしたちは必要としていた励ましを得たんだ。

世界では徐々に、Jのメッセージが霊的《スピリチュアル》なものから宗教的なものへと変わっていくことになる。けれども当時、わたしたちにとっては、それは問題ではなかった。キリスト教などなかったし、わたしたちはただJが神のもとへ戻ったことを理解し信じていたから。

ゲイリー　でも、あんたはJの復活を疑う者として描かれているよね。

トマス　それはまったくのでたらめだ。別の世から姿を現した人に触れたがっていたからといって、それが信頼の欠如を意味することにはならないだろう。好奇心だけでもその理由としては十分さ。きみだってパーサを触りたかっただろう？

ゲイリー　ああ、ぼくの動機は多分、それ以外にもあったけどね。

トマス　教会が、わたしに関してそうした事実を捏造したんだよ。彼らはそんなことにせっせと勤しむあいだに、マリアのことを歴史上から抹消し、ステパノの役割を大したことのないものに変えてしまった。その上、タダイについては特に何も述べていない。ただ、わたしのことまでは歴史上から抹殺できなかった。わたしは知られすぎていたからね。何カ国も旅をしていたし、当時マドラスと呼ばれたインドのチェンナイで、かなり頭の混乱した異教の祭司長に殺されたことも大勢の人が知っていた。ちなみに、わたしが殺されたところは現在、現地の呼び名でサン・トメ大聖堂という場所になっている。

ゲイリー　そこにあんたの遺骨があるってほんとなの？

トマス　あれはわたしではない。そういうことを重要視しないように。大事なのは教えだよ。

ゲイリー　じゃあ、教えといえば、Ｊがいま『奇跡のコース』の声として教える同じ内容を、どうやって二千年前に教えていたか例をあげてくれる？

トマス　いいとも。新約聖書などで、長老の教師に「律法のなかでもっとも重要な戒めはどれか？」と聞かれたときのＪの返事に注目するといい。当時わたしはその場にいたが、彼の答えはすばらしかった。Ｊはその年老いた教師の信念や聖書を無視し、モーセの律法さえも認めず、代わりに新しい十戒を与えたんだ。古いものと取り替えるために！

ゲイリー　彼には度胸があったんだな。

トマス　彼には真実があったのさ。Ｊはこう言った。「この二つの戒めに、戒律全体と預言者とがかかっている。心と魂と思いを込めて、あなたの神を愛しなさい」。それからこう加えた。「自らを愛するよう隣人を愛しなさい」

ゲイリー　それでちょっと思い出したけど、トマス・ジェファーソンは聖書を独自で編集したんだよね。いまじゃジェファーソン聖書って呼ばれてるけど、アーテンとパーサがずっと前に話してくれたよ。そのころはいまと違って広く販売されていなかったけどね。彼が編集した聖書でも、モーセの律法や古い聖書は完全に無視されていたよ。残された部分は、世界と人生をどう見るかについてだった。それはまさに、Ｊがその教師への返事でしたことと同じだよ！

トマス　なかなかおもしろいだろう？　Ｊの目的は生命《いのち》、つまり実在の生命で、それは神の愛そのものだ。その生命は生きている。だからこそ、Ｊはその教師にこう言ったんだ。「神は死者の神ではなく、生きている者の神である」

神があるところ以外に実在の生命《いのち》はないよ、ゲイリー。きみは悟って、相反するものを持たない永遠の生命になったあとは、天国で永久にその生命を体験する。身体でここにいるあいだも、その実在の生命をときおり体験することができるが、いずれエゴを取り去り、神のわが家へ戻る真の赦しを通して、永続的にその生命へ回帰するんだ。その方法を教えない霊性《スピリチュアリティ》はどんなものでも多大な時間を要することになる。もしきみがエゴを解体するなら、一見、生命の反対に思える死が、単に幻想のなかで展開されている信念にすぎないとわかるだろう。

トマスの福音書は、わたしがJの言葉を書き取ったものの数例でしかないと理解しなくてはいけない。ナグ・ハマディ文書で発見されたものが原書でないのはすでに知っているね。いろいろなことが三百年以上にわたって書き足されてきた。だからこそ、パーサはきみの二冊目の本で、福音書の修正版を伝えたんだ。間違っていた四十四項目を省いて、引用を編集して、いくつかの項目をまとめてね。パーサのバージョンには一貫性があり、ところどころ真っ向から矛盾する箇所があったナグ・ハマディ文書よりもはるかに意味を成している。一貫したバージョンでは、Jの教えが変わっていないことがわかるだろう。『奇跡のコース』の声も、二千年前にわたしたちの文化に伝わった教えと同じものだととらえられ始めているね。

わたしがJの言葉を書き取ったものの多くは結局、教会によって破棄された。でも、Jが述べた項目を含む福音書はほかにもある。「コース」をいったん学ぶと、どれがJの言ったもので、どれがそうでないかわかるようになる。きみの心に霊《スピリット》が宿れば宿るほど、きみはますます何が霊からもたらされたもので、何がエゴから来たものなのか、わかるようになるんだ。

当時の一生でわたしが学んだ最大の赦しのレッスンをいくつかきみに伝えたい。大抵、一生のうち辛いレッスンの二つや三つはつきものだ。たとえ奇跡に難易度はないと学んでも、やはりレッスンは辛いものなんだよ。でも、そういった感情に動じていない振りをするのはよくない。自分の感情はしっかりと受け止めて、赦しを行わなければならない。やがて、その感情は安らぎとなっていく。

わたしにとってもっとも過酷だったレッスンの一つは、イザという美しい知的な女性と恋に落ちたがために陥った状況だった。かたちのレベルにおいて、わたしたちは互いにぴったりの相手だった。ただ、ある一つを除いて。彼女はアラブ人だったのだ。ユダヤ人の男とアラブ人の女が関係を持つことは、当時その地では文化的にタブーだった。それでも、わたしは彼女と結婚した。

彼女と一緒にいることが喜びだった。彼女はすばらしいベリーダンサーで、よくぼくを誘惑したよ。いまきみがその類に惹かれるのも、そのときのことを覚えているからだろうね。彼女にはユーモアのセンスもあった。それは霊的進歩を測るいい目安になる。彼女には生存する近親者がいなかったので、わたしたちの結婚は彼女サイドではさほど問題ではなかったが、わたしのほうでは一大事だった。わたしはJの町ナザレで歓迎された。タダイも一緒だった。タダイはわたしの親友で、わたしと同じころJに同行し始めた。イザも一緒に来るようになり、彼女もJの教えに夢中になっていった。彼女はわたしがすでに知り合いだったマリアと友だちになり、わたしたち五人はときどき会っては陽気にはしゃいだものだ。

わたしたちはJとマリアと多くの時間をすごし、いろいろな説明を聞くことができたせいか、彼らの教えを大抵の人よりも深いレベルで理解し始めていた。タダイとイザとわたしは、互いの存在をとてもありがたく思っていた。それはただの特別な関係ではなく、相手をほんとうに理解し合った関係だった。Ｊとマリアも特別な関係を結び、ふつうに互いの身体を愛し、出かけて楽しい時間もすごしていたが、それでも一日の終わりには相手のほんとうの姿を理解していた。

ゲイリー　いつからか彼らは身体を超えて、互いのことを部分的な存在ではなく完全なものとみなし、まったく罪のない、まさに神と同じ存在だと思えるようになったって言っているのかい？

トマス　そのとおりだよ。そうやって彼らは自らの神性に触れていったんだ。互いのなかに、出会う人全員のなかに、神性さを見出すことによってね。タダイとイザとわたしは、その生涯でゴールに向けて大進歩を遂げた。ただ最後までたどることはなかった。

わたしたちはユダヤ人とアラブ人の夫婦ということで、その地域で仲間はずれにされた。イザとわたしはどの結婚式にも招待されず、当時それは大事件だった。結婚式というのはその年の文化的イベントで、人々は何百マイルも遠くから何年も会っていない家族に会うために旅をするほどだった。家族同士が初めて会うこともあった。イザを連れて来るだろうからと、わたしは親戚の結婚式にまったく招待されなかった。事実上、その地域の人からも家族からものけ者にされた。傷ついたよ。磔刑のあとにやっと赦せたほどだ。Ｊがどんな目に遭って、それでもなお教えを生き抜いているのをぼくは目の当たりにしたんだ。あのときＪが「お前はなぜ不愉快なんだっけ？」と言いながら、悩むわたしを笑っているのが見えたようだった。
Jが生きているあいだ唯一わたしの人生を楽にしてくれたのは、二組の夫婦とタダイの五人が、仲よく互いを大いに支えていたことだった。それにフィリポとステパノも親しい友人だった。イザとわたしはこうした友情のお陰で、疎外感を抱かずに済んだんだ。

ゲイリー　タダイは結婚しなかったの？

トマス　本人に聞くといい。もうすぐ彼も来るから。

ゲイリー　やれやれ。

トマス　準備ができたとき、きみは神と一つになる。じつはもうそこにいて、一度もそこから離れていないんだがね。ペトロとJの兄弟ヤコブがそれを理解していなかったことが、わたしのもう一つの赦しのレッスンだった。いつか彼らもわかるだろうと思っていたが、そうなることはなかった。そして、サウロ、別名、聖パウロに会うこともなかった。彼はヤコブとペトロがその地域やほかの数ヶ国で小さな教会を始めたときに登場した。ヤコブとペトロは、パウロが一度もJに会っていないことから最初は信用していなかった。でもパウロが教会に何度か書いた手紙がさぞ美しく感動的だったのを見て、二人の思いは変わった。パウロはとても大衆受けする人物で、この犠牲を捧げ苦しむ天使を教会は愛した。さらにヤコブとペトロはパウロの神学理論が好きだった。それはのちにキリスト教の基礎となったが、Jの教えではなかったんだ。

　パウロは弁が立ち、初期のキリスト教徒やのちの信徒に尊敬される指導者になった。正式に宗教となる三百年も前のことだがね。聖典に入れるか省くかの判断は、コンスタンティヌスと彼の妻と側近が行ったんだ。省かれた箇所は破棄されてしまった。だから、ぼくはあまり文書を残さなかったと思われているんだ。

　でも、歴史はただの物語だということを忘れないように。自分が他人からどう見えるかなど心配しないように。どう見えるかを気にすると、それは現実《リアル》になってしまう。なぜいつも、どう見えるかが問題なのだろう？　それが問題じゃなかったらどうなるのだろうか？　きみは他人の経験じゃなく、きみ自身の経験をしなくてはいけない。

　それから、一見きみを不公平に扱うように思える人を赦しなさい。イザのことでわたしを侮辱した親戚たちから、わたしはそれを学ばなければならなかった。きみはわたしの続きとして、きみを陥れようとする人たちから、それを徹底的に学ばなければならない。かたちのレベルでは、きみは正しいし、ひどい目に遭っているよ。ラリー牧師が言ったことは正しいんだ。


註・二〇〇七年にサンフランシスコで行われた『奇跡のコース』のカンファレンスの際、「コース」関連のある作家（ぼくを陥れる運動を引き起こした人物）が、もしぼくが講演するならボイコットすると言い出した。そのとき、ラリー・ベディーニ牧師はぼくにこう言ってくれた。「ゲイリー、彼らがきみにしていることは間違っているよ」

トマス そういうときこそ、Jのようであるべきなんだよ。彼が最近の教えで言っているだろう？ 書き方はいつも同じではないかもしれないが、教えの意味は二千年前と同じだよ。彼は「コース」でこう言っている。

自分が不公平に扱われていると知覚したくなる誘惑に気をつけなさい。その見方では、あなたは、彼らのものではない、あなただけの罪のなさを見つけようとする。しかも、誰かの罪悪感を犠牲にして、それを行おうとする。罪のなさは、あなたの罪悪感を誰かに渡すことで、入手できるものなのだろうか。 [T-26.X.4:1-3]

「彼らのもの（Theirs）」のTが大文字なのは、ベールの向こうにいる罪のない霊《スピリット》のことを指しているからだよ。でも自分を不公平に扱われている者として知覚してしまうと、彼らがしたすべてを実在化させることになる。すると、罪悪感というエゴの全思考体系が心のなかで実在してしまうんだよ。自分の罪のなさを見出す唯一の方法は、彼らの罪が実在しないことを理解して、彼らが何もしなかったからこそ、彼らを赦すことなんだ。それらは決して起こらなかったから、きみは彼らを罪のない存在として認識できる。これが、罪のなさを自分のものにする方法なんだ。絶対に忘れないように。エゴからの唯一の脱出法だよ。

わたしは家族や周囲の人からそれを学んだ。きみは、自分たちの無意識の罪悪感をきみに投影している人たちから、学ぶことができるはずだ。そう、わたしにはまだ学ぶべきレッスンがあったということだな。きみもね。わたしもきみもかなりの進歩を遂げたが、きみにはあともう一回あるんだな！

ゲイリー 今世でいっぱい赦すからさあ、最後の生でパーサとして復習しに戻って来なくて済むようにならないかなあ？

トマス いい質問だ。そう聞くということは、わが家へ帰りたいと思っているんだね。正確に言えば、可能だろう。きみにはエゴがしたくてたまらない罪悪感の投影をする代わりに、聖霊《ホーリースピリット》の真の赦しをつねに選ぶ自由意志という力が残っているからね。でも、エゴの脚本を取り消すための聖霊の脚本が、もう一度ここへ来るようにときみを呼んでいるんだよ。そこに現れるのはきみだけじゃないからね。きみは人々にいい影響を与える人物になるし、彼らが赦しを行うのを次々に助け、わが家へ向かう旅を加速させてあげるだろう。すべてはつながっているんだよ。

ゲイリー まあ、少なくとも、ぼくはセクシー娘になれるんだよな。それはおもしろいに違いないね。

トマス どう見えても、それを実在化させてはいけない。実在させないことが、きみを正しい軌道に保ってくれる。「コース」に関しては妥協しないように。きみはよくやってきたんだから、その調子でいくんだ。

キリスト教というのは、Ｊが言ってもいないことを言ったことにしている。新約聖書には、Ｊが最後に述べた台詞の一つとして、「父よ、父よ、なぜわたしを見捨てられたのか？」と書かれているが、Ｊはそんなことは言わないよ。古い聖書を遡ると、詩篇二十二篇の最初に、「わが神よ、わが神よ、なぜわたしを見捨てられたのか？」とある。つまり、これは聖書を書いた人がＪを神の唯一の子に見せようとした上に、古い教えとＪを関連づけようとしたいい例なんだ。ユダヤ教と新しく出てきた宗教をつなごうとしたんだ。そういうものは信じないように。

磔刑のあと、タダイとイザとわたしは一緒に、エジプト、シリア、ギリシャ、ペルシャ、そしてインドへ旅をした。インドを移動中、わたしの処刑を決めた祭司長に遭遇した。彼からしたら、西側から来たわたしたちに、おかしな考えを広めてほしくなかったんだよ。

さて、死刑執行人がやることを心得ていて、刃物もよく切れて首のちょうどいいところに命中した場合だが、頭を切り落とされたあと、じつは一、二分は生きていられるんだ。実際、見ることも考えることもできるんだよ！　そのときわたしが何を考えていたと思うかい？

ゲイリー　わかんないよ。「ここからどうやって出ようかな」とか？

トマス　いや違う。わたしはＪのことを考えていたよ。彼は磔刑の数年前に、わたしが旅立つときは来てくれると約束してくれたんだ。彼は約束を守ってくれたよ。彼がわたしのほうへ歩み寄り、わたしは身体を離れたんだ。次に行くべき死後の世界へと、彼が導いてくれた。その先もね。

Jは誰のためにでも来てくれるだろう。きみがすべきことは頼むことだけだよ。Jと聖霊《ホーリースピリット》はいまや同一だということを忘れないように。「コース」は「……聖霊はあなたのごくわずかな招きに十分に応える［T-5.VII.6:6］」と言っている。

それでも処刑のことは、わたしにとって最大の赦しのレッスンだった。処刑される数分前、そこにいたイザにはこの処刑に対する準備ができていないのがわかった。彼女は取り乱していた。そこですべてを見る羽目になっていたが、親友のタダイが直前に彼女の頭を動かして、彼女は何が起きたか見ずに済んだ。

ゲイリー　賢明な動きだったね。ぼくの母の最初の夫は悲惨な事故で亡くなったらしいんだけど、その場にいた人から聞いた話を覚えているよ。彼は自分が所有している工事現場にいたそうなんだ。うまく作動してない建物解体用の鉄のボールがあったらしいんだけど、彼のピックアップトラックがちょうどそのボールのそばに停まっていたんだって。愛車が傷つかないようトラックを動かそうと思って、彼が車に走って行ったその瞬間、鉄のボールが緩んでトラックの屋根と彼の頭をもぎ取ったそうだよ。

彼の両親はぼくの母に支配的で、葬儀ではひつぎを開けておくと言い張ったらしい。そして母がさよならのキスをしようと近づいたとき、彼の頭が外れたそうなんだ。言うまでもなく、母にはそれがトラウマになってしまった。

トマス 当然だ。それがエゴ特有の性質だよ。身体が実在すると思わせて、身体に起きたことに対して、きみやきみのお母さんや、みんなを反応させようとするんだ。

処刑されたとき、わたしはあの恐怖にしては、うまく自分の死を赦せたほうだと思う。処刑はカルマだとわかったんだ。インドにはカルマに対するいい見方がある。きみに起こったことは、きみのカルマだったということなんだ。

おまけにわたしは別の夢の生でその祭司長を処刑していたことにあとで気づいたんだ。みんな役割を交換し続けているだけなんだ。だからこそ、きみを侵害した人たちを真に赦すことがいちばんなんだよ。そうすることでエゴの悪循環を断ち切って、自分を解放できるんだ。

わたしは親戚たちとの状況を完全に赦すことができなかった。その生涯でイザとわたしが仲間はずれにされ、侮辱されたことをね。殺されたとき、わたしがまだ三十六歳だったこともある。だからこそ、わたしの続きであるきみにも、その部分でやるべきことがあるんだよ。かたちは変わり、いまきみを傷つけようとしているのは家族ではなく、「コース」関連の作家数人だがね。その事実がまた余計に滑稽だが、意味は相変わらず同じなんだから、辛抱してやり抜くんだ、兄弟。ホームランを飛ばして大成功を収めるんだよ。

わたしはそろそろ去るが、赦しに関しては強調しておきたい。これだけは強調しすぎるなんてことはないからね。多くの人は今世で赦しを行わないが、きみがその多数派に入る必要はないだろう。

元気でやるんだよ、友よ。わたしは天国できみと再び一緒になる。そのとき、きみはわたしたちが決して離れていなかったとわかるだろう。

註・トマスはアーテンとパーサが行き来するのと同じように、一瞬にして消えた。彼が消えた瞬間、教師たちがまたぼくの前にいた。

ゲイリー　わあ！　あんたがたはぼくの頭をもてあそぶことに関しちゃ、記録を打ち立てているよ。ごめん、頭じゃなくて心だった。

アーテン　これできみも、過去の夢の自分の化身と一緒にいるのが、どんなものか味をしめたね。当時のわたしと話す機会もあげようじゃないか。

ゲイリー　トマスがそうなるって言ってたけど、今日だとは思わなかったな。勘弁してくれよ！

註・即座にアーテンは別人に変身し、パーサが消えた。アーテンがいた場所にいるその男が、ヴィジョンで以前から見ていた人物だとすぐにわかった。長い黒髪に顎ひげのあるその男は、やや太り気味でチュニックを着ていた。ぼくの記憶にあった当時のその地域の人たちと同じ身なりだ。トマスも同じような服だった。けれども、そのときのぼくは衣装のことなど気づかないほど、その男の顔に唖然としていた。この微笑んでいる新しい訪問者は明るく陽気そうで、トマスほど真剣な様子ではなかった。

タダイ　友よ、ぼくを覚えているかい？

ゲイリー　もちろんだよ。久しぶりだね。あんたもトマスみたいに、ぼくの歩みを助けるためにここにいるんだね？

タダイ　ああ、お陰で休暇にやることができたよ。トマスはきみに、Jとすごした時代で彼にとって重要だった試練やレッスンについて話したよね。ぼくもきみが広い視野で物事を見られるようにそうするよ。新しい聖なる本でこう教えているようにね。

試練とは、学び損ねたレッスンがもう一度現れているにすぎない。したがって、以前、誤った選択をしたところで、あなたはいま、よりよい選択ができるゆえ、以前の選択がもたらしたあらゆる苦痛から逃れられるのである。［T-31.VIII.3:1-2］

これはいま生きてる人生に限ったことではなく、ある生から別の生にかけても当てはまるんだよ。

ゲイリー　そりゃよかったな。ぼくはいつだってまだ学んでないことを知りたいよ。

タダイ　ぼくも徐々に学んだんだ。きみもきみ自身のレッスンを学んでいくさ。すでにほとんどのことは学んでいるしね。霊的に進歩した生徒のように、きみにあるのは、よりよい選択をすべき大きなレッスンが、一つか二つってところだ。

ゲイリー　じゃあ、あんたが弟子だったときや磔刑のあとには、どんな大きなレッスンがあったんだい？

タダイ　まず最初に、きみはトマスにぼくが結婚したのかって聞いたね。じつはぼくはゲイだったんだ。それに、そのことについて罪悪感はなかった。見るからにゲイで、それを誇りに思っていたさ。問題はいくつかあったけどね。何しろぼくはラビだったし、先唱者だったんだ。ということは、歌が得意ってことで、礼拝で歌ったりしてさ、うまかったんだよ。みんな、ぼくのことが好きでさあ、女性なんか、ぼくと結婚するために列を成して待っていたよ。ぼく自身は興味がなかったんだけどね。

そんなわけで、ぼくは歌えるラビだったんだ。きみが子供だったころ人気者だった「歌うシスター」［the singing nun という名で知られるベルギーの歌手］みたいなね。だから、みんなはぼくがよきラビとして結婚して子を増やすのが当然だと思っていた。それがラビのあり方だったしね。子を増やす点を除けばJも同じだったさ。ただ、問題はそれだけじゃなかった。ぼくはラビとして聖書、つまり神の法を教えていたわけだが、そのなかの一つに何があったっけ？　きみはレビ記のあの究極的な箇所を覚えているだろう？

ゲイリー　魔術師、姦通者、霊媒師、それと同性愛者はすべて殺されるべきだってところ？

タダイ　すごいよな。ぼくだってゲイであることには問題なかったけれど、さすがに死ぬことには問題ありだったよ。ぼくは死の恐怖症でね。大きなレッスンだったよ。自分の職業を得意としている事実を赦すのは簡単じゃなかったさ。もし見つかったら、人生が引き裂かれるだけじゃなくて、一貫の終わりだとわかっていたからね。

ゲイリー　確かに、そりゃたいへんだな。あんたがた五人が友人としてほんとうに互いを支え合っていたってトマスが言ってたけど、あんたのその困難なときも彼らの友情が助けてくれたってことかい？

タダイ　まったくそのとおりだよ。Jが教えてくれたことの一つに、たとえ友人がそばにいなくても、ぼくは決して一人ではないというのがあったね。聖霊《ホーリースピリット》はいつもぼくと一緒にいてくれた。部屋に一人でいると、人はつい自分は一人ぼっちだと思いがちだけれど、Jはきちんと教えてくれたよ。

それに、Jは結果ではなく原因に根ざした赦し方も教えてくれた。このことも何度強調しても足りないくらいだけれど、相手が何かをしたからという理由では、その相手を赦すことはできないんだよ。それは「コース」が言うところの、破壊するための赦しだから、時間の無駄だよ。それなのに、「コース」の教師の九十九パーセントは、赦せと言いながら正しい赦しを教えていないんだ。それではエゴは取り消せないし、赦されるべきものを実在させてしまうよ。彼らは世界が実在していないと教える度胸がないんだな。でも「コース」が教えようとしているように、心の仕組み上、赦そうとしているものを実在化させると、自分は解放されないんだ。自分の無意識に向かって、お前は有罪だぞって言ってることになるんだよ！「コース」を学んでいるのに真の赦しを理解せずに「コース」を生きる人はみんな、たいへんな時間を無駄にしていることになる。教えている人たちにしても同じだよ。

ぼくにはもう一つ、経験して赦さなければならなかった大きなレッスンがあったんだ。親友の処刑を見たことだ。きみもわかっているように、あれは合法的な殺人だよ。処刑を行った祭司長は、ぼくに自分の土地へ帰って、これから彼の国を訪れて悪の信仰を唱えようとする人たちに何が起こるのかを伝えろと言ったんだ。ぼくが処刑されたほうがずっとましだったよ。ただイザがいたから、必死になって彼女を慰めたさ。処刑から二日後、トマスはイザが眠っているあいだ彼女のもとへ来て話をしたそうだよ。彼女が教えてくれたんだけど、それはもう彼女の過去のあらゆる経験と同じようにリアルだったそうだ。彼を触って、彼を感じることができたんだって。トマスは彼女に、自分は大丈夫だし、彼女もこの先、大丈夫だと言ったそうだ。それから彼女は変わったよ。ぼくのどんな慰めよりも、彼女の心は癒やされたんだな。

ゲイリー まったく、あんたがたの体験はすごい物語だな。形而上学的な部分を少し奇妙に感じる人もいるだろうけどさ。

タダイ 真実はつくり話以上に奇妙なもんさ。

ゲイリー ああ、そうだね。

タダイ 磔刑される前、ぼくたちはよくJと旅をしたんだ。ふだんはイザも一緒だった。マリアも大抵一緒だったけど、ときどき彼女は一人で教えに出かけていて、一緒に来ないこともあったな。彼女には支持者がいてね。ほとんどが女性だったよ。Jと同じくらい彼女は教えるのがうまかった。Jが移行を遂げたあと、彼女は数年間ナザレに残ったのち南フランスへ行き、そこで残りの人生をすごしたんだ。一部の人が信じているとおり、彼女に子供はいなかった。彼女は人々に教えを説いて、悟りの生きる手本になった。「コース」が言うように、救済の生きる手本にね。

Jもマリアも、教えるときはよくたとえを用いたよ。Jは「コース」でもそうしているね。Jが二千年前に言ったことや、「コース」で述べていることは、すべて文字どおり受け取られるべきだと教える人たちもいるけれど、それはまったく馬鹿げている。Ｊが言ったことに関していえば、非二元的な真実は文字どおりに受け取るべきだが、それ以外はたとえだよ。そう理解していれば二千年前、あるいは現在も、Ｊが言ったことにうなずける。彼の「コース」は最初から最後まで理にかなっているし、二千年前からいまも語り継がれている教えも理にかなっているよ。ただ、たとえのことを理解していないと、「コース」には矛盾があるように思えるだろう。実際、矛盾していると思って「コース」を諦めた人たちもいるくらいだ。そんなことはないのにね。まあ、数ある理由の一つとして、だからこそ教師は、自分が何を話しているのかをしっかり理解していなくてはならないんだよ。

ゲイリー　昔の話に戻るけど、あんたがたはＪを聞きに来た人たちの世話になったというのがぼくの理解なんだけど、そうだったのかい？　行く先々で、彼らは食べ物や泊まるところを提供してくれたの？

タダイ　大抵はそうだったよ。Ｊの評判は広まっていたからね。もちろん、腹ペコになるときだってあったさ。

ゲイリー　Ｊはお金を受け取ったの？

タダイ　ああ、彼はチップのために働いていたよ。

ゲイリー　そうなんだ。

タダイ　こういうのは真剣に受け止めないでくれ。きみには維持すべきユーモアのセンスがあるだろう。ところで、当時のぼくの不安について話していなかったね。それについては、またあとでもっと聞けるだろう。さてと、そろそろ空間がないところへ行こうかな。きみの前に現れて、ちょっとだけ励ましたかったんだ。その調子でいくんだよ。また会おう。

註・タダイはとつぜん消え、ぼくの長年の友人二人が戻って来た。アーテンはタダイがいたところに座っていて、すぐそばにパーサがいた。

アーテン　いまのが二千年前のわたしだよ。

ゲイリー　リアルな体験だったよ。最近こういう強烈な体験が多いね。

パーサ　そうね。古い時代から、あなたの友人タダイと昔のあなたであるトマスが来てくれたということで、その時代と場所に関連したちょっとした秘密を教えてあげるわ。

ゲイリー ぼくに教えたら、秘密じゃなくなるよ。

パーサ 大丈夫。最初の一連の訪問で、わたしたちが来た最後の日のことを覚えている？ アーテンとパーサはわたしたちの本名ではないとあなたに言ったの。将来、人々がわたしたちのことを探ったりしないように、偽名を使っていると言ったんだけど。

ゲイリー もちろん覚えているよ。

パーサ 二千年前ね、わたしたちがペルシャを旅していたころ、たまに会う友人が二人いて、彼らの名前がアーテンとパーサだったの。彼らはわたしたちが旅の途中で泊まるオアシスにいた誠実な人たちで、Ｊの友人でもあったわ。彼らは早い時期にＪに会ったのね。わたしたちがＪに会うより、もっと前に。

ゲイリー よかった。あんたがたの名前が思いつきのでたらめじゃなくてさ。ほんとうにいた人たちだったんだね。あんたがたの友人だったのか。彼らの名前を使って、二人に敬意を表したかったんだね。

パーサ　そうよ。二人ともいい人たちだったわ。もちろん当時だって二元性はあって、無法者に強奪されたり殺されたり、友人になったと思ったよそ者にだまされたりすることもあったのよ。まあ、それでこそ二元的な世界よね。

ゲイリー　ぼくはもうこの二元性には疲れてきてるんだ。うんざりだよ。

アーテン　だからお酒を飲むのかい？

ゲイリー　そうだと思う。何ていうか、もう自分がここに属しているように思えないんだ。

アーテン　きみはここには属していないさ。だけど、ここから脱け出すのにもっといい方法があることも知ってるだろう。ちょっと考えてみるといい。われわれはきみにレクチャーしないし、もちろんきみのことを判断したりもしない。だが時間という幻想のなかで、きみが若返ることはないんだよ。われわれが健康について話すのもそのためなんだ。

ゲイリー　わかってるよ。ベンジャミン・フランクリンが「健康は富に勝る」って言ったんだよね。両親の体験を目の当たりにしたからね。信じるよ。これからもっと自分を大切にする。約束するよ。

アーテン　よし。これはわれわれでなく、きみがすべき決断だからね。きみの行動はきみのその決断に続くものなんだよ。

パーサ　もう一つあなたのために言えるのは、人の考えを気にするのをやめることね。Jが「父よ、彼らをお赦しください。彼らは何をしているのかわかっていないのです」と言ったときのことを忘れないように。彼らが何をしているのかわからなかったのは、自分たちの無意識の罪悪感をJに投影していたからよ。でも彼らはそうとは知らずに、自分たちが正しいと思っていたの。もちろん、そのときの彼らの状態というのは、狂気なんだけど。

ゲイリー　彼らはほんとうの意味でそこに存在していたわけじゃないしね。

パーサ　ほら、ちゃんとわかっているじゃない。あなたが彼らのイメージをつくったのよ。彼らはほんとうはそこにいないのにね。「コース」が教えているように、彼らはあなたが実在《リアリティ》の代わりにつくった世界の一部なのよ。

神は恐れであると信じるあなたは、一つの代替品をつくったにすぎない。それは多くのかたちを成してきた。なぜなら、それは真実を幻想で、完全な一つのものを断片で置き換えたからである。

それはバラバラに砕け、さらに細かく分かれ、繰り返し何度も分裂してきた。いまやそれが、かつては一つであり、いまもなお一つのものだと知覚することはほとんど不可能である。真実を幻想に、無限を時間に、生を死にいたらしめたその一つの過ちだけが、あなたが犯した過ちのすべてである。あなたの全世界はその上に成り立っている。あなたが見るすべてはそれを反映し、あなたがつくり出したあらゆる特別な関係は、その一部なのである。[T-18.I.4:1-5]

さあ、あなたはそこから脱け出す方法を知っているでしょう、ゲイリー。心を使って、身体か霊《スピリット》かを選ぶのよ。選ぶ習慣がついたほうが、あなたにとって現実《リアル》になるの。心は「霊を活性化させる主体［C-1.1:1］」だとJも言っているわ。

アーテン　友よ、きみはここにいないんだ。これからそのことをもっと体験していくだろう。きみはそういう体験にふさわしい人間だ。きみの赦しはきみのために役立ってきたんだから、続けていきなさい。じゃあ、また会おう。それまで「コース」のこの言葉を覚えておくといい。きみの救済は保障されているから安心しなさい。

赦しが幸せへの鍵である。わたしは自分が死ぬべき運命で、過ちを免れず、罪に満ちた存在だという夢から目覚め、完璧な神の子であることを知るだろう。[W-121.13:6-7]

6 ゲイリーのレッスン

あなたが非難するのはあなた自身だけなので、あなたが赦すのもあなた自身だけである。

[W-46.1:5]

二〇〇七年六月、カレンとぼくはお互いに結論を出した。二人とも別々の道を行くときが来たのだとわかっていた。それぞれ弁護士を雇い、離婚手続きが始まった。ぼくたちの試練のときだった。一緒にいた二十六年間のうち、二十五年は結婚生活だった。ぼくたちが努力しなかったというわけでは決してなかったのだ。

二十年前の一九八七年八月、ぼくは別のある決断をしていた。ハーモニック・コンバージェンスというイベントでのことだった。そのイベントは、太陽系の惑星が一列に並ぶとき、地球上の何百万人という人たちが真実の輪をつくり信念と目的の声明を表すもので、イベント後には大勢の人たちが人生でそれまでとは違う別の方向を歩み始めていた。すべてが成るべくしてつながっていた。

ぼくはそれまでの八年間、主にボストン地区を拠点に——たまにニューイングランド地方での活動もあったが——「ハッシュ」というバンドで演奏していた。そんな自分の人生を変えてみたいというのが、そのときのぼくの決断だった。

マサチューセッツ州のビバリーとメイン州のポーランド・スプリングは、二時間半もすれば行き来できる距離だが、双方はまったくの別世界だった。ボストン郊外のビバリーからセーラムにかけての地域は人口が密集し、望めばすぐに娯楽に満ちた生活ができるところだ。ボストンのダウンタウンまでも四十分で行ける。ぼくはフェンウェイ・パーク球場に百回は行っているに違いない。試合が早く終われば、ケンモア・スクエアのナイトクラブでよく盛り上がった。スピリチュアルな生活を補おうと、ニューベリーストリートのestセンターにも長年通ったものだ。

一方、ポーランド・スプリングは、ポートランドから四十五分北に上った小さな町だ。州都のオーガスタから四十五分ほど南下すれば着く。広々とした田園地帯が数マイルも続き、とても静かで穏やかで、歩道も街灯もない。冬の気温は大抵、ボストンより十度〔原文は華氏。摂氏では五度ほど〕、ニューヨーク市より二十度〔摂氏では十度ほど〕も低い。ボストンが雨の場合、メイン州はかなりの確立で雪になる。少なくともポートランドより北はそうだ。そこは田舎暮らしそのもので、都会で育ったぼくはカルチャーショックに見舞われた。そうしたおもしろいコメディもあるが、しばらくするとぼくにとっては冗談では済まなくなった。

estというのは、一九七四年にワーナー・エアハードによってつくられた自己開発セミナーだ。一九七八年の十二月、ぼくはローガン国際空港近くのラマダ・インでいわゆるest訓練というものを受けた。七年間、軽度の鬱病を患い、その後の七年も消耗性の鬱病で苦しんだぼくにとって、ｅｓｔはちょうど必要なものだった。それが最初の思考体系を与えてくれ、見るものすべてに対する新しい一貫した考え方と解釈の仕方を次々と教えてくれた。二年もしないうちに、ぼくは鬱病から脱却できたほどだ。ｅｓｔは『奇跡のコース』ではないが、ごく短時間でやるわりには、なかなかいい心の教育だった。それはまた「コース」のためのすばらしい訓練の場でもあった。約十四年のあいだに約百万人もの人が、熱烈な信奉者が「訓練」と呼ぶものを受けていた。思い切って推定すると、少なくともそのうちの十万人は『奇跡のコース』を学んでいるのではないだろうか。

一九八七年のハーモニック・コンバージェンスでは、ドリス・ローラという女性もまた、ある決断をしていた。彼女はシンディという娘を連れて、オハイオ州から太陽の降り注ぐ南カリフォルニアへと引っ越したのだ。彼女のもう一人の娘、ジャッキーはすでに大学へ通っていたが、のちに彼らとカリフォルニアで一緒になる。ドリスは、音楽と心理学の両方で博士号を持つほど才能に溢れ――ぼくも当時そうだったが――シャーリー・マクレーンの影響を受けていた。そして、南カリフォルニアの自由な考えを持つ人々がいるなかで、新生活をスタートしなければ得ないと感じていた。

ドリスはシンディを乗せて運転し、目的地まであと半分というところまで来ていた。テキサス州を運転していたとき、彼女は疲労困憊しガソリンもほとんどなくなっていた。この先、運転できるのかもわからなかった。彼女は声を張り上げた。「どうか教えて。わたしは正しいことをしているのでしょうか？」。ドリスは答えを受け取った。

とつぜんある力が車を前に押し始めたのだ。まるで、しばらくのあいだドリスが運転しなくてもいいというように。二人を乗せた車は前へ引っ張られていた。二人を住むべきところへ連れて行くために、聖霊《ホーリースピリット》がドリスの心に力を注いでいたのだ。ずっとあとになって、ぼくはこの話に興味を惹かれた。遠く離れた人々が同時に何かを決断し、その決断がある日、彼らを一緒にさせるのだ。ドリスとシンディが移動していたちょうどそのころ、ぼくは人生の方向転換の真っただ中で、メイン州へ引っ越そうとしていた。それが巡りめぐって、いつかこの二人がいる場所へとぼくは導かれるのだった。「コース」はこう言っている。

救済に偶然はない。会うべき者たちは会うことになる。なぜなら、一緒になることで彼らには聖なる関係を築く可能性があるからである。彼らは互いに対する準備ができている。［M-3.1:6-8］

それはまるで、ぼくたちがそれぞれの軌道に乗り、離れ離れになっても、いつかまた違う時空で重なるようにつくられているかのようだった。人間関係を通し、互いのよさに触れる新たなチャンスを得て、欠点を赦し、ほんとうのお互いを見るために。

一九八七年に決心してから、バンドを抜けるのに二年もかかった。すでにたくさんの契約書にサイン済みで、一年半先のスケジュールまで決まっていたからだ。一九九〇年一月一日、ぼくはメイン州へ引っ越した。それから十七年半、そこに住むことになった。

そのころ、カリフォルニア州のことなど頭の片隅にすらなかった。まだハワイに住むのを夢見ていた。二〇〇四年に『神の使者』が出版されたときも、一度小旅行をしたきりで、カリフォルニア州をきちんと訪れたことはなかった。その後、やっと初めてカリフォルニアへ行くチャンスがあった。主催者のトムがサンタモニカのオーシャン・アベニューをドライブしてくれたのを覚えている。そこで目にしたすべてが気に入り、まわりを見わたしては、「ここはほんとうにいいなあ！」と思っていた。二冊目の本にも書いたが、そのあとのパーサの来訪で「カリフォルニアはどうだった？」と聞かれたぼくは、どんなに最高だったかを伝えた。すると彼女は「よかったわね。あそこへは何度も行くことになりますよ。楽しんだらいいわ」と返した。彼女はぼくがまだ知らないことを知っていたことになる。

旅行中、サンセット・ストリップのハイアットにチェックインした。いまはもうそのホテルは別の建物になっている。ぼくは初めてのハリウッドを散歩した。自分がどこにいるのか、どこへ向かっているのかもわからず、ただあの有名なサンセット・ストリップにいるということだけを胸に、すっかり感激していた。ずっと大の映画ファンだったぼくが、いまこの地にいるのだ。

しばらく通りを歩いてからモールをぶらぶらしていると、ヴァージン・レコードが見えた。なぜだかわからないが店に入っていた。この有名なレコード店がハリウッドの歴史を代表するというわけでもないのに。音楽セクションや客たちを眺めながら歩いていると、女性が一人、通路に立っているのが見えた。そのとき、見覚えがあるという確かな感覚に襲われた。

背が低く細身の彼女は、赤褐色の髪で美しい顔立ちだった。彼女はちらっとぼくを見たが、きちんと目を合わせることはなかった。ぼくのほうは一分ほどじっと彼女を見ていた。あとになって、彼女がＣＤを見るのに忙しく、ぽかんと見とれているぼくに文句を言わないでくれてよかったと思った。ぼくは彼女を知っている。彼女に会うのはこれが初めてじゃない。そう強く感じていた。それが今世ではないということも。

いまとなっては、人前で話すぼくを見たことのある人にとっては信じがたいことかもしれないが、生まれてこのかたずっと、ぼくはとても引っ込み思案で、女性のところへつかつか歩いて行って話しかけるなど、もってのほかだった。そんなことはぼくにはあり得ないことだったのだ。だから、その女性のところへも行けなかったのだが、彼女の顔は忘れられず、ぼくの心に深く刻まれた。しょっちゅう彼女のことを考えては、話しかけなかった自分を責めた。でも、彼女に何と言えただろうか。「別の人生できみと知り合いだったと思うんだけど……」とでも？　かなりセンスの悪い口説き文句に聞こえただろう。だいたいぼくは結婚している身だ。しばらくすると、その女性は去っていった。

二年後、ぼくはラスベガスで講演会をしていた。世界のスピリチュアルな都であるこの歓楽街で、ぼくは出版社ヘイ・ハウス主催のカンファレンスを行っていた。講演後の本のサイン会で、感じのいい女性がサインを求めに来た。六十代後半と思われる親切そうでフレンドリーなその女性に、ぼくはどうしてなのかさっぱりわからなかったが、あるつながりを感じた。彼女はぼくの仕事を評価してくれて、冗談を言い合った。その女性がドリス・ローラだった。

そして、あることが起こった。ドリスの次にやって来た人が話し始めた。ぼくは、目の前のその人が信じられなかった。一度に様々なことがどっと押し寄せて来た。この女性がヴィジョンで見た二千年前のタダイという男であること、今世で彼女が誰なのか、いや誰になるのかもわかった。彼女はいまから百年後、ぼくの教師アセンデッド・マスターのアーテンという男になる。そして二年前、ハリウッドのレコード店で見かけた女性だったのだ。

彼女はシンディ・ローラと名乗り、ミュージシャンだと教えてくれた。彼女の母親がオハイオ州からカリフォルニア州へ運転した一九八七年以来、彼女はカリフォルニアに住んでいた。そして『神の使者』で、ぼくがミュージシャンだということも知っていて、自分のウェブサイトがあることを教えてくれた。ぼくはあまりに驚いていてよく考えられなかったが、とにかく落ち着こうとした。再び彼女を逃すわけにはいかない。何も進展しないとしても、せめて彼女のことを知らなくてはならない。彼女のウェブサイトを通して連絡を取れるか聞いてみると、イエスと答えてくれた。すぐにまたサインをする時間が戻ってきて、彼女は母親と一緒に去っていったが、ぼくの心を去ることはなかった。

それからシンディとはEメールで何度かやりとりし、彼女も結婚していることがわかった。相手はスティーブという男だった。でも、それからさらにお互いを知るようになると、それぞれの結婚が終わりを迎えているのがわかった。出会った最初の年、シンディとぼくはあまり会わなかった。カレンとぼくが離婚届を出し、シンディがスティーブとの離婚届けを出してから、ぼくはいつもどおり聖霊《ホーリースピリット》にアドバイスを求めた。答えはこれ以上ないほどはっきりしていた。ぼくはシンディにロサンゼルス付近でアパートを探して一緒に住まないかと尋ねた。二〇〇七年六月十八日、ぼくはカリフォルニア州へ飛び、そこより東側には二度と住まないと決心した。

各州で離婚法は異なるが、メイン州では離婚する夫婦が自主的に離婚調停の合意に達するよう努めることになっている。裁判所の時間と経費を節約するためだ。手続きの一環として、配偶者二人とそれぞれの弁護士が、離婚調停者と呼ばれる別の弁護士——ぼくが思うに審判——と一緒にミーティングを行うことになっていた。八月、ぼくはメイン州へ飛んで、ルイストンの裁判所内のオフィスでカレンたちとミーティングをした。

ぼくがその部屋に到着した最後の人間だった。張り詰めた空気が漂っていた。カレンは緊張した面持ちで、彼女の弁護士は怒っているようだった。調停者が会議を始めて指示を与えると、対立状態になった。カレンとぼくは平静だったが、この二人の弁護士は何一つ合意することができなかった。あとになって、これが彼らの対面する初めての調停ではないとわかった。彼らには前歴があったのだ。二人のあいだに恨みつらみがあるのを感じた。特にカレンを代理していた中年女性のほうに。ぼくの弁護士はもっと年配の紳士で、経験豊かな政治家のように落ち着いていた。カレンの代理人は、それとは似ても似つかない印象だった。ぼくが三百ドルの昼食に行ったことを彼女が非難するので(ぼくはよく重要なビジネスランチに数人を連れ出し、その支払いをしていた)、そのあと彼女にカレンのためにいくらほしいのか聞いてみた。彼女の答えは「全部」だった。

それはさすがに公平ではないと思った。ぼくには何でも半々で分ける心づもりがあった。カリフォルニア州のような無過失離婚がふつうの州では、それが標準的だろう。でも、メイン州では十年以上結婚している場合、たとえ子供がいなくても、誰かが配偶者の生活援助を支払わなければならないという法律がある。大半はぼくが稼いでいたので、その「誰か」にぼくは選ばれた。

その部屋では、まだ合意に達していなかった。弁護士同士の口論は屁理屈に聞こえた。二時間後、休憩があった。メイン州へ来る前、カレンとぼくは一緒にディナーをしようと計画していたのだ。休憩のとき、そのことについて確認すると、カレンはまだ行きたいと言ってくれた。ミーティングは何の進展もなく、調停者が、裁判官に委ねずに引き続き何らかのかたちで合意に達せるよう自分たちで努力するようにと両者に言った。カレンの弁護士は彼女がぼくとディナーへ行くのを嫌がったが、とにかくぼくたちはその夜、メイン州オーバーンの「最上級」レストランのアップルビーズで会うことにした。

カレンは一九九〇年代に二年間ほど「コース」に取り組んでいた。ぼくたちはメイン州のポーランド・スプリングよりもさらに小さなリーという町にあった『奇跡のコース』の同じスタディグループに通っていた。カレンはスタディグループの人たちが好きになり、彼らを愛するようになったが、「コース」に夢中というわけではなく、どちらかというと、ぼくが学んでいたから彼女も行くという感じだった。しばらくすると彼女はほかに関心事ができ、「コース」を学ぶのをやめ、クリスマス時期などの特別なとき以外はスタディグループにも行かなくなった。

しかし、ぼくが去ってから変わったのだ。カレンは「コース」に戻っていた。まるで、彼女がそうするために、ぼくは去らなくてはならなかったようだった。「コース」を学ぶということが、彼女自身の意志でなければならなかったのだ。数ヶ月のあいだに彼女がどれほど深く「コース」を理解しているかに驚いた。彼女は再び「ワークブック」を始め、同時にケネス（ケン）・ワプニックの著書『Journey Through the Workbook of A Course In Miracles』（未邦訳）を勉強し始めていた。それはすばらしい本で、「コース」と同時にその本を学ぶというのは、ケンと一緒に「ワークブック」をやるようなものだった。彼はレッスンを説明しているだけでなく、多くのレッスンとそれに関連した「コース」の引用を結び付けていた。

「コース」の生徒が同じことをしようとしても、少なくとも十年、そうでなくても数年は有にかかるだろう。ほかの誰よりも「コース」を知り尽くしていたケンは、生徒たちのためにそれをやり遂げてくれたのだ。

赦しはとても実用的なものになり得る。カレンとぼくがその夜、ディナーをともにしていたときの雰囲気は、午後のミーティングの場とはぜんぜん違っていた。喋り始めるとすぐに昔の日々が思い出された。一緒にディナーに出かけ、二人でいることを楽しんだ日々。何をするというのでもなく、ただ一緒にいるだけでよかった日々。ぼくたちはそんな楽しかったときのことを話した。八年ほど前に亡くなった愛犬ヌピーの思い出話もした。ヌピーは十五年間「群れ」の一員として、ぼくたちと一緒に暮らした。

ヌピーは「群れ」のなかでの自分の立場をわきまえていた。リーダーはぼくだったが、ヌピーが守ってほしいとき、あるいはぼくが守ってほしいとき、ぼくたちは互いをいたわった。ヌピーは雷の怖い音を聞くと、走ってバスタブへ逃げ込み、落ち着くまで安心させるのはぼくの役目だった。カレンは「群れ」の二番手で、ヌピーは彼女を守るのが自分の役目だと思っていた。ヌピーはぼくに敬意を示していたが、カレンとぼくが口論になると、まるでカレンをかばうかのようにとつぜんぼくたちのあいだに入って来た。カレンに助けが必要だったわけではないが、ヌピーはぼくたち二人のあいだで、カレンを守ることを優先事項と感じていたのだ。その力関係を見るのはなかなかおもしろかった。その晩、二人でヌピーのそんな話ができて幸せだった。

　ぼくたち二人はそれまで赦しを何度も行ってきていたから、その晩、そのテーブルで恨みはなかった。しばらくして、インスピレーションのようにある考えが浮かんだ。ぼくはナプキンを取って、端的に離婚調停案を書き、そのナプキンを優しく押してカレンのほうへ差し出し、「どう思う?」と聞いた。彼女は「わからないわ。明日、家へ来たら?　そのとき話しましょう」と返事をした。

　もといた場所へ戻るのは妙な感じがした。たった二ヶ月だったが、二年くらいに感じた。いろいろなことをすればするほど、無意味に感じる過去が増えていくようだった。一ヶ月前にしたことが、一年前のことに思えた。一年前のことが三年前に感じられた。ぼくはいま、またここに、ニューイングランドで暮らした最後の家に戻って来ていた。ぼくではない、別人が住んでいたようにさえ思える。

　カレンがドアを開けた。彼女はフレンドリーで、すぐさまぼくに一枚の紙を差し出した。それは別の離婚調停案だった。ぼくは一分ほどかけて目を通し、気に入らない細かなところを少し変え、「どう思う?」と言って差し出した。彼女は一分ほど考えて、ぼくを見て「いいわ」と言ってくれた。

　赦しの実用性は、様々なかたちで見ることができる。あるいは、その結果はまったく見えないものなのかもしれない。「コース」は、奇跡とは結果でなく原因に根ざした赦しのことで、それは「あなたが自覚すらしていない状況で、夢にも思わなかった変化を生み出す [T-1.45:2]」ことがあると言っている。たとえば、ロサンゼルスの高速道路を運転中にとつぜん誰かが横から割り込んできたら、ぼくだって我を忘れることがある。特に機嫌が悪かったりしたら、割り込んできたやつに中指を突き立てるかもしれない。でも、もしそいつが拳銃を持っていたらどうなる？　ぼくは死ぬかもしれない。だが赦せば、ぼくは生きていられるだろう。赦しはとても実用的でまったく違う結果をもたらす。ぼくは脚本を変えているわけではなく、時間の次元を決めているのだ。意識的にそうしているという自覚もなしに。ある時間の次元では、ぼくは生きたままだが、別の次元では、運転中にキレた野郎に殺された死亡者リストの仲間入りというわけだ。

メイン州の何もない人目につかないその場所で、カレンとぼくは数分間話をして決着した。ぼくらの弁護士だったら決着するまで二年もかかり、両者とも多額の報酬を得ていたことだろう。後日、ぼくの弁護士はその合意を受け入れた。カレンの弁護士には異議があったが、カレンは自分の立場を貫いた。翌日、ぼくはメイン州を発ったが、二ヵ月後にまた戻ることになっていた。

たとえ当事者同士で離婚調停に合意しても、裁判官がそれを承認しなければならないし、離婚判決は裁判所で法廷書記官によって提出されなければならない。裁判所というところはほんとうに何が起こるかわからない。当人同士が合意していても、裁判官が自分の意見を強制することができるのだ。そして、裁判所では裁判官の意見が法律となる。あとでそれが覆されない限り。

ぼくは十月にメイン州へ戻り、アンドロスカゲン川沿いのホテルにチェックインした。ニューイングランドの地名のほとんどは、町でも山でも川でも、アメリカ先住民の部族かイギリスの町の名にちなんで名づけられている。アメリカ先住民の部族にちなんで名づけられたその川は、オーバーンとルイストンを隔てている。ルイストンは先住民のあと、ケベックから独自のやり方を推し進めてやってたフランス人によって植民地化された。事実、メイン州はカナダの一部だったこともあるし、マサチューセッツ州の一部だったこともある。一八二〇年に州として独立する前の話だ。

その夜、ぼくは川沿いの小道を散歩した。メイン州の十月にしては暖かく、新鮮な空気が気持ちよかった。そして、思いがけないことが起こった。シャーマニズムでは、パワー・アニマルの概念が広く信じられている。ある動物が自分のスペースに入ってきたとき、それが何の動物か、また主にどういう振る舞いをする動物か、フレンドリーなのかその逆か、などによって、自分の近未来の兆候がわかるというのだ。それがそのとき自分で自分に引き寄せいているエネルギーの象徴だからだそうだ。ぼくはいつもサインを信じてきた。それが現れたとき無視したりはしない。

川沿いを歩いていると、一羽の雁が鳴いているのが聞こえた。もう一羽の鳴き声も聞こえてきた。彼らはぼくの後ろにいた。ポーランド・スプリングでホワイト・オーク・ヒルの自宅のそばを飛んでいく雁の鳴き声は聞いたことがあったが、見たことは一度もなかった。ほんの一瞬のうちにその二羽の雁はぼくの頭上にいた。五十フィートもなかっただろう。彼らは幸せそうだった。幸せな鳴き声がどんなものかは知らないが、楽しんでいるようだった。だが、彼らが次にしたことには驚いた。それまで一緒に飛んでいた二羽がとつぜん向きを変え、正反対の方向へ飛んでいったのだ。一羽はぼくの左側へ、もう一羽はぼくの右側へ飛んでいった。信じられなかった。メッセージはこれ以上ないほど明らかだった。

ぼくは、裁判官が明日の離婚調停を承認するだけでなく、これがよき結果になるのだと確信した。カレンとぼくは別々の方向へ飛び立つのだ。けれども、ぼくたち二人は幸せになるのだ。

翌朝は順調だった。裁判官はいい人で、お決まりの質問をいくつかしただけだった。「これがあなたがたの望むことですか? これがあなたがたが合意したことですか? あなたは薬物を使用していますか?」。それから、ぼくたちは法廷書記官に同伴し、彼女が書類を提出し、すべてが法的に終わった。でも、カレンは悲しそうだった。その場を発つとき、彼女はぼくにこう言った。「ほしかったものを手に入れたわね、ゲイリー」。その言葉はぼくの罪悪感を蘇らせた。カレンがまだ傷ついているのがわかった。そのときのぼくは、長く続いた相手との別れが、ときに愛する人の死と同様の深い悲しみを伴うものになることを知らずにいた。はじめは怒りがあるのかもしれない。次に否定、それから願わくは、受け入れる段階へと導かれるのだろう。たとえ真の赦しに従事していても、本人が完全に癒やされない限り、そうした段階の一部が思いがけず再びやって来ることはあり得る。カレンは落胆を表していた。ぼくは、そのままでいさせてあげるしかなかった。

その夜、離婚の手続きが終わってほっとしていたが、カレンが言ったことを思い出し、飲みに出かけたい気分だった。すると神の恵みで、ぼくがいちばん必要としていたときに、ぼくの教師たちは現れてくれた。これは彼らの史上最短の訪問になった。アーテンとパーサはめったにぼくの個人的な将来について教えてくれないが、このときは例外だと感じたのだろう。彼らが来てくれなかったら、その晩どうなっていたかわからない。彼らがとつぜんホテルの部屋で座っていて、とても嬉しかった。好都合なことに、その部屋にはカウチがあった。

アーテン　やっと終わったね。気分はどうだい？

ゲイリー　何だか変だよ。ぼくたちが帰るとき、カレンが何て言ったか、あんたがたは知ってるんだろう？

パーサ　心配しないで、ゲイリー。明日、カレンから電話があるわ。あなたたち二人は明日の夜また会うの。ちょとしたパーティーをして、あなたたちは友だちになるの。すべて、うまくいく。楽しんで。

ゲイリー　ほんとうに？

アーテン　じゃ、兄弟。われわれは行くよ。しっかりやれよ。

註・彼らが来てくれて驚いたが、さっさと去ってまた驚いた。でも気分はよくなった。その晩、テレビを観ながら、カレンが明日電話をくれると彼らが教えてくれて、どんなによかったかを考えていた。ほんとうにそうなったかって？　そう、そうであるに違いないのだ。彼らはぼくの信頼を勝ち取っていたのだから。「コース」は「教師のためのマニュアル」で、信頼の築きについて教えているが、それは目くらましの宗教的な信念の類ではない。ぼくはいつも聖霊《ホーリースピリット》はぼくらの信頼を勝ち取るだろうと伝えている。聖霊がいつも自分と一緒にいて、自分にとって真に最善なことを探してくれているということを、様々な体験が示してくれるのだ。霊《スピリット》の象徴が世界のなかに現れることもある。その象徴は真に霊に属すため、象徴の向こうにある実在《リアリティ》はつねに信頼できるものなのだ。だから、その象徴を通して伝えられるメッセージもまた、信頼できるものと言える。

翌日、カレンが電話をしてきた。あとどのくらいぼくがその町にいるのか、そしてその夜、忙しいかどうか聞いてきた。ぼくたちは楽しくディナーをして、ぼくの部屋で一緒にお酒も飲んだ。その夜の彼女は、ぼくが長年見てきたなかでいちばんリラックスしていた。まるで、ぼくという肩の重荷が取れたかのようだった。ぼくたちは楽しい時間をすごし、二人の関係の新しい段階が始まったのを感じた。ぼくたちの関係は終わったのではなく、変わっただけだったのだ。

二カ月後、素敵なクリスマスを迎えてねとカレンが電話をくれた。そしてすごいニュースもあった。何と彼女はハワイへ引っ越すと言うのだ！　ハワイに住む夢をぼくより先に彼女が手にすると知って、ほんのちょっぴり嫉妬を感じたが、彼女のことを思うと幸せな気分になった。一九八六年に初めてぼくたちがハワイを訪れて以来、ぼくがハワイを愛するのと同じように、カレンもハワイを愛していたのは知っていた。彼女はワイキキでコンドミニアムを購入すると言う。ぼくはおめでとうと言った。そして、彼女がオアフ島へ引っ越すのもそうだが、それより何より彼女が母親を置いていくことに驚いたと伝えた。母親は彼女の親友なのだ。なのに五千マイルも離れたところへ引っ越すというのだから、その行動には、決意と勇気を要したに違いない。ぼくは感銘を受けた。

ぼくのほうはというと、自分がまさしくいるべき場所にいて、会うべき人たちに会っていると実感していた。カリフォルニア州でやるべきことがあるのだ。ひょっとするとずっと憧れていたハリウッドでかもしれない。脚本がどう展開していくのかわからなかったが、ぼくは自分の役割を果たすだけだった。いままでもそうだったように、この先もいろんな課題があるのだろう。人生のあらゆる段階で体験したものと同様、思いもしない課題もいくつかあるのだった。

二月、ぼくはオアフ島にいた。代理人のジャンが手配してくれ、ダイアモンドヘッド・ユニティ教会でワークショップをした。カレンの誕生日の二月十三日、ぼくたちは彼女をディナーに誘った。カレンは穏やかで満たされている様子だった。ディナーの途中、ぼくたちはあるジョークを計画していた。誰かが「グラスを持って！」と言って乾杯の音頭を取り、その合図でぼくたち全員がマルクス兄弟の眼鏡とつけ鼻とつけ髭をつけるというものだ。高級レストランにいた客は、あっけにとられてぼくたちを見ていたが、他人の視線など気にせずに馬鹿なことをやるのは楽しかった。

ハワイを発って講演スケジュールをこなして移動するあいだ、あることを認めざるを得なくなった。旅行しながら執筆するなんて、ぼくには無理な話だったのだ。旅行中は気が散るし、やることが多すぎる。まず移動、そしていろんな人に会い、ワークショップの参加者、主催者、読者とのランチやディナー、一日がかりのイベントの準備や本番、効率的に休憩し、連絡事項は迅速に……。それはもう忙しくて、いろいろなことが試される。赦しの機会でもあった。ぼくは「コース」と自分の本のメッセージをもっと人々とシェアしたかった。けれども、みんなは何よりもぼくの新しい本を待ち望んでいたのだ。それなのに、すでに数年先の旅行まで決まっている状態だった。

このことについて教師たちと話がしたかった。そのとき直面していた大切な赦しのレッスンのいくつかについても話したかった。たとえば、両親との関係については赦していたと思っていたが、たまに、ある記憶が蘇ってきていた。自分がなりたかったような息子にはなれなかったこと、当時そうする力が自分にありさえすればという思い。そのほかにもメイン州での喜ばしくない記憶や、ミュージシャンだったころのこと、一緒に働いた人たちとの記憶などなど。また、カリフォルニア州へ引っ越すという大きな変化でライフスタイルも変わり、カルチャーショックも経験していた。それから、新しい人間関係などもあった。

二〇〇九年後半、新しい州に移り住んで二年と四ヶ月が経ったころ、国税庁から手紙が来た。赦すものが十分にあると思っていた矢先、国税庁が現れた。

カレンと別居するようになってから、彼女が銀行口座からお金を下ろし始めたので、ぼくも同じことをしようと考えた。ぼくたちには三つの口座があった。当座預金口座と貯蓄口座と、皮肉にももう一つ、納税用の口座があった。だから自分名義で三つの口座を開いた。数カ月後カリフォルニア州に越したので、そこでまた新しい口座を三つ開設した。だから口座は全部で九つ。でも、どうもそれが国税庁の注意を引いてしまったらしい。彼らはぼくを監査することにしたのだ。しかも、二〇〇七年分だけでなく二〇〇八年分までも。彼らの主張は、ぼくがカリフォルニア州に移したお金は所得になるというものだった。でも、それは違う。そのお金は過去の収入で、すでにその分の税金は払っていた。彼らにとってはそんなことはお構いなしで、ぼくの支払い義務がないことを証明するのに、手続きは二〇一一二年まで続いた。何とも困難で苛立たしい二年半だった。何よりもぼくの仕事の邪魔になっていた。

問題の一つは、国税庁が監査する際、立証責任がこちら側にあるという点だ。自分で自らの無実を証明するまでは有罪なのだ！　ぼくのケースだからというわけではなく、そうしたアメリカ的でないアプローチが彼らのやり方なのだ。

ぼくのアセンデッド・フレンドたちはこの一部始終を見ていたが、それでこそ聖霊《ホーリースピリット》の真の知覚という感じで、この一件に何の信念も抱いていなかった。そんな彼らがある午後、ぼくに時間があると知って訪れてくれた。

アーテン　名人、手いっぱいのようだな。イライラするのはわかるよ。人々はきみがやっていることのほとんどを知らないんだから。彼らが知りたいのは、ただ一つ。いったい、いつになったら次の本が出るんだってことだけなんだよ。

ゲイリー　まったくだ。彼らが想像以上に批判的でちょっと驚いているよ。

パーサ　彼らに投影のチャンスをあげなさい。彼らがそれを受け取るんだから！　もちろん、彼らは自分たちが投影していることなんか知らない。これまでわたしたちが話してきたように、彼らは自分が正しいと思っているのよ。

アーテン　そうだ。でも、きみの間違いは本をまだ完成させていないことではない。本のことを喋ってしまったことだ。もし彼らが本のことを知らなければ、入手できないからと怒ることもないからね。今後は本が完成するまでは口にするべきじゃないね。そうすれば、彼らは喜んで驚くさ。怒って騒ぐ代わりにね。

ゲイリー　ああ、二度と同じ間違いはしないよ。旅行を減らせれば、もっと書けるんだけどな。

パーサ　わたしたちは減らすように忠告したはずよ。もう少しわたしたちの言うことを聞くといいわ。それに、自分自身にもきちんと耳を傾けなさい。わが家にとどまる意図について、しょっちゅう話しているんだから。そういうことはただ話すんじゃなくて、自分も従わなきゃ。

ゲイリー　わかってる。自分でやれる以上のことをやろうとしちゃうんだよな。もう少しきちんと整理して、自分の幻想を管理しなきゃね。時間とか物事をさ。

アーテン　じゃあ、そうすればいいさ、友よ。ともかく、きみのワークショップが大勢の今後の人生を助けているという事実はさておき、きみの旅行、講演、赦しの実践からすばらしい発展が生じたじゃないか。

ゲイリー　何だよ、それ。ああ、背の高い色黒のハンサム男のことか？

アーテン　お世辞はパーサのために取っておくといい。すばらしい発展とは、きみが引っ込み思案な性格を克服したことだ。初めてワークショップをしに行ったときのことを覚えているかい？

ゲイリー　ああ。すごく怖くてたどり着けないかと思ったほどだった。途中で聖霊《ホーリースピリット》を思い出していなかったら、着いていなかったと思う。もちろん、そのあとステージへ行く前に聖霊とつながるべきだと気づいたけどね。聴衆に対してどう赦しを行うかも学んだよ。彼らが実際にそこにいると思うと、見ているものの結果の位置に自分を置いてしまうことになるから、代わりに彼らが自分から生まれてきているところを思い浮かべるんだ。そうすると、ぼくは原因の立場になれる。彼らはほんとうは、そこにはいない。心の大半を占めている見えない無意識から出ている投影なんだ。

　アメリカ先住民はよく「この大いなる神秘を見よ」と言っていたが、「コース」は「この大いなる投影を見よ［T-22.II.10:1］」と言っている。それがすべてだからね。あるのは、ぼくたちが受け入れた、たった一つのものすごい巨大な投影があるだけなんだ。何も存在していないんだよ。時空の宇宙もない。時空の投影があるだけなんだ！　そう考えると、見ているイメージにとらわれずに、そのヴェールの向こうにある霊《スピリット》の真実に目を向けることができる。それが霊的視覚だ。これは赦しの三つ目のステップでもある。霊的視覚では真実があるだけで、恐れるものは何もない。ぼくは「コース」で奇跡について語られている部分が大好きだ。

奇跡は癒やす。なぜなら、奇跡は身体での自己認識を否定し、霊《スピリット》としての自己認識を肯定するからである。[T-1.I.29:3]

これはほんとうにいいよね。

パーサ　なかなかの理解力ね。一段とより深く理解できているようね。わたしたちも三つ目のステップを強調したいのよ。これを実践している人は少ないし、重視する教師もほとんどいないわ。でも、このステップなしでは赦しは完了しない。聖霊《ホーリースピリット》のように完全性という観点で見て考えるまでは、完全ではないの。

ところで、初めての講演のときは子猫みたいに緊張してたけど、いまではその場が自分のものであるがごとく入場していくものね。集まっている人に向かって話すのも、もう歯を磨くみたいなものね。そうであるべきよ。実際、歯を磨く以上に疲れることなんてすべきじゃないわ。あなたがその点ですばらしい進歩を遂げたことにお祝いを言うわ。

アーテン　つかつか歩いていって、美人に話しかけられるようになったかい?

ゲイリー　いまじゃ、できると思うけど、そうする必要がないんだよ。

アーテン そうだな。きみの新しい恋愛関係についてはあとで話そう。

パーサ じゃあ、古い人間関係を完了させましょう。両親との関係はほとんど完全に赦せたわね。彼らがあなたを必要としていたときに助けてあげられなかったから、あなたは自分が悪い息子だったと思っていたけれど、神秘体験を通して、彼らがあなたを赦していることを学んできた。じゃあ、問題は何なのかしら？ おそらく、あなたがほんとうに赦すべき相手はあなた自身だということよ。これについても、あとで話しましょう。

記憶というのは、よい思い出などもあるから、ときにありがたいものよね。記憶があるお陰で「コース」のことも思い出せるし。けれど、呪いのようなものでもあるわね。嫌だったときのことを思い出すでしょ。それはエゴの意図なのよ。そうすることですべてを実在化できるから。

ゲイリー ああ。昔、女優のイングリッド・バーグマンが、幸せの秘訣は健康と忘れっぽいことだと言ったらしいね。記憶力がよくなければ、辛い過去や、人にされたことについても考えないだろう。

パーサ そう、そのとおり。でも、あなたの場合は過去の記憶が蘇ってきて気分が悪くなったとき、それが何のためなのか、「コース」を思い出すべきね。赦しのためなの。ほかのことと同じようにね。考えていることが、過去でも現在でも未来でも関係ない。それらは全部同じ。だって、どれもが等しく、真実ではないんですもの。嫌な記憶というのは、じつは「コース」で言う心の彷徨の一形態よ。思い出して、こう言っているわ。

あなたは心の彷徨にあまりにも寛容で、心の誤った創造を受動的に容認している。［T-2.VI.4:6］

エゴは心の彷徨が大好きで、嫌な記憶というのは、あなたを身体という自己認識に閉じ込めておく打ってつけの方法なの。嫌な記憶と一緒に生じる感情によって、すべてが真実だと思い込まされてしまうからよ。つまり、覚えている出来事すべてがほんとうに生じたように思えて、回りまわってそのすべてを実在させてしまうの。でも聖霊《ホーリースピリット》は、そのどれもが実在していないと教えているのよ！

ゲイリー　じゃあ、どうやって過去を赦すの？

パーサ　いま目の前にあるものを赦すのと同じ方法よ。記憶って、自分の心のなかにある情景でしかないの。いまあなたが見ているものも、あなたの心のなかの情景でないなら何だというのかしら？　だから誤った創造を受容している自分に気づいたら、その責任を取らなくちゃね。エゴと一緒に考えるのをやめて、聖霊《ホーリースピリット》のほうに切り替えましょう。そして、その誤った創造を実在させるのをやめなくちゃ。

ゲイリー　そうだな。ときどき、八〇年代にずっといた最後のバンドのこととか、もっと前の一九六五年くらいまで遡っていろいろ思い出すんだ。いい思い出もいっぱいあるけど、傷ついた記憶もある。バンドメンバーに言われた失礼で不快な発言は、いまでもけっこう思い出すよ。あるドラマーはほんとうに嫌なやつだった。

アーテン　たったいま、きみはそれを実在させたね。

ゲイリー　ごめん。つまりさ、ある人物を思い出したとしても、それ自体は夢で、ぼくの無意識が投影したイメージで、最初に神から分離した自分の罪を負わせる身代わりなんだ。それがことあるたびに、不適切なことを言っていたように見えるんだよね。

アーテン　ちょっと長ったらしいが、言ってることは正確だな。いずれにせよ、二度と「ごめん」とは言わないように。罪を暗示するから。

ゲイリー　とにかく、ぼくはそのドラマーと仲良くしようとしたし、しばらくは彼を支持したけど、そいつはいつもトラブルメーカーでさ。結局、彼を憎むようになった。やつは春になるとアレルギーでひどい花粉症になってたけど、あれはよかったな。ぼくは彼の苦痛を喜んでいたよ。仕返しの代わりみたいにね。

アーテン　それで？

ゲイリー　最近になっても彼に言われたことをいくつか思い出して、スイッチが入ったみたいに感じることがある。その時代のことはほとんど赦したんだけど、気に障る記憶に関しては、ずっと見張り台にいないといけないみたいだな。だって、いつだってどこからともなくやって来るんだから。その記憶が何なのかってことは関係ないようだね。エゴは何でも投げつけて来るし、大抵は外から来るように感じる。ほんとうは内側からなのに。まあ、最終的にはどれも同じだな。すべて真実じゃないんだから。

パーサ　だから、根気というのは「コース」の生徒が持つべきもっとも大切な資質なの。コースがこう言っているでしょう。

神と神の王国のためだけに警戒していなさい。［T-6.V.C.2:8］

これは大げさでも何でもないのよ。

ゲイリー　ああ。この何年か、人生から葛藤を取り除こうと決めてきたけど、それがいかに難題だったか気づかなかったな。

パーサ　そうね。自分が何を求めるのか、気をつけなさい。でも、いずれエゴを取り消さなくてはならないなら、なぜあとまわしにして、すぐに取り組まないのかしら？　あとまわしにすればするほど、苦痛も長引くだけなのだから。

ゲイリー　じゃあ、それが何かっていうのは関係ないんだな。全部同じなんだ。国を横断して引っ越しもして、カルチャーショックや新しい人間関係も体験したし、大抵は大丈夫だけれど、なかには変なのもある……。それらも全部、一つの大きな赦しの機会なんだね。

アーテン　そうだ。でもいいかい？　毎日の小さな赦しが救済につながっているんだよ。たとえば、ほしいものを手に入れるのではなくて、小さな赦しを毎日行うことで、心は赦しの習慣を身につける。すると何かほんとうに赦しが必要な大きなことが起きたときにも、楽に赦せるようになるだろう。心が赦すよう訓練されているからね。そうした大きな何かを赦すのは簡単だとは言わないが、きみは練習を通して赦しをより可能なものにしているんだよ。たとえ赦すのにしばらくかかったとしてもだ。

それからたまに、気晴らしのように楽しかった時期を思い出すんだ。過去のことを考えるとき、人から愛を感じた場面を思い出すといい。すると、自分を愛の心の枠組みのなかにとどめられるようになるからね。笑顔の記憶を思い出すんだ。笑いは、誰かの負担や迷惑でない限りは間違いなく聖霊《ホーリースピリット》に属しているし、この世界が真剣に受け取られるようなものじゃないことを実感させてくれる。世界はあまりにも狂っているからね！　この世界には涙じゃなくて笑いがふさわしいよ。涙は世界を実在化させるし、きみをそこに閉じ込めてしまう。

ゲイリー　でも、悲劇に遭っている人はどうなのかな。もちろん彼らが笑うなんて思えないよね。

アーテン　そのときは思わないさ。ただそういうときこそ、「ふつうでいることを忘れるな」というケンのアドバイスを思い出すべきだね。彼らを悲しみに浸らせてあげればいい。その経験をさせてあげるんだ。いつか準備ができたとき、彼らはその悲劇を赦せるようになる。それまでのあいだ、赦すのはきみの役目だ。人々を犠牲者として見る代わりに、真の存在としての彼らを考えてみるんだ。つまり完璧な霊《スピリット》としてね。

パーサ　愉快な思い出として、旅行中のおもしろい経験を一つ教えてくれないかしら。

ゲイリー　いいよ。ワシントン州シアトルの郊外で講演することになっていたときのことだ。シェローラという感じのいい女の子が運転してくれることになっていて、迎えに来てくれたんだよ。彼女には質問がいっぱいあってね。ぼくたちはがっつり話すことになったんだ。高速道路を運転中によく喋ったよ。多分、三十分くらい。なんせ彼女の質問が続いたからね。

そうしたら驚いたことに、気づいたときには国境を越えてカナダに入ってたんだ！　彼女は逆方面に向かってたんだよ！　高速道路は合っていたけど、南じゃなくて北に走ってたんだ。さあ、たいへんだよ。理由は一つどころじゃない。第一に、正しい方角に戻れたとしても、少なくともワークショップに一時間は遅れる。第二に、反対車線を見ると、アメリカ側に向かう車が列を成して渋滞している。通り抜けるのに三時間はかかりそうで、それじゃあ、四時間の遅刻だよ。多分キャンセルだね。第三に、これが何より厄介だけれど、カナダで何をしてたのか説明しなくちゃならないんだ。二〇〇五年だったから、カナダとアメリカのあいだでパスポートが必要になる前だ。出生証明書が使えたけれど、もちろん二人ともそんなものは持っていない。あるのは運転免許書だけ。じゃあ、いったいどうすればいいんだよ？

赦しを行う、だよね。だから、そうしたさ。二人でその状況の全部を赦したよ。ぼくたちはそれを現実《リアル》にしなかった。ただ赦して、聖霊《ホーリースピリット》にアドバイスを求めたんだ。すると、シェローラが反対車線とこちら側を結ぶ細い道を見つけた。彼女はそこを走って、南に向かう車線にいた運転手に横入りさせてもらえるよう頼み込んだんだよ。そこはものすごい長い列で、その運転手も長時間待っていたに違いないから、もし入れてもらえなくても責められなかったさ。シェローラはその彼に祈るようにして両手を上げたんだ。彼女が助けてを求めて祈っているのを見て、彼は列に入れてくれたよ。十分後、ぼくたちは国境を渡っていた。

アメリカ側の警備隊はぼくたちが国境を越えてカナダへ行き、すぐ引き返してくるのを見たと思うんだ。カナダ側の検問所はもっと奥だったから、ぼくたちはそこまで行かなかった。シェローラは賢明にも真実を伝えた。逆方向に向かってると気づかずに、うっかり国境を越えてしまったとね。警備隊には彼女の誠実さが伝わり、彼女の話が彼の見たものとも一致していたから、アメリカ側にすんなり入れてくれたんだ。I.D.チェックすらされなかったんだよ！　それ以来、毎年アメリカ側の検問が厳しくなっているらしいから、もうそんなに甘くないかもしれないけどさ。こちらがちょっと譲ろうものなら、彼らはすぐ図に乗るからね。でもこの日はついていて、赦しを行って、ガイドされ、アメリカに戻れたんだよ！

こうしたことを全部済ませて、一時間から一時間半の遅刻になるだろうと見込んでいた。ただ三十分ほどしたら、ぼくがどうしてもトイレに行きたくなってしまい、休憩所を見つけて車を寄せて、トイレに入ったよ。さあ用を足そうと、ファスナーを下ろそうとしたら、ファスナーが壊れたんだ！　そんなことは初めてだったよ。ぼくはズボンの前を開けたまま歩きまわる始末さ。なんせ壊れちゃったんだからね。

やっとの思いでワークショップ会場に着いて、ぼくたち二人は一緒に入っていった。聴衆のなかに素敵なギター奏者がいたらしく、主催者がその朝、前座を頼んでいたようだった。その彼が予定以上に長く演奏してくれて、ぼくが着くまでみんなを楽しませてくれていた。そんなさなかをぼくは歩いて行って、みんなに向かってこう言ったんだ。「シェローラと一緒に遅れてすみません。ぼくのファスナーが壊れていることと、ぼくたちの遅刻には何の関係もございません」

パーサ　おもしろい話ね。爆笑だったわ。

ゲイリー　ああ。でも冗談を言ったり、笑う気分にすらなれないときだってある。国税庁との一件とかね。ぼくはこのことをできる限り赦そうとしてるんだ。でも、ほんとうに面倒で困ったもんだよ。どれだけ情報を提示しても、彼らはもっとほしがるんだ。ぜんぜん終わらないよ。

パーサ　あなたは、わたしが最初の一連の訪問で話した「じわじわと腹が立つ」というのを経験しているわね。最後の生で、わたしのキャリアを台無しにした生徒との経験を話したでしょ。そのときに言ったことよ。「じわじわと腹が立つ」ことは、あなたにとってもっとも大きな赦しのレッスンの一つね。とにかく赦すと決める必要があるの。

一ついいことは、かたちのレベルで経験している点ね。あなたはアドバイスを求めて、いい公認会計士を紹介してくれる人に導かれ、彼女に助けてもらっている。国税庁はあなたを怖がらせて、あなたに支払い義務のないお金を払わせようとするけれど、彼女はあなたが国税庁を怖がらないことを知っているわ。彼らはいつも法律に従っているわけじゃないし、自分たちの独自の決まりにも従わないことがあるの。彼らの目的はあなたからお金を取ること。多くの人は怖気づいてしまって、払う必要がないのに支払っている。

国税庁はほとんどの人が裁判所へ持ち込まないと知っているのね。大多数はむしろ支払う。払えるなら払ってすべてを終わらせたいから。でもじつは、国税庁が裁判所へ行く羽目になったら、彼らは八十パーセントの時間を失うの。なぜって、彼らは法律に従っていないのだから。監査過程中、立証責任はあなたにある。それは間違っているけど、そうなっている。でもあなたが裁判所へ行けば、立証責任は国税庁側に移るのよ。彼らは自分たちの案件を証明しなければならなくなるし、それに大抵は証明できないものなの。だから国税庁は、あなたが税金専門弁護士を雇う経費をかけないことを願っている。たとえあなたが勝っても、国税庁に支払うのと同じくらいの金額をその弁護士に払う場合があると知っているのね。このシステムはどう見ても、彼らが有利になるように操作されている。

連邦準備制度に変わった直後に国税庁がつくられたという事実については、ここでは突っ込まないでおくわ。連邦準備制度が政府の機関ではなく民間の機関だという事実や、彼らには情報開示の必要が一切ないほどの権力があるってこともね！　もう、これは話し合いの範囲を超えているわね。でも大部分の人が知らないだけで、いろんなことがあるのよ。ここに民主主義はない。国民は操り人形よ。みんなそういうふうに振る舞っている。でも、あなたたちには自由な心があるのよ。たとえ自由な国がなくてもね。

ゲイリー　わかったよ。赦しのレッスンについて話したけど、どうやって自分自身を赦したらいいんだい？　前に思考プロセスを教えてくれたけど、みんなぼくにその質問をするんだよ。

アーテン　それは彼らがその思考プロセスを行っていないからだ。でもその質問は誰にとっても大事だな。われわれはきみに「ごめん」と言うなと話したね。人々は、ある特定の言葉を使うとき、その言葉を使う自分に気づくべきだ。「ごめん」と言うなら、自分の心のなかで自分自身を正せばいい。声に出して言う必要はないんだ。きみが考えていることのほうが、きみが口にすることよりずっと強力だからね。なぜなら、思考がつねに最初だからだ。たとえ、その思考を発言しなくても。だから、心のなかで次のことを考えてほしい。こうやって聖霊《ホーリースピリット》はきみを訂正しているんだ。

　わたしには罪はなく、何も起こっていない。
　聖霊《ホーリースピリット》はほんとうのわたしを知っている。
　神のなかでわたしは目覚める。

こう考えると、無意識が聖霊《ホーリースピリット》による癒やしを経験せざるを得なくなる。

パーサ　夢のなかの出来事は起きたように見えるけど、だからといってそれが実在しているわけではないことを覚えておかなくちゃね。昨夜ベッドで夢を見たでしょう。その夢には意図と目的があるからとてもリアルに見えるわよね。その夢もあなたにとっては現実《リアリティ》なのよ。あなたが目覚めたときにだけ、それが真実ではないと理解するの。

他者に対してエゴの解釈と聖霊《ホーリースピリット》の解釈の二つがあるように、自分自身に対しても同じ二つの解釈があるのよ。ほとんどの人はよりよい方法を知らないからエゴの解釈を選んでしまう。でも、いったんよい方法を知ったら、最後まで行かなくちゃ。Jはエゴをさらけ出すことも、問題を述べることもやめなかった。誰でも問題を語ることはできるけれど、彼らはそこから逃れる手段は教えてくれない。解決法やわが家へ戻る道も。だから問題の分析ばかりにはまってしまう。そして分析すると、問題は現実のものになってしまう。

ゲイリー　ああ。それが世界のあらゆる場面で行われていることだよね。ぼくたちは勉強して分析して、もっとも分析した研究者がいちばん優れた人だと思っている。科学者や物理学者も分析をするし。医者、エンジニア、精神分析学者なんかもそうだ。彼らがすることは全部、幻想の実在化《リアリティ》を証明しようとするものだ。だから、彼らが考える赦しは、まあ、彼らがそんなことを考えればの話だけれど、問題を実在させてしまうほうの赦しなんだ。

しかし、自分で実在すると信じている罪を赦すことができる者はいない。［T-27.II.2:4］

「テキスト」でJはそう言っている。だから、ぼくたちは赦すものを分析しないほうがいいんだ。くよくよ考えないほうがいい。ただ、それに気づいて見すごして、真実と取り替えるだけだ。だから、Jは分析の麻痺に陥らずに最後まで行ったんだ。霊的視覚とはエゴの思考体系を聖霊《ホーリースピリット》の思考体系に取り替えて、既存の枠組みや体系に一切とらわれずに考えることだと彼は教えた。ヴェールの向こうの実在《リアリティ》――それは夢の外側にあって、ぼくたちはそれに向かって目覚めるわけだけど――その実在を見ることによって、身体というアイデンティティから、まったく制限のない不変で永遠の存在というアイデンティティへと変わることができる。

パーサ　とてもいいわ。赦すものを実在させてしまう赦しを教えるなんて、『奇跡のコース』のほんとうの教えとは言えないもの。「コース」の教師のなかで――テレビに出るような有名人も含めて――ほんとうの赦しについて話す人がどれだけいるかしら？　彼らは最後まで話さないから、テレビに出ていられるのよ。物事を現実の範囲にとどめておくから無難なのね。あなたは最後まで話すからテレビには出られないの。現実を越えた話をするから危なっかしいし、真実を話すから、大衆的なスピリチュアリティを好む人たちには過激すぎるんだわ。でも、そのまま行ってね。誰かがやらなくちゃいけないんだから。

ほかの教師に関していえば、もし彼らがテレビに出て、「コース」がじつはどういうものなのか――つまり世界は存在しないとか、わたしたちが赦すのは、彼らが何かをしたからではなく、彼らが何もしていないからで、なぜならそれは彼らが存在していないからだとか、実在《リアリティ》と夢の違いを理解してその一方に忠実でなければ、無意識が癒やされることは決してない、などなど――を人々に伝える度胸があるのなら、彼らにも堂々と『奇跡のコース』の教師と名乗る権利がある。

それから、親愛なる兄弟さん、あなたはヴェールを取り払って考えないといけないわ。そして人々にもそうするよう教えなくてはだめ。過ちの説明だけでは十分じゃない。その過ちに置き替わるものを教えてあげるの。霊的視覚は肉眼では決して得られないけれど、思考を変えれば得られるということを人々に伝えてあげるべきなのよ。「コース」でもこう言っているわ。

肉眼はかたちのみを見る。肉眼は、それが見るべきとされているものを越えて見ることはできない。そして、肉眼は過ちを見るためにつくられたのであり、それを見すごすためにつくられたのではない。［T-22.III.5:3-4］

見ることはできなくても、真実だと認識し経験できるものをつねに選ぶよう、心は訓練されなければならないわ。

ゲイリー　じゃあ、ある意味、「コース」の本で使われている五十万語の目的は、その言葉を超えた体験へぼくたちを連れて行くことなんだね。

アーテン　よく言った。それから、これも忘れないでくれ。世界が存在しないなら、きみがここへ来る前にあった世界なんてものもなく、きみが旅立つときに残していく世界もないってことを。世界は一度も存在していないんだ。分離した存在としてのきみも同じさ。ほんとうのきみはこれからもずっと創造主と完璧に一体《ワンネス》の状態で、完璧な霊《スピリット》なんだ。次のことをいつも覚えておきなさい。

エゴは真実を否定する。
聖霊《ホーリースピリット》はエゴを否定する。
聖性を選ぶことが、わたしの選択である。

だから「コース」はエゴを選択しない訓練なんだ。エゴで考えている自分を見つけたら、それをやめる。すると、聖霊《ホーリースピリット》のほうと一緒になれる。タバコをやめるみたいなもんだよ。新鮮な空気を吸うためには、その前にタバコをやめなきゃならないんだ。

ゲイリー　よくわかるよ。ぼくは一日に一箱半吸っていたから。一日に三十本だよ。三十本も吸う時間を一日で割いていたんだよ！　やめてから三十年経つよ。決断しなきゃならなかった。心が決断すれば、どうにでもできるもんで、いっぺんにスパッとやめたよ。たいへんだからこそ決意が必要だったよ。だからエゴをやめることについて、あんたが言ってること、よくわかるよ。エゴはいつも戻ってくるから難しいよね。エゴは容赦ないもんね。でも、聖霊《ホーリースピリット》ほどじゃあない。事実、「コース」は徹底的に妥協しないと言えるしね。どんなにエゴが一生懸命頑張ってみても、聖霊の答えがいつも勝る。

パーサ　そうね。聖霊《ホーリースピリット》はすべてを知っているもの。あなたが講演したカンファレンスで、いちばん長い列ができていたのはどこだった？

ゲイリー いちばん長かったのは、サイキックと話す列と、タロットカードのリーディングだったかな。みんな、何をするべきか教えてもらいたいんだよ。大抵、同じような質問だよ。「どうしたらソウルメイトに会えますか？」とか「どうしたら自分に合った仕事を見つけられますか？」とかね。

パーサ そうね。サイキックやカードを読む人に答えてもらっても、すぐにまた違う質問が湧いて、彼らのもとに何度も戻るのよね。運がよければ、半分の確率でいい答えにありつけるけど。でもその程度の確率じゃなくて、つねに正しい答えをくれて、いつでもアクセスできる源《ソース》があったらどうかしら？ もう少し霊《スピリット》に寄り添って、聖霊《ホーリースピリット》のインスピレーションにアクセスできたら、全員が最善のものに導かれる答えが絶えずあるのよ。

ゲイリー ぼくの場合、自分がいるべきところに聖霊《ホーリースピリット》に導かれたのは確かだよ。期待してたハワイにいまいなくてもね。

アーテン きみはここでやることがある。だが、いつかハワイに住む可能性がなくなったわけじゃない。一年のある期間だけでもね。

ゲイリー　年に数ヵ月だけハワイに住む人たちもいるね。あと、ここ西海岸にもある期間だけ住む人たちがいる。政治が好きな連中は太平洋岸《レフト・コースト》とか呼んでいるけれど。でもいつかハワイに住めたらいいな。ハワイで散歩するのが大好きなんだ。ここもいいけれど、あっちは水も温かいし、夜風は冬でも顔を撫でるみたいで気持ちいいしさ。北東部の風みたいなひっぱたかれる感じじゃないんだよ。ここは大抵、暖かいから、みんな知らないけど、カリフォルニアの海は冷たいんだ。東海岸とは逆で、海水が北からやって来るからなんだ。でも、文句は言わないよ。ここはみんながバケーションにやって来るところなんだ。そこに住めるんだからね。ロサンゼルス、ハリウッド、ビバリーヒルズ、マリブ、サンタモニカ、ベニスビーチ……。全部ここにあるんだよ。ぼくたちの住んでいるところはすばらしい立地条件なんだ。空港まで二十分で行かれるし、いいレストランへも歩いて行ける。最高だよ。ここブレントウッドが、O．J．で有名になったのが残念なくらいだ。

註・シンディとぼくは、O．J．シンプソンが容疑をかけられた犯罪現場からほど近くに住んでいる。ニコール・ブラウンとロナルド・ゴールドマンが残虐に殺害された事件は、決してブレントウッドの町を象徴するようなものではない。この町は静かで犯罪率も低く、人々が夜、怖がらずに出歩ける町なのだ。

アーテン　いいかい、大事なのは、人々が町やきみに持つイメージではなく、きみ自身の体験だよ。

きみはエゴの解体を行ってきた。それは一つの達成だ。きみは自分の心だけでなく、すべての人の心の癒やしを助けることで、人類にとって真に貢献していることになる。歴史上、そうした赦しを行った人は多くいない。結果ではなく原因に根ざした赦しをね。いまこんなに多くの人たちが実際に赦しを行っているなんて、歴史的な進化だよ。だからって、人々はきみを歴史の教科書には載せないかもしれないが、それが何だっていうんだい？　歴史の教科書に載っている人はだいたい「戦争を生み出す人たち」だ。きみやきみの読者は、「平和を生み出す人たち」だ。そっちのほうがすごいだろう？

ゲイリー　いや、「コース」に夢中なんだったら、「無の人たち」っていうのはどう？　そっちのほうがすごいよ？　ははは。

パーサ　あなたって、ほんとうにおもしろい人。あなたが陪審員として出廷したとき、シンディは何て言ったの？　ゲイリーといると絶対に退屈しないでしょうね！

註・ぼくは、O.J.の裁判があったロサンゼルスの裁判所に陪審員として出廷するよう呼ばれた。聖書を持って行った。検察官と被告の弁護人が陪審員の選定を行う際、両者とも自分たちに不利になると思われる候補者は免除することができる。検察官に証拠が正当なら有罪票を入れるかと聞かれたとき、ぼくは誠意をもって、聖書でイエスが言ったことを指摘して「ノー」と言った。聖書はこう言っている。「人を裁いてはいけない。あなたが裁かれないためである」。検察官はぼくが陪審員になることに異議を唱え、ぼくは候補者から免除された。裁判官は不服そうだったが、幸いなことに、彼はぼくを法廷侮辱罪に問わなかった。

ゲイリー　あれはどんな引用だったっけ？「自分自身に誠実でありなさい」ってやつだ。ほとんどの人はその続きを知らないんだよね。「そして、昼が夜になるごとく、そうあり続けなさい。そうすれば、誰に対しても不誠実になることはない」って、ウィリアム・シェークスピアの言葉だって知ってた？

アーテン　じゃあ、それがどういう意味か知ってるのね？

ゲイリー　もちろん。これはまさに一貫性のことだよね。「コース」にもあったな。ちょっと待って、確か「マニュアル」だったな。えっと、正直であるということは……

……じつに一貫性を意味する。自らの発言に、自分の思考や行動と矛盾する点が何もなく、どの思いもほかの思いと対立せず、どの行動も自らの言葉を裏切らず、どの言葉もほかの言葉と合意している。それが真に正直な人である。いかなるレベルでも、彼らは自分自身と葛藤することはない。したがって、彼らが誰かや何かと葛藤することは不可能である。[M-4.II.1:5-9]

ぼくはよくJに冗談を言うんだ。「参ったな。もうちょっとハードルを上げたらどう?」って言ってみるんだけど、彼の一貫性は完璧なんだよ。ぼくにはまだもう少しやるべき練習があるみたいだな。でも、いいんだ。ほかにましなことなんてないからさ。

パーサ そうね、ないわね。エゴを取り消して、「コース」の真実を人々と分かち合うことが、あなたが望める最善のことよ。そのために、わたしたちはあなたに会いに来ているんだから。あなた自身のためにも。今回こうして何度も来ているのは、二度目の一連の訪問と同じで、引き続き、あなたのエゴや人々のエゴを解体するスピードを速めるため。あなたのワークショップの目的も同じはず。そう、わたしたちがあなたと話すとき、同じことを繰り返し言うことがあるけど、それは「コース」を学んで、心から理解するためには欠かせないの。それだってあなたが赦しのワークをしなければ、意味はないけれど。とにかく、繰り返しは不可欠よ。『奇跡のコース』の「テキスト」は、六頁分を違う言い方で百回繰り返したものだって言われているわね。

ゲイリー 統計学的に正確に言えば、六頁分を違う言い方で百十一回繰り返したものだって言われてるよ。

パーサ　アーテン、何か言うべきかしら？　それとも、彼を睨む？

アーテン　よし、彼を睨もう。

註・三十秒、経過……。

パーサ　繰り返しは時間のなかでは存在しているように思えるけど、正しいメッセージが繰り返されれば、時間は存在しなくなる。時間は空間と同じで、単に分離から生じた概念よ。あなたたちには異なる時間と異なる場所があるけれど、そんなものはほんとうはない。時空の宇宙にあるすべてが分離に基づいているわ。あらゆるものに始まりと終わりと境界線と限界があるでしょう。あなたは一見すばらしく見える宇宙にだまされないことを学んできたわ。宇宙を楽しむなと言っているんじゃないの。ただ、宇宙を実在させちゃだめなのよ。

ゲイリー　わかるよ。映画を観に行くとき、それが現実《リアル》じゃないってわかっているけど、だからって映画を楽しむのをやめたりしないもんね。人生という映画も同じだね。それが真実じゃないとわかってるからといって、いい時間をすごすのをやめる必要はないんだ。ぼくはこの人生でずっとミュージシャンをやってきたけど、いまがいちばん音楽を楽しんで聴いているよ。ハリウッド・ボウルにイーグルスを観に行ってきたばかりなんだけど、すごく楽しかった。

パーサ　じつはエゴを取り消すと、人生をいま以上に楽しめるようになるの。それは心のなかの無意識の罪悪感が少なくなるから。罪悪感が少なくなれば、人生のすべてをもっと楽しめるようになるわ。ほんとうにすべてをよ。だからいつも覚えておいて。愉快な時間をすごすのはルール違反じゃないってことを。J、マリア、タダイ、イザ、わたし、ステパノ、フィリポ、それにペトロまで、わたしたちはよく町へ出て大笑いしたものよ。みんな、わたしたちが酔っ払ってるに違いないと思ったでしょうね。そんなことはなかったのに。まあ、たまに何人かは気分をよくして大騒ぎしていたけれど。わたしたちはワインを飲んだの。綺麗な飲み水があったわけじゃなかったから、悪い水や古い食べ物で死ぬこともめずらしくなかったわ。

ゲイリー　そりゃ、かなり惨めな体験に聞こえるな。

アーテン　幸せが状況によるものなら、王族でない限り、当時の生活は惨めなものだったさ。現代人は当時の王族よりいい暮らしをしているが、それに感謝をしていない。人を幸せにするのは世界の装飾品じゃないってことを示している。一時的にワクワクすることはあるだろうが、それは必ず消える。けれども心のなかの罪悪感を取り除けば、楽しくやれるんだ。苦痛も少なくなる。いいかい、「コース」ではこう言っている。これはいくら強調しても足りないくらいだ。

罪悪感のない心が苦しむことはできない。［T-5.V.5:1］

ゲイリー　ああ、でもぼくはどうなんだよ？

アーテン　心のなかに無意識の罪悪感がまったくなくなれば——つまり心が聖霊《ホーリースピリット》によって完全に癒やされて、赦しのレッスンをすべてきちんとやり遂げたらという意味だが——そうなってやっと、身体的苦痛を文字どおり感じなくなるだろう。Ｊは磔刑でまったく痛みを感じなかったんだ。彼には苦しむことができなかったんだよ。だから、彼が人々の罪のために苦しんで犠牲になったという考えは、人類史上最大のつくり話なんだ。彼は苦しむことができなかったのだから。彼の知覚には犠牲なんてものはなかった。身体がそれ自体を犠牲にすることはできるが、それは自分を身体と見なしているときの話だ。でもＪは身体じゃなかったから、傷つくことなどできなかったというのが、磔刑のレッスンなんだ。彼は自分自身を身体だと思っていなかった。彼は心のなかで神との完璧な一体《ワンネス》を体験していたからね。ほんとうの彼は殺されることなど不可能な存在だったんだ。きみも同じように体験することができるさ。Ｊがしたように、それからパーサとわたしが最後の生でしたように、傷つくことも恐怖に駆られることもないと確信して、この地上を歩いているところを想像してごらん。

パーサとわたしは、そうしながらふつうの人生を送ったんだよ。われわれは、きみや二千年前のトマスやイザやタダイのように、人生の楽しみ方を知ってはいたが、新約聖書に描かれているようなつねに信心深い人間ではなかったんだ。当時、新約聖書なんてものはなかったしね。あとからできたんだよ。Ｊのいたころは、まだ古い聖書の時代だったんだ。タダイがほのめかしているように、当時の人々は子だくさんになる方法を知ってたよ！

ゲイリー　それでこそ、主の道だもんな。

パーサ　あなたはいまでも楽しんでいるけど、あなたの人生は変わったわね。いちばん最近のカルチャーショックはどう？　赦しているの？

ゲイリー　そうだなあ、とにかく変化ばっかりだけど、ほとんどはいい変化だよ。執筆に専念するために旅行を減らせていないことを除けばね……ごめん。

パーサ「ごめん」という言葉について、わたしたちは何と言ったかしら？

ゲイリー　そうだった、ごめん。とにかく、いまの家族が大好きだよ。新しい体験といえば、サンクスギビングがいい例かな。メイン州にいたころは、カレンと一緒に義理の両親の家へ行くと、もちろん彼女の父親と母親がいて、兄弟とその家族もいたよ。そこでぼくらが話したことといったら、ほとんどずっとスポーツの話だった。一時間ならいいけど、スポーツの話を六時間もしたくないよね。それがいまはぜんぜん違うんだ。ホリデーになるとシンディとぼくは、彼女の姉妹ジャッキーの家で彼女と彼らの母親とすごすんだけど、ジャッキーはヒプノセラピストで「コース」の生徒だし、母親のドリスも長年「コース」の生徒だし、二人ともシンディ同様ぼくの本を読んでいるから、ぼくたちの話すことといったら、ほとんどが「コース」の話なんだよ！　メイン州での生活とはぜんぜん違うよ。向こうでの生活はいまじゃ過去生みたいに感じるな。まあ、一つの夢の生のなかで、みんながいくつもの人生を生きているんだろうけど。

註・それ以降、ぼくたち四人にマークが加わった。ぼくが読者のために主催したメキシコへのクルーズ旅行中、ジャッキーは彼と出会い、八カ月後に結婚した。マークも「コース」の熱心な生徒で、彼は空軍を退役していたが、以前は巨大な貨物輸送機を操縦し、アフガニスタンでパイロットを訓練していた。さらに有能なミュージシャンでもあり、自宅にレコーディングスタジオを持ち、ビデオとレコーディングのプロデューサーもこなす。ぼくは彼のことを義理の兄弟以上にほんとうの兄弟だと思っているし、彼が幻想的な脳の両側を使っていることに気づかずにはいられない。

ゲイリー　マサチューセッツ州にいた子供時代は、おじの家に全家族が集まったものだよ。多分、四十人くらいだったかな。ほとんど全員が楽器か歌のどちらか、あるいは両方できたから、よく大きなジャムセッションをしたんだ。いまとなってはものすごい昔に感じるな。自分が六十歳になるなんて信じられない。まだ三十代の気分だよ。

アーテン　われわれが現れるようになってから、自分が老化してないことに気づいたかい？　われわれが初めて来てからもうすぐで二十年になる。

ゲイリー　そんなふうに考えたことはなかったよ。ただ自分は若く見えるだけだと思っていたけど、あんたの言うとおりだ。それって、あんたがたがぼくの思考パターンを打ち破って、ぼくが真の赦しを始めたからなの？

アーテン　そうだよ。きみはいろんなことを乗り越えてきたと思っているだろうが、ストレスはないも同然だろう。本来、そういう状況で感じていたであろうストレスに比べたらね。だから、問題は状況じゃないんだよ。みんながストレスの多い状況へ追い込まれる体験をしているが、大事なのはいつでも、それをどう見るかなんだ。

ゲイリー　あんたがたに聞きたかったんだけど、本を題材に映画をつくろうかなって考えてたんだ。でも、一つの映画にするには情報量がありすぎてね。テレビシリーズのほうがいいと思う？

パーサ　それは教えられないわ。そのプロセスをあなたに経験してもらいたいから。冗談抜きで、これはあなたの脚本の一部なんだから、あなたが経験するべきことは、あなた自身にそうしてもらいたいの。聖霊《ホーリースピリット》にどうするべきか聞きなさい。全員にとって最善な道に導いてもらえるわ。

ゲイリー　じゃあ、こういうアイディアはどうかな。あんたとアーテンが銃を撃ちながら、ソルトレイクシティ中で悪党どもに追われるんだ。それでテンプルスクエアに激突して、あんたと悪党どもと、モルモン教の元聖歌隊メンバーの背教者たちとのあいだで、三者の撃ち合いになるんだ。

パーサ　もうちょっと練ったほうがいいわね。さっきカルチャーショックについて話していたわよね。

ゲイリー　ああ、そうだった。有名人を見かけたり、高速道路の両側がそれぞれ五車線だったりっていうのに慣れてしばらく経つと、ほんとうのカリフォルニアというか、あまり知られていないカリフォルニアに気づくようになるんだ。別に悪いことじゃないよ。事実、物価がとても高いこと以外は、ほとんどはいいことばかりだし。そういえば、いまの旅行事情は講演の仕事が始まって以来、最悪だよ。前はお客として扱ってもらえたけど、いまは容疑者扱いだからね。彼らは毎年、旅行者にとって面倒なことばかり思いつくよね。ぼくには大きな赦しの機会になってる。シンディがパンパン叩かれてボディチェックされてるのを見たときは、ほんとうにむかついたさ。

アーテン　シンディはどうだったんだい？

ゲイリー　それがねえ、彼女もかなり怒っていて、もう少しで何か言いそうだったんだ。

アーテン　でも、言わなかったんだな。

ゲイリー　そうなんだよ。彼女はぼくが出会ったなかでもっともポジティブな人間だね。「ワークブック」のレッスン六十八で、愛は不満を抱かないっていうのがあるだろ。あれはまさに彼女のことだよ。

アーテン　ああ、きみはとてもついている。何か赦すべきことがあったとき――結婚生活は絶えずそうだが――その赦しが何のためなのかを忘れないようにしなさい。聖霊《ホーリースピリット》の意図に沿って、その機会を活かし、ほんとうの相手の姿をとらえるなら、聖なる関係を築けるだろう。

ゲイリー　ああ。それに、ぼくたちは映画や旅行も一緒に楽しめる。そういえば、デンバーでおもしろいことがあったよ。セキュリティを通過するとき、金属探知機に荷物を通している七十代くらいの年老いたＴＳＡ（運輸保安局）の係員がいたんだ。ぼくは彼を見て、定年後も生活のために働かなくちゃならないなんてと考えてしまってさ。たまたま彼に近づいたとき「調子はどうだい？」と声をかけたんだ。彼はこう言ったよ。「俺は夢を生きてるよ」ってね。

パーサ　彼はジョークを言ったのよ。自分の状況にユーモアのセンスを持てるところがいいわね。でもJが語ったように、幸せな夢を生きることは可能なのよ。彼の「コース」はいわば、幸せのかたちをした霊性《スピリチュアリティ》ね。苦痛で気難しいものでもないし、人々が慣れ親しんでいる宗教的な教義でもない。実際「コース」は、あなたがいるように見えるこのあらゆる苦境に、幸せな終わりを約束しているの。「コース」で、聖霊《ホーリースピリット》は「時間が終わった地点から［W-169.8:2］」振り返ると教えているんだから、時間に終わりがあるのは知ってるでしょ。聖霊にはすべてが見えるとわたしたちが言うのは、別にふざけているんじゃないのよ。

誰もが同じところへ行くの。天国の外に取り残される人なんて誰もいない。そうでなかったら、天国は完全なものにならないもの。

ゲイリー　でも天国にふさわしくないような嫌な連中はどうなんだよ？

アーテン　その兄弟たちは、嫌な連中として天国へ行くんじゃないさ。身体が天国に行くわけじゃないからね。彼らは最終的に身体的なアイデンティティにまつわるすべてを忘れるんだ。これはただの夢で、目覚めると夢はどうなる？　消えるだろう？　だから最初の本を、宇宙の消滅［原題は"The Disappearance of the Universe" 邦題は『神の使者』］と名づけるよう言ったんだ。

ゲイリー　そっかあ。ずっと何でだろうって思ってたんだ。

アーテン　その嫌な連中もわが家へ戻るんだよ。完璧な一体《ワンネス》へとね。いいかい、ゲイリー。この地上にいる人間で、一度も過去生で殺人を犯していない人間なんていないんだよ。それが二元性というものだよ。「コース」でも指摘しているが、きみたち全員が「地獄の夢［T-31.VII.3:5］」に残るべきだなんて思うかい？

ゲイリー　考えてみて、わかったよ。反対に見えるだけだというのを忘れてた。地獄へ行くという考えを気にする人が大勢いるけれど、彼らはすでに地獄にいるってことに気づいてないんだね。Jによれば、天国と完璧に一体《ワンネス》でないものは、すべて地獄なのだから。そう考えると、古い本なんかに描かれている、人々が焼かれる場面とか、首をはねられるところとか、そうした地獄の恐ろしい光景は、じつはここでも起こり得るってことなんだね！　そのためにわざわざ地獄へ行く必要はないんだな。だっていま天国にいないなら、地獄にいるってことなんだから。けれども、あらゆるものを包括するものには相反するものがないわけだから、どんなふうに見えようが地獄は本来どこにも存在していないんだ。

パーサ　あなたは才能溢れる肉体だこと。じゃあ、教えてくれない？　メイン州オーバーンのニューエイジの本屋で初めて「コース」の本を手に取って、少し読んだときの感想はどうだったの？

ゲイリー　何じゃこりゃ、と思ったよ。外国語を読んでいるみたいだった。それで思い出したけど、シンディとぼくがギリシャのアテネへ行ったときのことだ。ぼくはワークショップでみんなに聞いてみたんだ。「『コース』みたいに訳のわからないものに出くわしたとき、ぼくたちは『ギリシャ語みたいだ』と言うんだが、みんなは何と言うのかい？」と。そうしたら「中国語」だってさ。

パーサ　「コース」を理解するのが難しいのは、どうしてだと思う？

ゲイリー　本の五十万語が学問的で、フロイト的で、聖書用語で、弱強五歩格で、その教えが身体的症状をもたらすくらい、とっぴで重々しいってこと以外で？

パーサ　そう、それ以外で。

ゲイリー　わかんないな。

アーテン　理解に苦しむのは、「コース」の説明がホログラフィックで線型的《リニア》でないからだよ。「コース」はそもそも、いちばん高度な教えで始まっている。「奇跡の原理」の節の最初の文を見てごらん。こう書いてある。

奇跡に難易度はない。［T-1.I.1:1］

これを読んで、何を意味しているか、わかる人はいないだろう。

第一に、きみたちはまだ奇跡が何なのかを理解していない。Jが『奇跡のコース』と呼んだのは、「奇跡」という言葉の定義を変えたかったからなんだ。人々が考える奇跡というのは、世界と呼ばれる画面上で起こるもののことで、それは燃え続ける芝生のごとく単に結果にすぎない。彼はそういうものの代わりに、奇跡は心のなかで起こるもの、つまり原因なんだと考えるようになってもらいたかったんだ。確かに、奇跡は画面上にシンボルとして現れることがあるかもしれないし、そうでない場合もあるかもしれない。だが真の奇跡は、きみがエゴで考える代わりに心を変え、聖霊《ホーリースピリット》と一緒に真の赦しを行ったときに起こるものなんだ。

だから、何度も繰り返すことで、願わくは「コース」の真意を理解していってもらいたいんだよ。だが、きみも知っているように簡単ではない。だから、われわれはきみの本を通して「コース」を線型的《リニア》に説明しているんだ。そう説明することで、きみたちが「コース」に戻って自分のために読んだとき、理解してうなずけるように。

ゲイリー　そう思ってるよ。家の本棚に何年も「コース」の本を眠らせて諦めていたけど、ぼくたちの本を読んだら理解できて「コース」に戻ったという人と、数え切れないほど喋ってきたよ。

あるよな。

「コース」を理解していないなら、それを人生に応用することもできないけれど、いまじゃ彼らは理解しているんだよね。たったそれだけでも、うんざりするようなことをかいくぐってきた甲斐がとだ。

アーテン きみの体験もほかの誰かの体験も、きみがそれを赦したときにだけ、価値を持つようになるんだ。つねにそれが何のためにあるのかを忘れないように。われわれの仕事の目的は「コース」を線型的《リニア》に説明し、人々が「コース」を読んで理解して実践できるよう、把握させてあげることだ。

ゲイリー わかった。聖霊《ホーリースピリット》が時間の終わった地点から振り返るっていうあれ、いい意味でなかなか独創的だよね。

アーテン 「コース」の時間に対する考え方は難解だが、それは時間の矛盾した側面のせいだ。時間は一方でホログラフィックなものだ。すべてが一度に起こり、「コース」によれば、それらはすでに終わっている。アインシュタインが指摘したように、過去、現在、未来は同時に起きているんだ。「コース」は彼の指摘と一致する。ただ一つ、「コース」がそれは起きているように「見えるだけ」と言っている点を除いてだがね。それから、線型性《リニアリティ》に存在しているのは誤った体験だ。だが、じつはホログラフィックなほうにも誤りがある。なぜなら最終的にはわれわれが言っているように、時間は単なる分離の概念だからだ。

だから、きみたちにとって体験というのは、次々と起こる出来事のことなんだ。実際、きみたちは人生を歩みながら自分で体験をつくり上げていると信じている。それがきみたちの体験じゃないとは言わないよ。確かにそれは体験だが、われわれは「誤った」体験だと言っているんだよ。きみが見ているものは真実じゃない。だったらどうすればいいのか？　すでに起きたことでも、またそれを体験しなくてはならないってことだよ！

ゲイリー　ああ。「ワークブック」のレッスン一六九は、ぼくの「コース」の好きな箇所の一つなんだ。Ｊは時間に関する真髄として、聖霊《ホーリースピリット》がどのように「創造主の名と、創造主の子の名において、救済の脚本を書いた［W-169.9:3］」のかを教えてくれているよね。創造主の子というのはキリストだろうし、ここにいないときのぼくでもあるし、エゴの脚本に対する神からの答えでもある。次がぼくの好きな箇所だよ。Ｊはこう言っている。

世界の誰にも理解できないことを、これ以上明確にする必要はないだろう。［W-169.10:1］

この文が大好きだよ。そもそも、いったい何のためにＪはこれを言ったのかってことだよね？

アーテン　ついでに言うと、聖霊《ホーリースピリット》が脚本に書いたことが起こるのは、世界ではない。いいかい、世界はないんだよ！　きみはわかっていると思うが、これは原因のための「コース」であって、結果のためじゃない。それなのに、「コース」の教師や生徒の多くが「コース」を手にして最初にすることといったら、それを画面上に置いて、「コース」の目的が世界修復かのごとく、存在してない世界を救おうとするんだ。それは違う。聖霊の脚本は、エゴの脚本を異なる見方で解釈したものだ。エゴの脚本にあるのは、カルマとも呼べる出来事で、それは誤りだし、画面上で起きているように見える幻想の因果にすぎない。その一部には一見、身体に起きているように見えることも含まれるが、身体は単に結果であり、分離を象徴する症状なんだ。

聖霊《ホーリースピリット》の脚本に書かれていることは、心のなかで起こる。心の真の力を使うことを学んで、見るものについて聖霊の解釈のほうを選ぶと、聖霊の脚本に切り替わるんだ。それは時空の外側からやって来て、時空に対するきみたちの思いを変えてくれる。

ゲイリー　わあ。きちんと理解できた気がするよ。ということは、ぼくは霊的に進んだ上級者ってこと？

パーサ　また眠ませないでちょうだい。

ゲイリー　たまに「コース」を学ぶいちばんいい方法は何かと聞かれるんだ。たとえば、「テキスト」を最初にやるべきか、あるいは「ワークブック」から始めるべきか、「ワークブック」は一年で終わらせないといけないのか、それとももっと長い時間をかけてもいいのか、正しく学べていないと思ったら最初からやり直すべきなのか、などなどね。みんな、こういうことを知りたがってるんだよね。

アーテン　まず、読者が「D.U.」と呼ぶきみの処女作『神の使者』を読んだなら、「ワークブック」を始めてもいいだろう。この本を読んでいれば、「ワークブック」をよく理解できるだろうし、きみの二冊目や、いまわれわれが話している三冊目を読めば、さらによく理解できるはずだ。それから、「ワークブック」は一年でやり終えなくても大丈夫。きみが最初にやったときは一年と四カ月半かかったね。特に自分に役立つレッスンを見つけたりするだろうから、一つのレッスンに二、三日かけてもいいし、数日休んだっていい。そんなに気にしなくていいさ。きみも知っているように、唯一守るべきことは、一日に一つ以上のレッスンをしないことだ。

あと「ワークブック」をやる際、多くの人がしてしまうことだが、中断しても、また最初からやり直さないように。きちんとやれていないと思ってしまうようだが、こうやるべきと思うやり方で「ワークブック」をやり通せる人などいないんだ。もし完璧に「ワークブック」をやったという人がいるなら、そもそもその人はここでいったい何をやっているんだと聞きたいね。ただできる限り最善を尽くせばいい。きちんとやっていないから最初からやり直そうという思いは、「ワークブック」をしないようにときみをたぶらかす、エゴの一種のやり方だよ。

「テキスト」に関してだが、きみは最初、何とかして早く読もうとしていただろう？

ゲイリー　ああ、そうなんだ。馬鹿だったよ。ぜんぜんわかっていなかったね。聖書を少し読んでいたせいか、Jが一人称で話しているのはわかったけど。

アーテン　「テキスト」の最良の読み方は、ゆっくり読むことだ。一日に二頁くらい読むのがちょうどいい。急がないことだ。一日に二頁読めなくても、一年以内には「テキスト」を全部読み終えることができるし、ときどき何日か休んだって問題ないくらいだよ。そうするとよく理解できて、「ワークブック」のような実用性を身につけられる。単なる理論としてじゃなく、読んだアイディアを日々の生活のなかで活かすことができるんだ。これこそ「コース」が言う正しい心の思考で、つまり聖霊《ホーリースピリット》と一緒に考えているということだ。エゴの思考パターンを打ち破るんだよ。すると原因に取り組むことになるから、徐々に人生での体験が変わってくるはずだ。
「教師のためのマニュアル」も同様にやればいい。時間をかけて、一日に二頁読むといいだろう。じっくり理解するように。聖霊《ホーリースピリット》のように考える習慣をつけるんだ。すると霊《スピリット》に戻れるようになる。

パーサ　天国は不変で永遠なものだと「コース」で教えているわね。わたしたちも、聖なる瞬間とは、あなたがエゴの代わりに聖霊《ホーリースピリット》を選んだ瞬間のことだと言ったわ。じゃあ、次の引用は「テキスト」の「聖なる瞬間」の章からよ。

時間が変化しないなどあり得ないが、聖性は変化しない。単に地獄が存在しないということだけでなく、それ以上のことをこの瞬間から学びなさい。天国はこの救いの瞬間のなかに存在する。そして、天国は変化しない。なぜなら、聖なる現在へと誕生することが、変化からの救済となるからである。[T-15.I.10:1-4]

ゲイリー ありがとう。天国が変化しないと知ると安心するよね。永遠に頼れるものがあるってことだからさ。あと、そこへ向かう方法が真の赦しだと知っておくのも、じつにいいことだ。ところでさ、「コース」を五年も勉強しているのに、まだ「コース」が赦し――つまり真の赦しについてのものだと知らない人たちに会うんだ。彼らは形而上学に魅了されちゃっているか、あるいは赦しをほんとうには理解していない教師に妨げられてしまっているかで、その結果、木を見て森を見ずの状態なんだよね。

アーテン 赦しをほんとうに理解して行うことに対して、無意識の激しい抵抗があることを忘れてはならないよ。問題は知性ではなく、エゴの抵抗にあるんだ。赦しはエゴの死を意味し、あるレベルでエゴもそう感じている。だから、エゴは無数の様々な方法を考え出しては、真実からきみの気をそらそうとする。もちろん、その最初のゴールはきみに身体であると納得させることだが、ほかにも注意をそらすものをこれでもかと用意してくるよ。エゴとしては、きみの真実の体験を遅らせるものだったら、何でもいいんだ。

ゲイリー　それって、大抵の人に馴染み深い「内なる平和財団」の「コース」よりも、初期バージョンのほうが正しいとかっていう、あの論争もそうってこと？

パーサ　そうよ。あれはまさに、論争とは「遅延戦略のかたちをとった真実への防御［C-in.2:3］」だと「コース」が説明していることそのものなの。バージョンによって特に違うのは最初の五章で、そこには書き取った人に向けた個人的なことや専門的内容があって、彼らはそういうところを省きたかったのよ。でも、「コース」の「テキスト」は五章だけじゃなくて三十一章もあるのよ。その上、「ワークブック」や「教師のためのマニュアル」まであるというのに。それこそ、木を見て森を見ていない、いい例だわ！

「コース」は七年もかけて書かれたの。ヘレンがＪの語ることを速記して、それを信頼のおける友人で職場の仲間でもあったウィリアム（ビル）・セットフォードに手渡してタイプしてもらったの。ヘレンもその後、六年にわたって六回もタイプしたけど、編集はつねにＪがした。一九七二年までには、つまりヘレンが初めて「コース」の一部をケン・ワプニックに見せたときには、もうすでに編集はすべて完了していたの。ヘレンがケンと一緒に編集したのは、大文字の統一と句読点、そして各章と各節のタイトルだけよ。ケンは内容の編集には一切タッチしなかったわ。ビルは編集には興味がなかったの。彼が内容に関して貢献したのは、当初、五十一あった奇跡の原理のうち、ある二つを一つにまとめて五十にしたことね。彼はそのほうが見栄えがいいと思ったの。それ以外、彼は編集していないわ。

初期バージョンの一つである「urtext」で、「コース」に入れる内容で意見の相違があった場合はビルに決裁権がある、と書かれていることを重要視する人たちがいるけど、彼らがあなたたちに伝えていないことが一つあるの。彼らはその場にいなかったし。何かというと、ヘレンとビルのあいだで「コース」に入れる内容に関して意見の相違など一切なかったということよ。彼らは内容を理解していたから、どれを「コース」に入れるかなんてわかり切っていたの。それに、ヘレンとビルが七〇年代に「コース」を紹介しに、ここカリフォルニアへ来たときのことを忘れないで。彼らは「内なる平和財団」が出版した「コース」を手にして現れ、そのバージョンを使って支持したのよ。ヘレンとビルも「内なる平和財団」の創立メンバーとして、ケン・ワプニック、ボブ・スカッチ、ジュディ・スカッチ、もちろんいまはジュディ・スカッチ・ウィトソンだけど、彼らと一緒に名を連ねているんだから。

いま入手できる「コース」の初期バージョンは、米国合衆国著作権局とバージニアビーチにあるA.R.E.(Association for Research and Enlightenment)の図書館から盗まれた内容を含んでいる。そこには何の高潔さもない。もしあなたが執筆作業という過程を経て本を出版し、誰かがあなたの初稿を盗んで不正にインターネットに載せ、そちらが正しいバージョンで、あなたが売っているのは間違ったバージョンだと主張したらどう思う⁉　でも、まさにそれが「コース」で起こったことなのよ。その上、混乱した裁判官が――彼は「コース」を「未熟」なものだとも言ったのよ――あとになってその著作権を無効にし、知的財産権を消滅させてしまったの。だからいまでは、誰でも自由に初期の原稿を販売して、盗まれた資料を使ってお金を稼げるのよ。そうしたものを支えたいのなら、お好きにどうぞ。それが嫌なら、ヘレンに与えられた本物のほうで貫けばいいわ。Ｊは七年ものあいだ絶えずヘレンに修正させたんですもの。聖霊《ホーリースピリット》がつねにあなたを訂正しているようにね。

ゲイリー　あんたの気持ちをもっと聞きたいな。あっ、そうだ、話を変えるつもりじゃないけれど、マリアがＪみたいに悟っていたなら、彼女もＪがしたような、いわゆる奇跡っぽいことをやったのかな？　死者を蘇らせたりとか。

パーサ　そうね、確かに彼女は悟っていたし、奇跡的なこともしたわよ。もちろん奇跡は心のなかで起こることで、つまり原因ね。そして、結果として世界に姿を現すの。悟りに達するのに、Ｊのように死者を蘇らせる必要はないのよ。もしみんなが死者を蘇らせていたら、誰も死なずに、あなたたちみんなが永遠にここにとどまってしまう。ただ、マリアは彼女の猫が死んだとき、その猫を蘇らせたわ。ほんとうの意味で人や動物が死ぬということは決してないけれど、マリアはその猫を連れ戻すよう導かれたと感じて、そうしたのね。猫は数日生きて、マリアはとても喜んだわ。

Ｊとマリアは一緒に水上を歩いたこともあったのよ。

ゲイリー　一緒に！

パーサ　そう、その状況を見た人たちはほんとうに驚いたわ。タダイとわたしもね。少なくともぜんぜん予想していないことだったから。あれは彼らが結婚する数日前だった。Jは二十七歳、マリアは二十二歳で、当時の結婚にしては遅かったほうよ。そういう運命だったのね。

ゲイリー　脚本は書かれている、か。

パーサ　そうよ。彼らは人々を信じ込ませるために、そういうことをしたんじゃないのよ。聖霊《ホーリースピリット》の導きで心の力の使い方を知っていれば、この世界の法則を当てはめる必要などないということを示すためにしたのよ。のちにJは「コース」でこう言っているわ。

あなたの聖性を通して、神の力が明らかとなる。あなたの聖性を通して、神の力が手の届くものとなる。そして、神の力にできないことは何もない。[W-38.2:1-3]

イザとわたしは、Jとマリアの結婚式には参加できたの。そのとき、わたしは巻物と筆記用具を彼にプレゼントしたの。Jとわたしは読み書きができたけれど、ほとんどの人はできなかった。彼は両方ともわたしに返して、こう言ったの。「わたしと旅をしてくれ。わたしの言葉を記録するためにこれらを使いなさい」って。それを聞いたときはほんとうに嬉しかったし、しっくりきたの。イザは、タダイも入れてわたしたち五人が一緒にいることを喜んでいたから、賛成してくれた。それからの数年は、わたしの人生でいちばんエキサイティングだったわ。だって、聖霊《ホーリースピリット》のメッセージをほかの人と分かち合うことに貢献できたんですもの。その上、Jとマリアから学べたのだから。

Jとマリアも心の移動《マインド・トランスポート》を利用して、一瞬にして世界のどこへでも行けたのよ。Jは彼が訪れたと信じられているところへほんとうに行ったの。インドにチベット、中国、それにフランスやイギリスにもね。彼とマリアはストーンヘンジが好きだった。彼らはエネルギーが実在していないと知っていたけれど、そういうものに感謝もしていたの。その裏にある天文学的な占星術の計画なんかにもね。

ゲイリー　知ってるよ。ぼくも行ったことがあるんだよ！

パーサ　ええ。でも、あなたは原形を見ていないわね。最初の千年くらいは、完全なかたちを保っていた。石は立っているもの以外にもあったし、天井は石で覆われていて、完全な円形だったの。ある朝、Jとマリアはそこへ行き、神と一つになって、宙を舞って消えたの。目撃した人にとっては忘れられない光景だったわ。

ゲイリー　ギリシャにいたとき、Jが生前、ギリシャにも訪れたと誰かが教えてくれたよ。

アーテン　そうだよ。ギリシャはそんなに遠くなかった。彼らは心の移動《マインド・トランスポート》で行ったけれど、そうでなくても行けたさ。当時の人々は、現在で思われているよりも遠くまで旅をしたんだよ。交易路があってね、地球の裏側まで行けたんだ。Jとマリアは楽なほうで行ったがね。

磔刑の約二十年後、サウロ、別名、聖パウロがアテネのパルテノン神殿で語ったことは知られているが、その約二十五年前に、Jもそこで語ったことは広く伝わっていないね。人々は彼の叡智に驚嘆したよ。

そりゃそうさ。われわれが話してるのは、たったの十二歳でエルサレムの神殿でラビたちと話をして、彼らにラビと称された男の子のことだよ。ラビとは教師のことで、ラビである彼らから「ラビだ」と呼ばれる以上の称賛なんてないんだよ。どのみちマスターが最後の生で戻ってくる際、学ぶことはそんなにない。悟りに必要なことはもうすでに知っているからね。大抵は教えて学ぶための大きなレッスンが一つあるくらいで、Jの場合はそれが磔刑だった。マスターたちがそこにいるのは、人々を正しい方向へ導く光になるためなんだ。真の赦しを実践すると、他者に影響を与えずにはいられなくなる。あらゆる心が一つになるからさ。他者の代わりに赦しを行うことはできないが、手本として振る舞うことはできるんだ。

アーテン　さあ、ゲームを始めようか。

ゲイリー　ゲーム？　ぼくをまた宇宙に連れ出すんじゃないよね？　カイロプラクターの予約があるんだけど。

アーテン　いや、「コース」で学んだことを教えてくれないかい？「コース」を実践した結果、体験したことでもいい。連想ゲームみたいにポンポン言ってくれ。ただ、リストアップするかたちで述べてほしい。きみの実際の学びには及ばないが、実例になるだろうから。なぜかはあとで教えるよ。

ゲイリー　わかった。えっと、ちょっと考えさせて。

パーサ　考えちゃだめよ。

ゲイリー　そうだなあ。すばらしいことをやり遂げた人に「どこからそのアイディアを得たんですか？」と聞くと、「ああ、ただ、ひらめいたんですよ」って言われることがあるけど、そういうアイディアはインスピレーションによるものだね。ただひらめくから、自分で考え出したという気がしないんだ。そのアイディアはただ、心のなかに現れたもので、実行してみるとうまくいく。そのとき初めてそのアイディアにワクワクし始めるんだよ。なぜって、自分を導いてくれるものがつねにあって、おまけにそれはうまくいくものだと気づくからさ。

「コース」を学ぶには長い時間がかかると思っている人がいるけど、それは瞬時に満たされたいと思っているからだ。でもそういう類の満足感を手に入れても、せいぜい二、三日もつ程度で、結局は満たされないんだ。ほんとうに幸せになるわけじゃないからね。実際、十年、二十年なんて、物事全般の成り立ちから見れば何でもない。人類の歴史だって全体から見たらわずかなものなのに、ぼくらがエゴで考えるようになるまで数百万年もかかっているんだ。その全部をたった一回や二回の人生で取り消すってことは、まさに奇跡なんだよ。

ワークショップの参加者に八十歳の女性がいたんだ。ぼくはみんなに向かって、赦しをうまく実践できるようになるのに十年かかることもある、楽器を演奏するようなものだから時間はかかる、毎日練習しなければならない、というようなことを話していたんだ。休憩時間に彼女がぼくのところへ来て言ったんだ。「十年ですって？　十年もかかったら、わたしは九十歳になってしまうわよ！」ってね。ぼくは数秒考えてこう言ったよ。「赦しをしなかったとして、十年後には何歳になるんだい？」って。

そのあと、エゴを取り消すことや目覚めについて話したんだけど、みんなにこう聞いてみたんだ。「時間がかかったら、どうなるっていうんだろうか？　ほかにましなことなんてないでしょう」とね。

ワークショップでランチ休憩を取る際、思い出したときは、みんなにあまり食べすぎないようにと言うんだ。食べ物を精神安定剤みたいに使う人もいるからね。大食いすると眠くなるだろう。ぼくたちは自分たちで思っているほど食べる必要はないんだよね。これは、ぼくたちを身体に定着させておくためのエゴの企みだね。Jとマリアだって、そんなに食べなかったんじゃないかな。「コース」はこう言っている。

天国は、わたしが下さなければならない決断である。［W-138.12:5］

だから、自分自身でしなければならないんだよ。天国こそが、自分の向かうところなんだと決める。そして、そこへ向かうには赦しを通してなるべく早く目覚めることだ。自分の外側にある何かが決断してくれることなんてないんだ。幸せになるために理由なんて必要ないし、だから何の理由もなくただ幸せでいればいいいんだ。

ぼくは聖霊《ホーリースピリット》と一緒に考えるとき、「戦場の上空［T-23.IV.］」にいるような気分になるよ。「コース」のこの箇所がぼくは大好きでね。戦場で身動きが取れないんじゃなくて、解放されている感じになる。

前にも話したけれど、「ナマステ（Namaste）」という言葉は分離の考えを意図しているんじゃない。この言葉の「わたしのなかの神性が、あなたのなかの神性にご挨拶します」という意味を考えるとき、つい、あなたはあなたの神性をそちらでお持ちで、わたしはわたしの神性をこちらで持っていますから、わたしの神性には触れないでおいてください、と思いがちだけれど、神性という言葉がほんとうに指しているのは完璧な一体性《ワンネス》のことなんだ。

歴史は物語にすぎない。それは決して起きなかったし、今日も明日も起こることはない。「コース」のゴールは、世界で何かを起こすことじゃないんだ。でも皮肉なことに、エゴを解体して霊《スピリット》へのアクセスを増やすと、世界でよきことに導かれる可能性は大きくなる。だが、そう保障されているわけでもない。Jの人生の最後を見てみてよ。状況は確かにいいものではなかった。要は、そんなことは問題じゃなかったってことだ。

神から分離しているという考えを取り消さなければ、欠乏の体験をなくすこともできないよ。分離を体験している限り、豊かさを真に感じることもないし、逆に分離の体験を取り消せば、欠如を感じることは二度となくなる。たとえ破産したとしても豊かさを感じるだろうね。でも分離の概念があれば、金持ちでも欠乏を感じるだろうね。

ぼくはJを愛している。彼はほんとうに「コース」に忠実だ。ジュディ・スカッチやケン・ワプニックなど、「コース」が出版される前からの人たちはつねにぼくに親切にしてくれた。彼らの優しさには感謝している。

神に対する無意識の恐れがなければ、死に対してだってどんな恐れも抱かないはずなんだ。キリスト教は暴力のイメージで溢れている。サウスカロライナ州にいたとき、イエスが十字架に打ちつけられた絵の看板を見たんだ。看板のイエスはマッチョな身体で怒った様子で、口もとには「先に仕掛けたのはお前たちのほうだが、わたしは舞い戻る」なんて台詞が書いてあるんだ。ありゃ、映画「ランボー」バージョンのイエスだな。

サンタバーバラでは聖バルバラの話を聞いたよ。どうやら彼女の父親は彼女の頭を切り落としたあと、雷に撃たれたらしいね。いまでは町にある聖バルバラの像は稲妻を抱えているんだ。聖人にしては凶暴な娘だよねえ。

罪悪感があるせいで、敗北というのは勝利に伴う満足感の度合よりも、ずっとひどく苦しいものになってしまう。

二千年前、Jはこう言った。「十分な信仰があれば、山をも動かすことができる」。あまり知られていないが、続きがあるんだ。「だが、それをどこに置くというのだ?」というね。

前妻のカレンは、いつもぼくの本と仕事を支持してくれた。そのことにとても感謝している。彼女はぼくの本を配ってくれたりもしたんだ。

パーサ そこでやめていいわ。ときどき、こういうふうに考えてみるのもいいことなのよ。いままで学んで観察してきた正しい心のあれこれを、ただ次々と言ってみるの。それがまた正しい心の思考を強化する。それに、自分がどれほど進歩したか認めてもいいのよ。二十年前のあなたはかなりひどい状態だったもの。あれから自分に起きたことに感謝なさい。

ゲイリー あんたの言いたいことはわかるよ。

註・どうもぼくの人生は十四年周期になっているようだった。取引市場や世界を見ていてもわかることだが、あらゆることには周期がある。生まれてから十四歳まではなかなかいい人生だった。

みんなに好かれ、賢くて、走るのが速く、野球が得意で友だちもいた。脊柱側彎だったが、当時はまだ知らなかった。エネルギーを一気に発散させて、短距離だったら風のごとく走ることができた。ただスタミナがなかったから、ほんとうに速いのは最初の百ヤード〔約九十メートル〕くらいだったけれど。

そして十四歳になったとき、鬱病が始まった。年々ひどくなった。二十代になるころには悲惨なあり様だった。十四年間、自分のどこがおかしいのかわからなかった。長年の自分の思いが、自分の体験をつくっていたとは知らなかった。

二十八歳のとき、ｅｓｔ訓練を受けた。その後の十四年間はぼくにとってすばらしい学びの体験になった。それまでの思考パターンがｅｓｔのお陰で打ち破られ、初めて得た思考体系によって人生を変える力が与えられたのだ。

次の十四年間はメイン州ですごした。四十二歳でやっと、アーテンとパーサから『奇跡のコース』を学ぶ準備ができたのだ。「コース」を学ぶことで、それからの十四年間は前とはまた違う学びの期間になった。彼らの九年に及ぶ導入期間によって、ぼくは「コース」について何も知らないところから、その教えを人生で応用するまでになり、以前とは明らかに違う自分になっていた。五十二歳のとき、『神の使者』が出版され、ぼくの人生もまったく違うものになった。

五十六歳。新たな十四年周期が始まる年、それまでの人生では考えてもみなかったことをした。カリフォルニア州へ引っ越したのだ。まさに新しい周期の始まりだった。そこは喜びの地となるのか、それとも、また一つのすばらしい大きな赦しのレッスンとなるのか？　脚本がそれ自体を明らかにする。ぼくはその準備ができているだろうか？

七十歳に五つめの周期を迎えるとき、何が起きているだろうか？　ハワイへ引っ越しているだろうか？　人生の大半は明らかになったが、わからないこともまだいっぱいある。アーテンとパーサのお陰でときどき、今世の将来のことよりも、最後の生となる来世のほうをもっと知っている気分になる。

そしていま、ぼくはシンディと一緒にいる。「コース」は特別な関係と聖なる関係の違いを顕著に語っている。その違いを理解していたぼくたちは、聖なる関係を築けただろうか？　ぼくたちに築けないのなら、誰にも築けないだろうと思っていた。でも、Ｊの特別な関係の描写は、その挑戦がより手ごわいものだと語っているようにも感じる。「コース」のこの痛烈な語りにあるように……。


罪を必要としているのは誰だろうか？　兄弟を自分とは違う存在と見なす、寂しい孤独な者たちだけである。見えるが実在していないこの相違こそが、実在していないのに見えてしまう罪を必要とすることを正当だと思わせる。そして、罪が実在するというのなら、こうしたすべてが実在することになる。神聖でない関係は相違に基づき、お互い相手は自分にないものを持っていると考えるからである。彼らは互いに自分を補い、相手から奪うために一緒になる。彼らはもう何も盗むものがなくなったと思うまで一緒にとどまり、また次へと進んでいく。そうして彼らは自分とは異なる見知らぬ人々の世界を彷徨い、一つ屋根の下で互いの身体に寄り添い、自分たちを守ることはない

であろうその場所で、同じ部屋にもかかわらず、離れ離れの世界で生きる。[T-22.in.2:1-8]

この部分が世界中のほとんどの夫婦や恋人たちのことを言い表しているのはわかっているが、それでもヴェールの向こうを見るのは可能なのだ。相違のせいで孤独にならずに、一体性《ワンネス》によって満たされるために。「コース」は同じ節でこう述べている。

聖なる関係は、それとは異なる前提から始まる。互いがそれぞれの内側を見つめ、欠如を見ない。自らが完全であることを受け入れ、自分と同じように完全である他者と一緒になることで、自らの完全性を延長する。彼は両者のあいだに違いを見ない。なぜなら、違いは身体にのみ属すものだからである。したがって、彼は奪いたいと思うものを目にすることはなく、自らの実在性《リアリティ》を否定しない。それが真実だからである。彼は天国のすぐ下に立ち、地上へ戻らずに済むほど近い距離にいる。この関係には、天国の聖性があるからである。これほど天国に似た関係が、わが家からどれほど離れていられるというのか。[T-22.in.3:1-9]

だから望みはある。真の赦しの結果である霊的視覚では、一つ屋根の下、同じ部屋でともに生き、なお天国の完全性を認識しながら、二度と離れ離れにならずにいることが可能なのだ。

ゲイリー　感謝しているよ。嘘じゃない。ときどき忘れることはあってもね。それから、「コース」

とともに生きるのは楽しいよ。世界とその愚かさについて、辛らつにならない程度に冗談も言えるしさ。

パーサ そもそも、ここに存在していないからね。

ゲイリー そう。そこのコーヒーテーブルにあるリンゴをぼくが食べたら、リンゴはなくなる。でも問題ではない。そもそも、それは一度もそこになかったんだから。

パーサ そのとおり。

ゲイリー ぼくが突撃銃を持っていて、それが使用禁止になったとする。それこそぜんぜん問題じゃない。そもそも、それは一度もそこになかったんだから。

パーサ そうよ。次の全米ライフル協会のミーティングで話題にするべきだわ。イベントそのものを変えてしまうでしょうね。

アーテン きみも気づいているだろうが、われわれはこの話し合いで何を話していても、遅かれ早かれ決まって真の赦しに話を戻すだろう。それが目覚めのプロセスをいちばん加速させるからだ。

きみもわかっているように、この種の赦しを学んで応用するのは、世界の考え方とは正反対だから難しい。とりわけ最初はね。でも、慣れていくものだよ。きみの一部になっていくさ。きみの心は聖霊《ホーリースピリット》によって、ますますいい意味で支配されるようになる。

したがって、聖性の選択がなされる前には恐れや苦悩が自然なものであったように、奇跡が自然なものとなる。 [T-31.VIII.5:6]

今回の訪問はきみにとって長時間だったね。時間をかけて一つのものにしていきなさい。きみはまさにジェットコースターのような体験をしてきたから。

パーサ 今回、わたしたちの会話をレコーディングしなかったから、本を書くあなたにとっては前よりもたいへんな作業になるとわかっているのよ。ほかのいろんなことと合わさって一苦労になるでしょうけど、あなたもそれが自分のためになるとわかっているでしょ。それに、わたしたちが訪問していないときでも、わたしたちの言葉を聞くあなたの力はどんどん伸びているわ。すっかり霊媒者になっているわよ。執筆の遅れについては気にしないで、これから書く時間を増やしていけばいいわ。いずれは、もといたところへ戻るんだから。つまり作家に戻るのよ。わたしたちを代筆してくれてありがとう。容赦なくからかうことはあっても、あなたはにはほんとうに感謝しているのよ。

ゲイリー　あんたがたを愛しているよ。

アーテン　われわれもきみを愛しているよ、兄弟。「コース」の数段落を朗読して、今回の訪問を終わらせたい。赦しの奇跡についてだ。元気で。そのまま取り消していくんだよ。

奇跡は一つのものとして与えられ受け取られるがゆえに、恩寵という贈り物を含む。したがって、世界が用い方をまったく理解できぬゆえ、従うことのない真実の法則を奇跡は例示する。奇跡はそれまで逆さまだった知覚を逆転させ、現れていた奇妙な歪曲を終わらせる。いまこそ知覚は真実へと開かれる。いまこそ赦しは正当なものと見なされる。[W-What is a Miracle? 13.2:1-5]

赦しは奇跡の拠りどころである。キリストの目は、その目が慈しみと愛で見わたすあらゆるものに奇跡を届ける。知覚はキリストの視覚のなかで訂正され、呪いをかけるはずだったものを祝福するようになる。赦しの百合の花の一輪一輪が、全世界に静かな愛の奇跡を差し出す。その一輪一輪は、完璧な純粋さと終わりなき喜びの光のなか、神の言葉を前にして、創造主と創造物への普遍の祭壇の上に供えられる。[W-What is a Miracle? 13.3:1-5]

7 今世のアーテン

過去も未来も存在しないので、身体のなかに生まれるという考えには、たとえそれが一度でも何度であっても何の意味もない。したがって、輪廻転生はほんとうの意味で真実にはなり得ない。わたしたちの唯一の問いは、「この概念は役立つだろうか？」というものであるべきである。その答えはもちろん、それが何のために使われるのかということにかかっている。それが生命《いのち》の本質である永遠性の認識を強めるために使われるのなら、それは確かに役に立つ。
[M-24.1:2-6]

身体に住み、ある生から生へと移り行くという考えは、一つの概念であり、世界中で多くの人々に受け入れられている。アメリカでは——ぼくが知る限り、それに関する正確な世論調査はないが——確かに多くの人々が過去に生きた経験があり、再び生きることになると信じている。「コース」がこれと異なる考え方を示すのは、われわれは身体のなかに存在しているのではないという教えに依拠している。ぼくたちが「肉体になる」ことはないのだ。身体自体は時空の宇宙のほかの投影と同じで、その一部にすぎない。エゴの分離の企ての一つとして、身体はわれわれを包んでいるように見えるが、じつは残りの世界と同様、存在していない。

ゆえに、ぼくたちの一生は、身体での人生という幻想の夢なのだ。したがって、多くの人が過去生のことを物理的な転生ととらえるが、「コース」ではそれらを連続した幻覚と考え、大切にするどころか、むしろ一掃するべきものと示している。前世が重要なものに思えると、ついその生涯や身体を実在するものととらえ、誇らしく思うこともある。こうした過去生の記憶がある人は、大抵、すばらしかった生涯を思い出すもので、刑務所で死んだり、どん底の状態で亡くなった一生を思い出すことはめったにない。エゴは生涯を魅力的なものに見せて、何度でもぼくたちに戻って来てもらいたいのだ。

それでも、輪廻転生の概念が役立つこともある。それは、この一見存在して見える一生がすべてではなく――幻想であろうが実在《リアル》であろうが――生命《いのち》が終わることはないという考えを助長するために使われる場合だ。Jは「コース」で、「誕生が始まりでもなければ、死が終わりでもない［M-24.5:7］」ことを認識するべきだと述べている。すでにすぎたことを心のなかで振り返り、その記憶のなかの自分が身体に囚われているように思えるというのなら、そのイメージはすべてトリックだ。幻想という様式のなかでは人生に連続性があるが、身体も含め、そのどれもが実在しない。輪廻転生は事実ではなく幻想だが、転生を重ねるがゆえに、ぼくたちが思うほどこの人生が重要ではないという考えを助長する。あるとき、アーテンとパーサがぼくたちは何千という人生を生きていると言ったが、それは「教師のマニュアル」のこの箇所にも通じるところがある。

生命《いのち》と身体が同じではないという考えを強化する思いには、つねに何らかのよい面がある。［M-24.2:8］

年月が溶け合い一つになるにつれ、ぼくは自分に起きたことや起きなかったことを、純然たるカルマだととらえるようになった。今世で誰かがぼくを攻撃するように見えるなら、それは別の人生でぼくがその人を攻撃していたということで、ぼくが今世で特定の人たちに親切でなかったなら、過去に彼らがぼくに親切でなかったということだ。いつもこんなふうに意識しているわけではないが、無意識はつねに覚えているのだ。以前と違うのは、いまのぼくにはカルマと思える幻想の因果を超える道具があることだ。真の赦しはカルマを解消し、原因と結果の両方を取り消す。赦しを通してレッスンを学び問題が解決されれば、そのレッスンが将来、夢の生に舞い戻る必要はなく、悪い因果も消えるのだ。

こうした因果は環境にも当てはまり、二元性としてスクリーン上に現れる。今世で裕福なら、別の人生で同じくらい貧乏だったということだ。今世で貧乏なら、過去に裕福で、今世で健康なら、病気だった前世があり、今世で病気なら、健康だった別の人生を体験したということだ。

思いというのは、つねに人生の体験の原因となる。でも、思いが必ずしも出来事や物質的に受け取るものの責任を担うわけではない。昔、ウディ・アレンが飛行機恐怖症だと話していたのを覚えているが、彼は飛行機で旅行するのが大嫌いだった。何とか克服するために彼が取った方法は、起こるかもしれない最悪なことを十個考えること――それらが起こらなければ、気分がよくなるというわけだ。心配事のほとんどが起こらないと気づくことで、彼は恐れを減らすことができたのだ。でも、ここでちょっと考えてほしい。ニューエイジの定説で、「思考が人生の出来事や物質を引き寄せる」というのがあるが、もしほんとうにそうならば、ネガティブ思考のわれらが友ウディは、とっくの昔に他界しているか、少なくとも彼の人生は台無しになっているはずではないだろうか。ところが、彼はきわめて成功した人生を歩み、大抵の人がただ夢見ることしかできない偉業を成し遂げてきた。

脚本が書かれていることを実証する普遍的な出来事というのがある。東洋人は、何が起きてもそれはカルマだと結論づけたが、それは正しかった。世界には、そんな運命はふさわしくないと誰もが同情してしまう犠牲者もいれば、努力の結果とは思えない、たいそう裕福な人間もいる。人生は公平じゃない。もちろん公平ではないのだ。でも、なぜそうなっているのかには理由がある。あまりよくない理由だと「コース」では言われそうだが、因果応報は、解決策というよりも問題点の描写だからだ。真の自由は、幻想の世界を見すごし、実在の世界に目覚めたところにある。ぼくは山を越えたように感じていた。そのゴールに達するのにぼくを止めるものは何もないと感じていた。

ラスベガスで初めてシンディと話してから、ぼくたちは連絡を取り合うようになった。彼女のウエブサイトから連絡できると聞いていたが、ぼくは冷静に三日待った。いまでも初めに交わしたいくつかのEメールを取ってある。それらには大きな意味があった。ぼくたちは長年お互いを知っていて、二人の運命はまるではるか昔に定められたとおりに展開されているかのようだった。でもまだ、ぼくが彼女を誰だと思っているのかは知らせていなかった。

時間が経つにつれ、二人の共通点の多さにびっくりした。彼女がカリフォルニアでレコーディングしたオリジナルソングのCDは、ぼくのお気に入りだった。彼女は作曲だけでなく、歌とピアノもすばらしかった。『奇跡のコース』について話すと彼女の理解はとても深く、前述したように「D.U.」もすでに読んでいて、母親と姉妹との関係や、彼らと「コース」について話すことが、彼女の大きな助けになっていた。

かたちのレベルの話だが、シンディはとても強い遺伝子プールから生まれている。母親が、シンディも精通している音楽と心理学の二分野で博士である上に、父親も、シンディが育ったオハイオ州トリードで受賞歴を持つ歴史の教授だった。彼女から聞いた数々の話で、幸せな子供時代を送ったのは明らかだった。学校へ行くのが好きだった時期もあり、友だちもたくさんいたそうだ。ぼくは自分のことをそんなふうには語れない。

ぼくはマサチューセッツ州ビバリーにあるビバリー高校を卒業した。ちょうど大西洋から数マイルのところだった。シンディもまたビバリー高校卒業だ。ただそれは地元の通称で、一般的にはビバリーヒルズ高校と呼ばれ、ちょうど太平洋から数マイル離れていた。シンディの家族は裕福ではなかったが、彼女の母親はビバリーヒルズにいいアパートを見つけた。大邸宅が立ち並ぶエリアではなく、オハイオ州から移住した家族が住むのにちょうどよい中流階級の地区だった。テレビ番組『Lifestyles of Rich and Famous』〔一九八四～九五年まで放映された、富と名声を得た人たちを紹介する番組〕に出演するような家庭ではなかったが、そんなことは彼らにとってまったく重要ではなかった。

　シンディに会ったのは二〇〇六年五月。その年の八月に、ぼくの二冊目の本『不死というあなたの現実』が出版された。その本には「アーテンは誰か？」という章がある。シンディは一冊目の本でアーテンとパーサの話を知っていた。ぼくとの会話や二冊目の内容から、彼女はパズルのピースを組み合わせ始めた。シンディに過去生の記憶はなかった。霊的に進歩した人を含め、ほとんどの人には過去生の記憶がない。ぼくは彼女がアーテンだとは教えたくなかった。「ヘイ、ベイビー、きみがアーテンさ」だなんて、またセンスの悪い口説き文句に聞こえただろう。でも、彼女は賢かった。ぼくより賢かったのだ。それついては彼女を赦した。同じ年の秋に会った際、ディナーの席で、ぼくたちはほぼ同時にそのことを口にしていた。もう否定する理由はどこにもなかった。シンディはアーテンだったのだ。二千年前はタダイ、そしていまから百年後、ぼくがパーサとして最後の生をシカゴで送るとき、彼女もぼくと一緒に最後の生を送るのだ。でも、その夢の生ではかなりあとになるまで、ぼくたちは出会わない。以前、アーテンとパーサは、二人とも最初は別の人と結婚していたと言っていた。お互い伴侶を亡くしたあとに出会い、その後の人生をともにしたそうだ。ぼくは、彼らが二人の関係の詳細やその人生について、もっと教えてくれるだろうかと考えていた。そして、いつか質問しようと決めた。

　二〇〇七年六月十八日、ぼくは初めて住民として南カリフォルニアに降り立った。シンディがロサンゼルス国際空港に迎えに来てくれた。新しい世界に胸が躍った。最初の夜、友人のジェリーとロシェルが、ローレルキャニオンにある彼らの友人宅へとぼくたちを車で連れて行ってくれた。その数ヶ月前、ぼくはハワイでジェリーとロシェルと知り合っていたのだ。彼らの友人宅では、インドから来たグルの話を聞き、有名な女優からワンネス・ブレッシング（Oneness Blessing）を受けた。とつぜん映画産業の中心にいて、有名人がぼくの頭を撫でているなんて夢のようだった。そこはもうメイン州ではなかった。

ワンネス・ブレッシングは、どのように人々が心のレベルで自分に役立つものや、自分を癒やすものを決めるのかを示すいい例だった。ワンネス・ブレッシング自体は何もしない。けれども、受け手の心が何かをすることは可能なのだ。たとえば、それから数年後、カルバーシティのアガペ・インターナショナル・スピリチュアル・センターで会ったヒーラーは、そこに集まった人々をただじっと見つめていた。彼の凝視や彼の存在自体が誰かを癒やすことはないが、その場にいる人が心のレベルで癒やされると決めれば、ほんとうに癒やされることは可能なのだ。

南カリフォルニアですごす最初の年の秋、ジェリーとロシェルがぼくのためにＵＣＬＡ（カリフォルニア大学ロサンゼルス校）でワークショップを主催してくれた。ランチの際に、シンディとぼくはプロデューサーで作家のイリシア・スカイに出会った。彼女は、のちにぼくの本を映画かテレビシリーズ化するために、ぼくと一緒に働くことになる。もし、その年のはじめにジェリーとロシェルに出会っていなかったら、イリシアとも会わなかったかもしれない。ぼくは二人の共同作業がどんな結果になるのかすらわからなかった。ぼくの教師たちはめったに個人的な将来のことを教えてくれない。彼らはぼくの体験や赦しの機会を奪いたくなかったわけだが、イリシアと出会い友人になれたことは、その十分な報いとも言える。

ジェリーとロシェルと出会ったハワイの旅行では、デインという男性とも知り合いになった。彼は、マウントシャスタに住むぼくの友人のマイケル&ラファエル・タムラ夫妻の隣に住んでいることがわかった。世間は狭いのではなく、すべてはつながっているのだ。

マイケルは優れた霊媒師で、霊的《スピリチュアル》な教師でもあり、ヒーラー、そして作家でもある。その上、ぼくの片割れでもあった。アーテンとパーサの説明にもあったが、複数の人間が過去生で同一人物だった確かな記憶を持つケースがある。分離の概念によって、過去にその人物の心が分裂されたからだ。同じ過去生の記憶を持つ人々はその昔、ほんとうに同じその人物だったのだ。

当然ながら、彼らは分裂して別々の方向へ進んだわけなので、二人が再び出会うことはめずらしい。でもマイケルとぼくは出会い、よき友人となった。マイケルは日本人で、すばらしいユーモアのセンスを持ち、ほとんど笑顔を絶やさない。初めて会ったときから、彼の人柄と、人生を笑い飛ばす姿勢にぼくは敬服した。スピリチュアリティの世界には、「コース」の教師含め、笑いを忘れてしまった「知的」な教師がいる。彼らにはユーモアのセンスがまったくないが、マイケルは笑いを忘れていなかった。ゲーテが書いたように、理解する者はすべてを笑い飛ばせるが、理屈を言う者は笑えないのだ。

世界をまわる講演家に与えられる素敵な贈り物として、かたちとなって現れるものがいくつかある。その一つが、シンディとぼくがその後の数年で訪れることになった様々なすばらしい場所と、出会うことになった人々だ。世界中の『奇跡のコース』の生徒は言語こそ違うが、みんな同じく愛と平和を見せてくれた。パリではシルバンという「コース」の優秀な教師と友人になり、彼とその友人のキャロラインが街中を案内してくれた。シルバンは入手困難な駐車許可証を持っていたので、とても好都合だった。四年間で三回訪れるあいだに、何とかシンディをエッフェル塔の上まで上らせることができた。シンディはぼくと同じで高いところが好きではなかったが、赦しを行い無事上ることができた。ぼくたちはロダン美術館やルーブル美術館を訪れ、セーヌ川をクルーズし、ムーランルージュでショーを楽しみ、エトワール凱旋門の屋上へ上り、ベルサイユ宮殿へ行き、美しい噴水を崇めたり、シャンゼリゼ通りで食事をしたり……。パリはおもしろいところだろうと思ってはいたが、息を呑むほど美しい街だとは想像していなかった。パリの街なかでくるりと回転し、何かすばらしいものを見ないなんてあり得ないのだ。ぼくたちは幻想を美化しているのだろうか？それとも、これがふつうだろうか？　その答えはつねにそれを実在させているかどうかに尽きる。もちろんそれを実在させて楽しい時間をすごしても、あとでいつでも赦しを思い出せばいい。そういう赦しのレッスンは重苦しくなく簡単なものだ。ただ気づいて、赦しを思い出し、心のなかで真実と取り替えればいいのだ。

パリでもっとも魅力的だった体験の一つといえば、ルーブル美術館でモナ・リザを観たことだ。ぼくたちは長蛇の列に並び、防弾ガラスで覆われたその絵をやっと近くで観ることができた。それまでぼくにとってモナ・リザは、その評判とは裏腹に、決して重要な絵には思えなかった。本で見ても、ただ謎めいた女性をうまく描いた繊細な絵としか思わなかったが、実際に観ると話は別だった。その女性の顔の細部を観て、ぼくは愕然とした。ダ・ヴィンチのしたことの意味に気づいた。彼は悟りを開いた人間の顔を描いたのだ。「コース」が語る優しい微笑を見事にとらえ、紛れもなく吸い込まれそうな瞳をしていた。ダ・ヴィンチ自身も悟っていたに違いないと気づき、背中がゾクッとした。そうでなかったら、彼はどうやってこのようなイメージをつくれたというのだろうか？　ある意味、自画像だったのか？　彼は自分を女性に見せたかったのか？　その真偽はどうであれ、その絵はいまや並外れた偉業としてぼくの心のなかに残っていた。

二〇〇七年七月七日の土曜日、まさに777のこの日、ラスベガスは結婚式の一日あたりの最多数記録を更新した。シンディとぼくはちょうどラスベガスにいて楽しい時間をすごしていた。たまに完璧に事が進む一日というのがあるが、そんな日は何をしてもうまくいく。ぼくたちは衝撃的とも言えるヘリコプターツアーに参加した。ラスベガス・ストリップ、それからグランドキャニオンの西側をまわり、渓谷に着陸までして、コロラドリバーを見ながらピクニックをした。気温は百十八度［原文は華氏。摂氏では四十八度ほど］だったが気にならなかった。戻るころ、まだ外は少し明るかったが、だんだん暗くなり、光に照らされたストリップは見事だった。そこは幸せな夢のようだった。いたるところに花嫁がいるなか、ぼくたちはパームス・ホテルのゴーストバーへ向かった。そこはラスベガスを一望できる場所の一つでもある。バルコニーでは結婚式が行われていた。ぼくたちは招待されていないにもかかわらず、花嫁の父が誘ってくれて、式に参加することになった。喜びに満ちた式だった。

ディナーの時間になり、ぼくたちはそのすぐ上の階にあるアリーゼというレストランへ行くことにした。かなり前から予約をしないと入店できないところなので、無理だとは思ったが試しに行ってみることにした。テーブル席を頼むと、何と一つ空いていて、ＶＩＰのようにエスコートされてすばらしいディナーをすることができた。ぼくはギャンブルはしないしやり方さえ知らないが、もしその夜ギャンブルをしていたら、きっと勝っていただろう。

赦しのレッスンの多くは、とっぴな行動をしているときや、ある地点へ向かおうと懸命になっているときに現れたりするものだ。旅行というのはそれだけでも十分な挑戦だが、決まった場所へ行かなければならないときはなおさらだ。ぼくの場合、乗り継ぎに失敗して立ち往生すると、ワークショップに間に合わないこともある。ときどき、もし自分が現れなかったらどれほどみんながっかりするだろうと考えながら、飛行機に間に合うようにと空港で急いでいる自分に気づく。そんなとき、リビングルームの壁に飾ってあるJの絵を思い出す。その絵のJは、二千年前のように笑っていて、下のほうに彼の台詞が書いてある。「きみは何を怖がっているのかい?」。これを思い出すと、どこにいても何をしていても、たとえ空港で焦っていても、つい微笑んでしまう。それが聖霊《ホーリースピリット》の成せる業だ。

そして、目的地に着くと必ず満たされる。そう、一日がかりのワークショップはまさに大仕事なのだ。でも聖霊《ホーリースピリット》とつながって、参加者の人たちのエネルギーを感じられるせいか、大抵、一日の始まりよりも終わりのほうが気分がいい。ぼくは朝が得意なほうじゃないが、起き上がるだけの価値はある。

時間という幻想がすぎるにつれ、シンディはぼくのワークショップに前よりも参加するようになった。二〇一〇年のはじめには、一緒に音楽の演奏もするようになった。一日に三、四曲演奏した。シンディはすでに二枚目のCDのレコーディンを済ませていたが、その年、二人のCDもレコーデイングした。二〇一二年には一緒に瞑想のCDもつくった。レコーディングスタジオに入るのは八〇年代以来だったが、楽しくて、新しい技を学べるいい体験になった。シンディは絶好調でその場に満足していたが、ぼくはレコーディングのプロセスを赦さなければならず、調子が出るまでに数セッションを要した。再び生活のために音楽をやりたくはなかったが、最初に音楽に足を踏み入れるきっかけになったその理由を再発見することになった。音楽は楽しかったのだ。

シンディはカリフォルニア州立大学ノースリッジ校で心理学の学士号を取り、その後、霊的《スピリチュアル》・心理学《サイコロジー》の修士号を目指して、サンタモニカ大学（ＵＳＭ）に進学した。ＵＳＭはそういう分野で認可された学位を取得できる世界でも数少ない、もしかしたら唯一の場所かもしれない。ジョン・ロジャーによって創立されて以来、三十年ものあいだロンとメリーのハルニック博士夫妻が経営と教育を支えてきた。彼らは優れた教授で、ぼくはのちに彼らを出版社ヘイハウスに紹介することになる。彼らの最初の著書『Loyalty to Your Soul: The Heart of Spiritual Psychology』（未邦訳）はヘイハウスから出版された。

二〇〇九年四月、シンディはハリウッドのサンセットストリップにあるナショナル・ランプーン社で受付係として働いていた。彼女はそこでの仕事や、映画スターなど様々な興味深い人たちに会えるのを楽しんでいたが、彼女自身もテレビに何度も出演し、『Married…with Children』や『Boy Meets World』のような番組に特別出演していた。ナショナル・ランプーン社では百万人以上もの人が視聴することになったクリスマスビデオへの出演も果たした。その後も仕事を両立し、二〇一三年にはＴＢＳのシリーズ番組『Wedding Band』にも出演した。

ぼくは離婚したとき、すぐに再婚するつもりはなかった。結婚や再婚の意志がないという人はたくさんいるが、人生をともに歩めるパートナーに出会うとすべてが変わる。ぼくは聖霊《ホーリースピリット》にアドバイスを求め、受け取った答えに納得し、シンディに結婚を申し込んだ。二人のあいだで式を遅らせる理由は何もなく、二〇〇九年の夏、七月十一日にぼくたちは結婚した。

ぼくはシンディに、もし彼女が定時の仕事を辞めて音楽や霊的《スピリチュアル》な才能を活かす道を探したいならば、そうすればいいと言った。彼女はUSMを卒業して間もなく、ぼくのほとんどのワークショップで音楽を担当するために一緒に旅行するようになった。それから徐々にぼくと壇上で話したり、参加者と交流するようにもなった。男性エネルギーと女性エネルギーがいい具合で交ざり合い、好評だった。教える部分はほとんどぼくの担当だが、シンディが彩りを添えてくれる。彼女は初心者ではなく霊的に進歩した、訓練と経験を積んだカウンセラー兼スピリチュアル・アドバイザーであり、知識豊富な「コース」の実践者でもある。

ぼくたちの結婚式はハワイで行われた。親しい友人や家族だけのくつろいだ式で、オアフ島の風上にあるハイクガーデンという美しい場所で行った。ぼくたちの友人で、ぼくの片割れであるマイケル・タムラと彼の妻ラファエルによって式は執り行われた。いろんな計画とみんなへの挨拶などで心が高ぶっていたためか、シンディとぼくは式の当日、結婚許可証を取り忘れていたことに気がついた。幸いにもその場にいた友人のジェリーとロシェルがホノルルまで運転してくれ、ぼくたちは許可証を出してくれる人を探した。裁判所は閉まっていたが、何とか許可証を発行してくれる治安判事を見つけることができたのだ。

シンディとぼくはあらかじめ、式でお互いに歌を披露し合うことにしていた。サプライズにしたかったので、どの歌かは内緒だった。彼女は『The First Time Ever I Saw Your Face』を歌い、ぼくはギターを弾きながら『When I'm Sixty-Four』を歌った。シンディはあまりにも感動して言葉が出ないほどだった。それまでぼくたちは人前で一緒に演奏したことがなく、約二十年ぶりに人前で演奏したぼくの腕はかなり鈍っていたが、二人で望んだとおり、式では音楽に乗せて互いに自分自身を表現することをができた。

楽園の地で行われた屋外の式と披露宴は美しかった。シンディとぼくは式の前に、心に残る神秘的な島、カウアイ島で五日間のハネムーンをしていた。式のあとは、オアフ島のノースショアにあるタートルベイで数日すごした。

カウアイ島では魅力満載のスミス・トロピカル・パラダイスというところを訪れ、そこでシンディが動物と心を通わせるところを間近で見ることになった。数ある美しいガーデンの一つに、孔雀が一羽、ぼくたちからちょうど三十フィートほど離れたところにいた。シンディはその孔雀に向かって、『アメージング・グレイス』を優しく歌いかけた。孔雀は、はじめその美しい音に驚いた様子で頭を宙に向けると、ゆっくりとこちらの方へ向き、ためらいがちに、その音が聞こえてくるシンディの方へ向かって、一歩一歩、歩き始めた。彼女が歌い続けていると、孔雀は少しずつ少しずつ進み、彼女の真正面に来て、まるで魅了されたかのように歌声を聞きながら、シンディの顔をまっすぐ見つめていた。

シンディが動物にもたらす変化をぼくが見たのは、それが初めてではなかった。ぼくたちはイルカと泳ぐのが大好きで、何度か一緒に泳いだ。オアフ島では飼育されているハンドウイルカと、ビッグアイランド［ハワイ島］ではハシナガイルカと泳いだ。オアフ島でこうしたすばらしい生き物と一緒に泳いでいると、自分がこの海中でもっとも賢い存在だなんてとても思えない。ハワイの人たちはイルカが人間の心を読めると信じているが、それを疑う理由はぼくにもまったく見当たらなかった。イルカはとても素早く賢くて、カメラに向かって演技をするのが大好きなようだった。それから、大抵の人間よりもきちんと健康管理されていて、餌としてそれぞれに一日約十八パウンド［約八キログラム］の魚が与えられていた。彼らはショーマンシップへの褒美をもらい、楽しんでいるようだった。

ザ・カハラ・ホテルでは、イルカを観たり一緒に泳いだりすることができ、水上にかけられた小さな橋の上からは、イルカたちをたくさん眺めることができた。シンディは片手を上げて彼らに語りかけた。「あなたたちの美しさを見せて」。彼女がそう言うと、一頭のイルカが橋の上にいたぼくたちのほうへ近づいてきて、優しくシンディの鼻に向かって口から水を軽く吹き、彼女と遊んで微笑んでいるように見えた。すると別の三頭も現れて群れになり、四頭がシンディを見あげる。まるでお姫様をもてなしているようだった。そのとき、とつぜん一人の男性がこちらのほうへ歩いてきて、ぼくたちがいる地点まで来ると、イルカたちは即座にその場を離れた。おそらく彼の心のなかにあるものが好ましくなかったのだろう。

ビッグアイランドでは野生のイルカと泳いだ。イルカ好きのあいだで伝説の人物となっているチャイナ・マイクという男性がいる。イルカたちも彼のことを知っているのだ。彼はたくさんのイルカに名前をつけ、彼らの身体に印をつけて識別している。ぼくたちは彼と出かけて、シュノーケルでハシナガイルカと遊んだ。

イルカの一日には三つのサイクルがある。まずは労働。つまり漁に出る。次は遊び時間。ひっきりなしにするセックスもこのとき行われる。イルカはとても社交的な動物で、群れで生き、一夫一婦ではないのだ。それから休息時間。外海でなく島のそばであれば、大抵、休める入り江を見つけ、そこでゆっくり泳いでくつろぐ。

イルカは哺乳類なので、呼吸するために数分おきに浮上しなければならない。彼らは眠ってなどいられないのだ。さもなければ溺れてしまう。では、どうやって休むのか？　脳の半分を休ませ、片方で起きているのだ。そうすることで動けるし、必要ならば呼吸もできる。そして数時間後、それまで起きていた脳を休ませ、もう片方を使って動くのだ。こうすれば浮上することもできる。人間がそうするのを見てみたいものだ。

ぼくたちは人として様々な思い込みを抱えている。それらはさりげなく宇宙のすべてを実在させてしまう信念に基づいている。それを表す無数の例の一つがこうだ。ぼくたちは人間の身体のほうが動物の身体よりも貴重だと思い、人の存在のほうが重要だと思っている。でも身体が実在していないなら、一方の身体がもう一方よりも重要だなんてことはあり得ないのだ。動物は思考できる。インターネットやユーチューブ（YouTube）のようなサイトで、人間が認めるよりも動物がはるかに賢いことを映像で観られるのは、ほんとうにすばらしい。子供のころ学校で動物には抽象的な思考能力がないと教えられたが、それは違う。動物には学習能力があるし、聖霊《ホーリースピリット》が彼らをわが家へと導いている。分離しているように思える心はすべて、わが家という同じ場所へ行き着くが、これぞ自分だと思っているその身体でそこへ向かうのではない。

人として、わが家へ向かうということは、教えを知るだけでなく、教えを応用することを意味する。ほとんどの人はそのことに気づいていないが、たとえ気づいていても、知識を持っていることが大切なのではなく、その知識で何をするのかが問題なのだ。つまり応用することが大切なのだ。だからこそ、「コース」において、心の訓練が最重要事項なのである。教えを応用しなければ、それはありふれた単なる理論にすぎない。「コース」もこう述べている。

これは哲学を模索するコースではない。厳密な専門用語によって関心を寄せるものでもない。これは贖罪《アトーンメント》、つまり知覚の訂正によってのみ取り組まれるものである。贖罪の手段は赦しである。

[C-in.1:1-3]

その手段を用いなければ、エゴに終わりはないのである。

あるロンドンのカンファレンスで講演したことがある。それは身体《ボディ》と心《マインド》と霊《スピリット》のカンファレンスで、すべてをリアルにしてしまう類の集まりだったが、ぼくはいつもどおり「コース」の教えを真っ向から伝えた。休憩時間、見るからに怒った様子のおっかない顔をした男性がぼくのほうへ歩いて来てこう言った。「お前はずっと喋ってばっかりだ！　うんざりだ。そういうことはもう知ってんだよ！」。ぼくはすぐに赦しを行い、こわもてタイプお決まりのアクションにひるむことなく、まっすぐ彼の目を見てこう言った。「そういうことをもう知っているのなら、あなたは怒っていないでしょう」。彼はぼくをなぐりたかっただろうが、そうしなかった。そんなことをしたら彼の評判にもよくなかっただろう。なんせそこは身体《ボディ》と心《マインド》と霊《スピリット》のカンファレンスだったのだから！ 彼は不満げに去っていった。彼は教えを応用していなかったから、せっかくの教えも彼の役に立たなかったのだ。

だからこそ、ぼくは赦しの実践を遅らせないようにと人々に伝えている。来年まで待たないでほしい。ましてや来世まで持ち越さないでほしい。「コース」の「祈りの歌」では、真の癒やしがあるならば、それは当然ながら真の赦しを実践したということで、もしほんとうにそうするならば、死の体験さえも美しいものになると約束している。身体を去るように思えるとき、じつはすばらしい解放を体験する準備はもう整っているのだ。

結婚式のあと、またアーテンとパーサに会えるのを楽しみにしていた。ぼくには彼らが何を話してくれるのか知るよしもなかったが、彼らの話はつねづねぼくを助けてくれていた。たとえ誰もぼくたちの本を読まなかったとしても、ぼくは彼らが来てくれて助言してくれることを大切に思っただろう。彼らがメイン州にいたぼくのところに初めて現れてから、最初の本の出版準備が整うまで十年かかったことを忘れている人たちもいる。なかには、ぼくがお金のために本を書いたと思っている人もいる。彼らが気づいていないのは、その十年のあいだぼくはニューイングランド地方の人里離れた片田舎に住み、本が出版される保障などまったくなかったということだ。ぼくの教師たちが、ぼくに準備ができているからとぼくのためだけに現れていたならどうなる？　おそらく本は残りの人生、ずっとぼくの棚に置かれたままで、赦しの機会がもう一つ増えていたのだろう。たとえそうでもぼくは幸せだったはずだ。好きで執筆していたのだから。

南カリフォルニアへ引っ越してから、ときどきぼくはパソコンで、自分が去った州といま住んでいる州の天気を比べようと天気予報をチェックしていた。南カリフォルニアが晴れで六十八度〔摂氏二十度〕、メイン州が曇りで六度〔摂氏マイナス十四度ほど〕だったある冬の午後、ぼくのアセンデッド・マスターがリビングルームに来てくれた。

アーテン　やあ、兄弟。おめでとう！　結婚式の日、われわれはあの場にいたよ。晴れ舞台を邪魔しないよう姿は現わさなかったけどね。式もロケーションもすばらしかった。よかったね。きみにとっては当然の報いだ。

ゲイリー　ありがとう。あの場にいてくれてほんとうに感謝している。あんたがたがいるのを感じたよ。ほかの場所でもあんたがたの存在をよく感じるよ。ラジオのインタビューとかワークショップのときとかね。

パーサ ええ、あの場にいたわよ。あなたも知っているように、わたしたちは聖霊《ホーリースピリット》だから、人間の姿をしていないとき、交信するためにはだいたい何らかのかたちを取るの。通常は、あなたに届く声やアイディアというかたちで交信する。わたしからもおめでとうを言わせてちょうだい。あなたがこれからの挑戦に備えていることを願うわ。シンディはあなたより二十歳も若いんだから。

ゲイリー 十九歳半だよ。

アーテン ワークショップは順調だね。年々、参加者層が変わってきているのに気づいたかい？

ゲイリー ああ、もちろん。十年前に始めたころは九十パーセントが女性だったな。それもよかったけどさ。でも「D.U.」が広まるにつれて、男性の割合が増えていくのに気づいたよ。いまは約四十パーセントが男性だ。これは嬉しいね。ぼくたちの本は、明らかに男女両者に向けて語っているわけだから。それからカップルも増えたよ。パートナー同士で本をシェアして「コース」を始めたり、「コース」から離れていた人がまた戻ってきたり。

　若者も来るようになったな。ワークショップを始めた当初は、すでに「コース」に関心があってしばらく学んでいる年配の生徒ばかりだったけれど、ほんとうに変わったよ。もちろん、いまでも永遠に若い心の年配方も来てくれるけど、大学生や十代の人たちが増えているんだ。みんなの心のあり方は変化しているよ。いまの若者は映画『マトリックス』や『スタートレック』のホロデッキを観て育っているから、見ているものが実在していないっていう考えなんかを、前の世代よりも受け入れやすいんだろうね。そんな彼らが「D.U.」を読んで理解してくれているんだ。ぼくはいまじゃ、すべての年齢層に向けて講演しているよ。

アーテン　上出来だ。われわれがきみのところへ来ている理由の一つはそれなんだ。必ずしも「コース」を手にして読まないであろう人たちとメッセージをシェアすることだよ。われわれにはわかっているんだ。そんな彼らだって言葉による線型《リニア》的な説明を聞けば、メッセージに対する準備ができているってことがね。すると彼らは「コース」を手にして、本来よりも早く教えを応用するようになり、エゴを解体していく時間を多く持てるようになるんだ。もちろん、何歳で始めてもかまわない。「コース」が語る赦しの連鎖は全年齢を対称にしているからね。そして、天界の加速が起こる。

ゲイリー　それについて聞こうと思っていたんだよ。天界の加速って何？

パーサ　天界の加速と呼ぶのは、地上で起こるすべてが天界の動き、つまり宇宙や太陽系のいたるところにあるものの動きと関連しているからよ。結局、脚本とも関連しているわ。幻想である地上の住民たちがどんどん真実を学び始めている。ただ、テレビのニュースではそんなこと見ないわね。彼らはまだ主流になっていない宗教を笑いものにしているわ。でも、すべては印刷物から始まったの。

ゲイリー　印刷機？

パーサ　歴史上の大半で人々が聖書を読むのを許されていなかったことを忘れちゃいけないわ。ラビや司祭といった聖職者は読むことができたけれど、一般人は歓迎されていなかったの。見ることを許されてもいないのに、どうやって信じるか信じないか決めるというのかしら？　でも、印刷機の発明ですべてが変わっていった。すぐにではなかったけど徐々にね。社会に影響を及ぼすほど大勢の人が読めるようになったのは一七〇〇年代に入ってからのことよ。

百年前まではフロイトやユングもいなかったし。彼らは心の機能など、心に関する新たな理解の道を切り開いた。それがのちに、Ｊの「コース」の理解を可能にしてくれたの。それから、ナグハマディ文書が失われた福音書とともにエジプトで発見されたのよね。七〇年代まで英語に翻訳されなかったけれど、それがＪに対する新たな見方をもたらすことになったわ。いまでは悟りを開いた叡智の教師としてのＪを垣間見られるものね。それまで馴染んできた苦しみの婚外子ではなく。量子物理学も登場したわね。二十世紀前半に認められたけれど、七〇年代まで普及しなかった。

ゲイリー　そうだなあ。一九七八年にｅｓｔを始めたときのことを覚えているよ。ぼくが始めたときは、ちょうどそういうことに多くの人が興味を持ち始めたころだったんだ。とつぜんみんながそういう考えに夢中になって、東洋の規律を西洋と融合させたんだ。宗教の代わりに、悟りに興味を持つ人が大勢いたんだよね。ダン・ミルマンの著書『癒しの旅——ピースフル・ウォリアー』（徳間書店）がみんなの好奇心をかき立てていた。あれは映画版もよかったよ。本が出てから映画が製作されるまで約三十年もかかったけどね。映画のタイトルは『ピースフル・ウォリアー』だったな。ニック・ノルティは若き日のダン・ミルマン役を演りたかったのに、結局、年老いた先生のソクラテス役だったんだ。彼の演技は見事だったけどさ。それと、量子物理学はゲーリー・ズーカフの著書『踊る物理学者たち』（青土社）で広まったね。彼のオーディオブックを聴いたものだよ。あと、ｅｓｔはワーナーが売却した一九八七年までに急速に広まって、最終的には進化あるいは退化して、まあその辺は見方によるけれど、ランドマークという名前の穏やかなバージョンにおさまったんだ。いまでも有効なプログラムだと聞くよ。

パーサ　一九六五年にローマ法王がバチカンの学者やカソリック教徒に対して、トマスの福音書とほかの失われた福音書の研究を許したのを忘れないで。同じ年に、Ｊはヘレンに口述を始めたの。人々の準備がほぼ整ったのね。あなたもわかっているように、十分な人たちが準備を整えると、無意識のアイディアが表面化してくるのよ。現在では八十五パーセントの人たちが、自分のことを「宗教的」ではなく「霊的《スピリチュアル》」だと表現している。教会へ通っている人たちでさえもね。神のことを何と呼ぼうと、神との関係は私的なものだと気づいてきているのね。
ところで、「神」という言葉を使いたがらない人もいるけれど、それは、彼らが赦すべき神に対して問題を抱えているからよ。神を受け入れずに、神からの分離の概念を取り消すなんてあり得ないのに。

ゲイリー　それに神は、「彼」でも「彼女」でもないよね。厳密に言えば、神は「それ」なんだ。でもそれじゃあ、聞こえが悪いね。とにかく、「コース」が神やキリストや聖霊《ホーリースピリット》を指して「彼」という言葉を使うとき、それはたとえとして使われているんだ。トマスの福音書も「コース」も、霊《スピリット》には男女がないことをはっきりと教えている。霊には違いや相反するもの、そして対を成すものはないからね。完璧な一体《ワンネス》があるだけなんだ。

アーテン　よく言った。「コース」は一九七六年に出版された。いまではなぜもっと早くにJが「コース」を授けてキリスト教を正さなかったのかと聞く人たちがいるが、彼が待った理由は、以前の人々はいまのきみたちのような深いレベルで彼の教えを理解できなかったからなんだ。なぜって、たったいまわれわれが話したようなことが、何一つ広まっていなかったからさ。いまだって、大多数が彼の教えを理解していないが、学ぶ人は増えている。学ぶ人が増えれば浸透も速まる。それぞれが他者と真実を分かち合うようになるからだ。寡黙に実践して他者の心に影響を与えるのもよし、伝統的な方法で教えるのもよし、あるいは、きみのように両方したってかまわない。けれども、誰かが何かをしなくてはならないわけではない点が美しいとも言える。心は目覚める。その心が展開していくさまは、単に結果にすぎないんだ。

ゲイリー でも、誰もが「コース」を学ぶ準備ができているわけではないよね。

パーサ そうね。いちばんよく霊性《スピリチュアリティ》を理解するのは、いつの時代も詩人や芸術家よね。ルーミーやゲーテなど、崇高で抽象的な考えを把握できる人ね。「コース」は大概の人が最初に気づくよりも、はるかに壮大なレベルで語っているの。そう、応用は一見個人でするものだけれど、それを理解した男女はみな、個人なんてものは夢のなかにしかないと気づかざるを得なくなる。だから大抵、芸術家、音楽家、作家やその志望者たちが、「コース」とうまくかかわっていかれるのね。まあ、いつもながら例外もあるわ。アインシュタインは科学者で、いかにも科学者らしく考える人だったけれど、同時に芸術家の心も持ち合わせていたのよ。彼は音楽を愛し、何にもまして抽象的な言葉で考えて理解することができた。そして、気づきを広げる準備のできた人たちに伝えたのよ。

ゲイリー 天界の加速といえばさ、聖霊《ホーリースピリット》の声を聞くことができる、大々的な変化をもたらす大統領がいつか現れるだろうって前に話してくれたけど、あれってオバマ大統領のこと？

パーサ いいえ。オバマはいい人よ。だけど、わたしたちが話したのは彼のことじゃないわ。

ゲイリー　そうかあ。ぼくは彼と彼の家族が好きだよ。彼に投票したしね。ぼくは民主党主義者だと思われているけど、ほんとうは無所属なんだ。彼がみんなに手ごろな健康保険を提供しようとしているのはすばらしいよ。まあ、そのせいで彼のことを社会主義者だと言う人もいるけど。でも、世界の主要先進国で健康保険を提供していない国なんてアメリカだけだよ。じゃあ、いまのいままでぼくら以外の全世界が社会主義だとでも言いたいのかね？

パーサ　いまのは答えの要らない質問と受け取るわ。あなたたちの医療システムは、全員を保障することで数十億ドルもの節約になるなんて皮肉よね。ユニバーサルヘルスケアが何かって？　それは実用的だし、人道的だし、人々は赦して前進するべきよ。

ゲイリー　ちょっとおかしな話なんだけど、オバマが当選したときもっと喜ぶべきだったよ。彼や彼の家族のために嬉しかったたし、アフリカ系の男性が大統領に選ばれてすごいとは思ったよ。それに、そろそろ女性が選ばれてもいいころだとも思うし。でも、もう以前ほど政治に興味がなかったんだよね。その理由は二つあると思う。一つは、前のように政治を真剣なものとして受け止めていないから。もう一つは、物事が変わるなんて期待をしていないから。不正する連中ばかりだし。裏で世界が動かされているのを変えるには、ものすごい規模の大革命が必要だろうね。偽りのない本物の変化にするにはさ。

アーテン　かたちのレベルの話だが、映画に影響されているようだな。

註・この会話のすぐ前に、ぼくは『スライブ』〔二〇一一年にフォスター・ギャンブルにより製作されたアメリカのドキュメンタリー映画〕という映画を観ていた。オンラインで視聴できるその映画は不正を告発しているものだが、「持たざる者」ではなく、きわめて裕福な「持てる者」側の人間によって製作されたという事実が、この映画の信憑性を高めている。観終わったあと、裏社会の秘密を公表した彼に危険が及ぶのではと思ったくらいだ。彼の勇気とコミットメントに敬服する。

ゲイリー　ああ、すばらしい映画だったよ。彼はおそらく死んだも同然だろうなあ。でも、わかんないよね。運に恵まれているかもしれない。彼を殺したりなんかしたら露骨すぎるもんね。

アーテン　少しシンディについて話そう。彼女はタダイだった。風の街、ウィンディ・シティ〔シカゴ〕では、わたしになる。タダイはシンディのように歌手でドラマーだったが、彼女と同様、それ以外の音楽の才能にも恵まれていた。それから、彼女と同じ赦しのレッスンを抱えていたよ。

ゲイリー　たとえば？

アーテン　シンディの赦しのレッスンに関して、彼女のプライバシーを侵害したくないね。将来、彼女がそのレッスンについて話したり書きたくなったりするかもしれないだろう。だが、彼女とわたしがタダイだったころの課題で一つ言えるのは、不安の問題かな。タダイの場合、それが顕著になる状況が二つあって、一つは人前で演奏することで、もう一つは好きな人と二人きりになることだった。シンディの場合はちょっと違って、混雑した場所で現れる。彼女はすでにそれについて真の赦しを行うことを学んでいる。トマスが亡くなったあと、たった数年で他界したタダイと違って、彼女は今世でその赦しを無事完了させるだろう。

ゲイリー　それはすごい！　彼女に教えていい？

アーテン　どうせ彼女はこの本を読むんじゃないのかい？

ゲイリー　ああ、そうだった。

パーサ　ほんとうにこれを執筆してくれるのよね？

ゲイリー　あたりまえだよ。ぼくは専門バカなんだよ。

パーサ　よかった。ちょっと心配しちゃった。冗談よ。心配などしてないわ。

アーテン　きみもシンディも正しい道を進んでいると自信を持つべきだよ。まず、きみたちは今世で互いについて赦すことはそんなにない。前にも言ったように、赦すべき何かが現れたとき、きみたちはもうそれが何のためなのか、どうすればいいのかをわかっている。それがわれわれとして生まれ変わる最後の生の下準備になるんだ。きみたちの最後のレッスンは、その一生で行われるんだよ。そのことについては今後、もう少し話すことになるだろう。教えについても、もっときみと話したいと思っている。きみはよくやっているよ。自分でそうは思わないときでもね。

ゲイリー　ときどき、同じことを何度も繰り返し赦している気分になるんだよ。

パーサ　そういう体験は「コース」ではよくあることよ。そういうときこそ聖霊《ホーリースピリット》を信頼しないとね。同じレッスンに見えるかもしれないけれど、それは同じ罪悪感ではないの。毎回あなたが赦すたびに、聖霊は癒やしを行い、初めて表面化してきた無意識の新たな罪悪感を取り除くのよ。そして、その罪悪感は無意識のレベルで癒やされる。あなたには見えないけれど、例外なく行われているわ。思い出して。何も起きていないと思うときでも、「奇跡は決して失われていない［T-1.I.45:1］」のよ。

「コース」で体験する全段階が、一時的なものだということを忘れないでね。エゴが自分を防御するとき、あなたの気分は揺れるでしょう。でも、エゴは聖霊《ホーリースピリット》に勝つことはできない。だから、エゴの攻撃はいずれしぼんでなくなるの。それは「決まっている」ことなのよ。

ゲイリー　ああ！　この前は「バカげている」って言ったのかと思ったよ。

パーサ　悪ふざけをしていると、スティーブを連れて来るわよ。また冗談だけど。

註・カリフォルニア州へ越してから最初の数年間、シンディとぼくは彼女の元夫のスティーブに四回も「偶然」ばったり会った。彼が彼女のストーカーをしていたわけではない。ぼくたちが彼に会ったとき、彼はすでに前からその場所にいたのだ。間違いなくぼくたちはみな、それぞれの軌道に乗っていた。あるときは、家から数百マイルも離れたサンフランシスコで彼に会った。宿泊したホテルのフロントデスクで近くの美味しいイタリア料理のレストランを勧められ、予約して窓際のいい席に着いた。

食事を半分を終えたころ、「スティーブだわ！」とシンディが言った。「冗談だろう」とぼくは言った。彼女は挨拶をしに駆け寄り、ぼくもそうした。ぼくはまたもや彼に会ったのが信じられなかった。最初に何度か会った場所から数百マイルも離れているのだ。彼と一緒にいた女性も多分、シンディと出くわすなんて信じられなかっただろう。スティーブとぼくは、いつも短いが気持ちよく挨拶を交わしている。

ゲイリー　彼はいい人だよ。ぼくたちはお互いに対して何の問題もなさそうだよ。

パーサ　そうね。彼はとても心の広い人だわ。彼も進歩しているのよ。

ゲイリー　すばらしいね。そうだ！　あんたがたのために『奇跡のコース』のジョークがあるんだけど。「コース」のジョークはそんなにたくさんないだろう？

アーテン　やれやれ、おもしろいのを頼むよ。あと短めにね。金星で予約があるんだ。

ゲイリー　ぼくのは全部おもしろいよ。一定の水準を維持する必要があるけど。評判を保たないといけないからね。

パーサ　さあ、ぜひ披露してちょうだい。

ゲイリー　よし。地獄に三人の男がいたんだ。彼らは特に何もせず、ただ燃えながら時間をつぶしていた。一人がこう言う。「おい、どうやらわれわれは、しばらくここにいることになるようだな。自己紹介でもしないか」。彼らはそれはいい考えだと思った。

まず言い出した彼がこう言う。「やあ、ぼくはジェイコブ。ラビだ。妻を裏切り浮気してここにいる」

二人目がこう言う。「それはおもしろい。ぼくはビル。カトリック教会の司祭だ。妻を持ったからここにいる」

三人目がこう言った。「やあ、ぼくはジョー。『奇跡のコース』の生徒だ。じつはぼくは、ここにはいないんだよ」

パーサ　おもしろい。救われたのね。

アーテン　金星のことは冗談さ。でも、もう去るよ。励んでやれよ。

ゲイリー　全力でやるさ。そうだ、今朝、「ワークブック」のある部分を読んでいたんだけど、あんたがたが行く前にそこを読んでもいいかな？

アーテン　Jの言葉を聞くのはいつでも歓迎だよ。すべての引用を知っていても、毎回さらに深いレベルで理解できるようになる。変化しているのは言葉じゃなくて、きみなんだよ。エゴが解体されるにつれ、引用の言葉を別の角度から見て感じ取れるようになる。

ゲイリー　よかった。ありがとう。この箇所はさっき、あんたがたが言っていた聖霊《ホーリースピリット》を信頼することに関連しているんだ。「教師のマニュアル」には、信頼の発展についてたくさん書いてあるけれど、これは「ワークブック」からだよ。

奇跡はまず信頼することによって受け取られる。なぜなら、奇跡を求めることは、心が見えないものや理解しないものについて思い描く準備ができたことを意味するからである。けれども、信頼は奇跡の土台となるものがほんとうはそこにあるということを示すための証明をもたらす。したがって、奇跡は奇跡に対するあなたの信頼を正当化し、あなたが以前見ていたよりも実在性のある世界、すなわち、あなたがそこにあると思っていたものから救われた世界に基づいていることを示すだろう。［W-What is a Miracle? 13.4:1-3］

8 パーサの最後のレッスン

聖霊《ホーリースピリット》が知覚するすべてを愛とともに見るならば、聖霊があなたのことも愛とともに見ているのは何よりも明白である。あなたに対する聖霊の評価は、ほんとうのあなたに対する聖霊の知識に基づく。したがって、聖霊はあなたを真に評価する。そして、その評価こそがあなたの心のなかに存在していなければならない。なぜなら、聖霊はあなたの心のなかにあるからである。[T-9.VII.3:1-3]

この幻想の世界で赦しと聖霊《ホーリースピリット》がどこへ自分を導いてくれるのか、ぼくたちには知るよしもない。その過程がもたらす結果は、誰もが解決するなど夢にも思わなかった葛藤の予想外の解決かもしれない。また、人生の一部となる人々との出会いに導かれる場合もあるだろう。そうして出会った彼らに助けられ、大いなる善のために何かを成し遂げるかもしれない。彼らの義務感ではない、心からの助けを受けて。そして、聖霊の恩寵によって聞く準備ができたゆえ、人生の分岐点へと導かれるかもしれない。正しい道を選べば、心の癒やしと人類の救済に貢献することになるだろう。もちろん個々の人生には他人が気にもかけないそれぞれの日常があるが、そういうものも赦せば安らぎをもたらしてくれる。

二〇〇八年一月、カレンはオアフ島へ越して、デイヴィッド・タサカという感じのよい日本人の紳士とデートを始めた。彼らが出会った理由はぼくだった。つながりは絶えていない。講演契約代理人のジャンは、ぼくのためにときどきハワイでのワークショップを手配してくれていた。何度かダイアモンドヘッド・ユニティ教会でワークショップをしたが、そのうちの一回に、「コース」の生徒であるデイヴィッドは参加していたのだ。彼はワークショップ後のディナーでも、カレンやぼくやほかの参加者たちと一緒だった。種は蒔かれていたのだ。カレンがオアフ島へ越してから、彼らは会うようになり、真剣な仲になった。

離婚が決まっても、カレンとぼくは連絡を取り合っていた。ぼくたちの関係はいい友人関係に発展していた。だが、彼女はシンディと話したことはなかったし、ぼくもすぐにそうなるとは思ってもいなかった。カレンはシンディとぼくの関係の細かいことは知らなかった。彼女からシンディへ、あるいはシンディから彼女へ、などと二人が連絡を図るのを期待するのは少々度がすぎていた。でも、ぼくたち四人はみな「コース」の生徒だ。赦しが奇跡のわが家なのだ。奇跡とは、赦しなのだから。

ぼくがカリフォルニア州に住むようになって数年経ったころ、カレンからEメールが来た。彼女とデイヴィッドが本土へ来るというのだ。メイン州の彼女の家族を訪れたあと、フロリダ州へ向かい、デイヴィッドはそこでトーストマスターズ・スピーチコンテストの最終審査に出場するという。それから、ハワイへ戻る前にカリフォルニア州のオレンジ郡にしばらく滞在するので、カレンはシンディとぼくに一緒にランチをしないか尋ねてきた。

ぼくは驚いて喜んだ。シンディが大丈夫か確かめなければならなかったが、もちろん彼女の答えはイエスで、ぼくたちは暖かい夏のある日、地元のオリーブガーデンでカレンとデイヴィッドに会った。ちょうどそのレストランは彼らの宿泊先とぼくたちの中間にあった。全員が挨拶をしてハグをし合って席に着いた。カレンははじめシンディに対して少しためらいがちだったが、驚いたことに十分もしないうちに、彼女たちはまるで古い友人同士のように喋っていた。ぼくも問題なくデイヴィッドと会話した。彼はすばらしい人格者で、友人のマイケル・タムラを思い起こさせる。二人が日本人だからというわけではなく、二人が絶えず見せてくれる明るい笑顔のせいだ。

みんなで座っているとき、ぼくは左側にいるシンディとカレンを見た。二人がテーブルを挟んで向き合いお喋りをしている。これは手に余るなあと思った。「何てことだ。赦してやつはほんとうに効くんだなあ」とこっそり考えていた。そんな光景を見ることになるとは思いもしなかった。だが、ぼくたち全員がそこにいた。四人の「コース」の生徒は、それが何のためなのかを知っていたのだ。感謝の念に圧倒された。

ぼくがカレンのために何よりも心から願うことは、彼女が幸せでいることだ。彼女もぼくのためにそう願ってくれているだろう。ぼくはシンディとデイヴィッドのためにもそう願う。ぼくはこう考えていた。

聖霊《ホーリースピリット》よ、ぼくたち全員を神の速度でわが家へ導かれよ。ぼくたちは一度もそこから去っていない。けれども、そこへ向けて目覚めるよう定められている。

神が願うすべては神の子の幸せだ。神は完璧な愛なのだ。聖パウロやヨハネの福音書でさえもそう言っている。このことについて、キリスト教内である革命がひっそりと起きている。週刊誌『ニューズウィーク』が二〇〇七年十二月の『Moderates Storm the Religious Battlefield』（未邦訳）という記事でそれを報じている。

ぼくのところへその記事を送ってきたのは、『Closing the Circle: Pursah's Gospel of Thomas and A Course in Miracles』（未邦訳）を書いた作家のロジャー・フェンテナー・ヴァン・ヴリッシンゲンだった。彼はその本で、「D.U.」がいかにトマスの福音書と「コース」の架け橋になっているかを述べている。さらに彼は、パーサが『不死というあなたの現実』で伝えている福音書を精査し、彼女のバージョンのほうが、一九四五年後半に発見されたナグハマディ文書に含まれていたバージョンよりも直感的で統一感があると述べている。パーサは四十四項目を省いた。彼女は、その四十四項目は磔刑が起きてから写本になるまでの数百年のあいだに、何者かによって大幅に改ざんされたか付け加えられたものだと言い、残ったイエスの言葉を整え、二項目を一つにまとめることで、それらの意味を直接的で明快なものにした。そこで明らかになったのは、トマスの福音書の神髄とも言えるパーサのバージョンが、二千年前の叡智である教師Jを蘇らせていることだ。そしてその声が、現在ぼくたちが『奇跡のコース』で触れる声と同じものだと明確に示している。

その問題の記事は、バート・エアマンを引き合いに出している。彼は多作な聖書の研究者で、主に歴史上のイエスに関する研究で知られている。『ニューズウィーク』によると、エアマンはキリスト教徒の身分にもかかわらず、もはやキリスト教の神を信じることができないという。彼は何年も葛藤したのち、すべてを愛する全能の神がそれほどまでの苦しみをもたらしはしないだろうと結論づけた。これは神義論と呼ばれる神学の不可解な問題点である。しかし、エアマンの著書『God's Problem』（未邦訳）には真の謙虚さがあり、彼は信者のあいだでさえも共感してくれる読者を得るだろう。彼はこう記述する。「その答えを知っているという人たちもいる」「それとも、彼らはその疑問で悩まされることがないのだろうか。わたしは彼らの一員ではない」

その疑問で悩む人たちへ、ぼくから慎ましく助言できることがあるとしたら、答えを見つけられる場所はあるということだ。しかし、聖霊《ホーリースピリット》のみが然るべき時と場所を知る。

二〇一一年、ぼくはサンフランシスコのインターナショナルＡＣＩＭカンファレンスで講演をしていた。この二年に一度開かれるカンファレンスで講演するのは、連続して四度目だった。主催者はその年のイベントを「聞いて学んで行動する（Listen, Learn and Do）」と名づけていた。そこに着くと多くの参加者が「何をする？　何をやる？」と質問し合っているのが目についた。大勢の前で話す番が来たとき、ぼくはこう言わずにはいられなかった。「『コース』ではこう述べています。『赦しが世界の光としてのわたしの機能である［W-62.5:2］』と。では、赦しが世界の光としてのあなたの機能であるならば、みなさんは何をするのだとお思いですか？」

ぼくはアーテンとパーサに、彼らの将来やシカゴでの二人の最後の生についてもう少し聞きたいと思っていた。彼らはその期待を裏切らなかった。でも今回はパーサがずっと話し、アーテンはただ静かに座って熱心に耳を傾けているだけだった。

ゲイリー　シカゴでのスクープは何だい？　すごく楽しみなんだよ。まずは、かわいこちゃんになれるんだもんなあ。おもしろいに違いないな。

パーサ　そうよ。でも、もっとおもしろいのは悟りに到達することよ。戻る価値のある生があるとしたら、それは最後の生なの。すべてが天国と同じくらいすばらしいからではなく、悟ると限りなく天国に近い体験をずっとしていられるからよ。身体はまるで夢のなかにいるみたいに軽いの。もちろん、ここでの機能はきちんと果たすけれど、それがとても簡単なの。大概の人が馴染んでいる身体での人生とは違うのよ。わたしが悟っていた期間は十一年間で、普通の人より長かったけれど、悟りがどのくらい続くかは関係ないの。十一年であろうと十一分であろうとね。ただ、一度悟りに達すると、悟りを開いた人としてそのままでいられるの。身体を優しく脇に置くまでね。優しくと言ったけど、ほんとうにそういう経験なのよ。だって痛みが感じられないんですもの。その時点では、死の原因なんて無意味になるの。十字架にかけられたJのようにね。みんなは恐ろしかったに違いないと思ってしまうけれど、彼にとっては何でもなかったのよ。

ゲイリー　結論に行く前に、あんたの人生がどんなだったのか気になるんだよ。

パーサ　少しなら教えてあげるけれど、あとはあなたが自分で体験するのよ。直面することになる赦しの最大のレッスンについては、もうわかっているわね。アーテンとの人生の細かな点といえば、いたってふつうで、わたしは聡明で最終的に心理学の教授になるの。あなたが「コース」の心理学的側面や心について興味があるのは、その前兆ね。アーテンとわたしはシカゴに生まれるけれど、ずっとあとになるまで会わないわ。わたしは素敵な男性と二十一年間、結婚生活を送るんだけど、彼は事故で亡くなってしまうの。それがわたしの最初の大きな赦しのレッスンだったわ。その男性はあなたが今世で知っている人よ。今世では男じゃなくて女性だけれど。

ゲイリー　誰だか教えてくれる？

パーサ　もう教えても大丈夫ね。離婚もしているし。最後の生となる来世で、女性のあなたが結婚する相手の男性は、今世ではあなたの前妻のカレンよ。

ゲイリー　冗談だろう？

パーサ　いいえ。あなたたちは一緒にすばらしい体験をする。あなたの夫の名はベンジで、彼は次の人生で悟るためにその一生で知るべきことをすべて学ぶわ。でも、あらゆることはうまく組み合わさっているから、彼の事故死はわたしであるあなたを助ける大きな赦しのレッスンにもなるの。そのレッスンが、然るべきときにあなたが悟る手助けになるのよ。然るべきときというのは、わたしたちや聖霊《ホーリースピリット》が決めるものなの。時間が終わるとき、すべての人にとって善となるものが決められるのよ。

ゲイリー　あらゆることはうまく組み合わさるべきだから、か。

パーサ　そのとおりよ。

ゲイリー　あんたたちには子供はいたの？

パーサ　いいえ。最後の生や、最後から二番目の生を送る人に子供がいないのはめずらしいことじゃないのよ。別の身体をつくる魅力は衰えるのね。もちろん悟った人は子供を持たないと言っているんじゃないのよ。ただ、ほかのカップルほどではないということ。いつだって子供を持つことのいい面はあるわ。絡み合った赦しの連鎖に組み込まれるのだから。つねに肝心なのは、あなたも、いずれは子供も、何のためにその連鎖を用いるのかということ。
ベンジとわたしは大の野球ファンで、これもあなたの今世の続きね。わたしたちはカブスが大好きで、新しい球場にも行くわ。

ゲイリー　カブスはついにワールドシリーズで優勝するの？　レッドソックスみたいにさ。

パーサ　ええ、するわよ。

ゲイリー　何年？　何年!?

パーサ　悪いわね、ゲイリー。それは言えないわ。もし言ったら、ラスベガスでギャンブラーたちがこぞってシーズン初めに賭けるもの。

ゲイリー　そうだなあ。ほかに好きなことは？

パーサ　あなたと同じで映画ファンよ。どんなジャンルも好き。映画を観るって覗き見的なところがあるでしょ。いまのあなたと、最後の生のわたしの性格ね。ベンジとわたしはペントハウスに性能のいいホログラフィックの設備を持っていたの。

ゲイリー ペントハウス？ 金持ちだったんだね。

パーサ ベンジはとてもついていて、彼の両親がお金持ちだったの。カルマってやつね。だから、わたしはラッキーね。頭がよくて美人で、彼に愛されて。いまから百年後の映画はかなり違うものになっているわよ。

ゲイリー よくなってるならいいけど。

パーサ どちらとも言えないわ。技術は急成長して、百年後には映画をただ観に行くだけではなくなるの。映画のなかへ入っていけるのよ。映画はホログラフィックになるの。実物そっくりよ。そこにいない人たちと会って話ができるの。いまの人生でそうしているみたいにね。彼らに触れることもできるし、ほんとうにリアルに感じるのよ。そこにないものを感じる技術はいまもすでにあるけれど、将来は映画が完全に現実を模倣するの。現実の幻想なのか、つくりものの幻想なのか、違いがわからないくらいよ。

ゲイリー わあ。じゃあさ、映画のなかでセックスとかできるの？

パーサ　できるわよ。でももちろん、それについては道徳面で大きな議論になっているわ。キリスト教右派が震え上がっちゃってね。そういう映画はいたるところで入手不可能になっているの。

ゲイリー　自分が身体だと思いたい誘惑はすごいだろうなあ。もっと体験したくてさ、何度でも戻ってきちゃうよね。妄想を実現できるんだから。

パーサ　興奮しないで思い出してちょうだい、ゲイリー。「コース」の生徒なら、見ているイメージが、まるっきりリアルに見える映画のものなのか、まるっきりリアルに見える日常のものなのか、関係ないわよね。それらは等しく真実でないのだから、等しく赦せるもののはずよね。どこにいるのかわからなくなっても、するべきことは目の前のものを赦すだけよ。

ゲイリー　わかった。でも、ぼくはあんたとしてまだ映画を観に行くんだろう？

パーサ　行くわよ。さて、最初の一連の訪問で伝えた話は繰り返さないわ。あなたはよく覚えているでしょうし、いつでも見直せるものね。「D.U.」では二五〇頁〜二五三頁くらいよね。アーテンの最後の生の話は二九四頁〜二九六頁。でも、これは英語版ね。二十二カ国語に翻訳されているのは知っているわ。他言語の人は自分で頁数を調べなきゃならないけど。それか、翻訳者が調べるかね。〔『神の使者』パーサの最後の生の話：三二三頁〜三二七頁。アーテンの最後の生の話：三七四頁〜三七七頁〕

ゲイリー　じゃあ、英語版は二九四頁で、スペイン語は四八七頁だ。

パーサ　スペイン語版の頁まで知っているのね。メキシコや南米ではいつも楽しんでいるんでしょ？

ゲイリー　大好きなんだよ。人々は温かいし、家族みたいにもてなしてくれるんだ。それに、リオとかボゴタとか……。彼らは楽しみ方をよく知っているよね。

パーサ　それ自体が芸術ね。では、わたしのその生の最初の大きなレッスンだけど、それはベンジの死を赦すことだったわ。彼は交通事故を目撃して、車に閉じ込められている人を助けようとしたの。道路には水溜りがあって、彼は車が電柱にぶつかって電線がそこに落ちたのに気づかなかったの。それで、水溜りを踏んでしまい感電死したの。

ゲイリー　何てことだ。ショックだっただろう。

パーサ　ええ。彼に会いたくてたまらなかったわ。でもJと「コース」があったから、すべてを赦したわ。それはまだ、わたしが完全な赦しの状態に入る一年前のことよ。みんな時間をかけて悲しむべきだわ。心のなかには思い出がいっぱいあるんですもの。特に長く一緒にいればね。それに、すべてを受け入れなくてはならないから。ベンジがそれを助けてくれた。ときどき夢のなかに来てくれたの。二人で愛し合ったわ。

ゲイリー　彼はほんとうにそこにいたの？

パーサ　生前、彼はほんとうにそこにいたの？

ゲイリー　わかったよ。すべては投影なんだな。聖霊《ホーリースピリット》がかたちを帯びることがあってもね。それだって結局、自分から切り離された一部なんだよね。シンディがうまいこと言ってたなあ。人類は、たった一人の大規模な多重人格障害だって。

パーサ　彼女は頭がよくて美人で、あなたはそんな彼女を愛しているのね。

ゲイリー　ベンジがあんたを愛したようにね。

パーサ　大学での話だけど。精神障がいを持つ生徒が、わたしが点数と引き換えにセックスを要求したと非難して、教授としてのわたしのキャリアを台無しにした話ね。あれは二つ目の大きなレッスンだった。それを「じわじわと腹が立つ」ことだと言ったのは、そういうことが起きると長期にわたるものだからよ。それを乗り切るまで何度も何度も赦しを重ねて、しのいでいかなければならないから。数年経ってやっと乗り越えたわ。確かに難しく聞こえるでしょ。でもやってみると、霊的進歩という意味でものすごく前進するのよ。未来の学びの一生を節約するほどにね。わたしはそれをやったの。

ゲイリー　パーサちゃんは耐えしのいだということか。

パーサ　二度とそう呼ばないでちょうだいね。人生最後の二つのレッスンは同時にやって来たの。すでに悟っていたからほんとうのレッスンというわけではなかったけれど、アーテンが悟るのを助ける役目があったのよ。彼の最後の大きな赦しの機会は、わたしの肉体の死だった。わたしの役目は彼をキリストとして見ること。彼がわたしの身体が脇に置かれると知って、うろたえているのがわかっていてもね。そういう状況で霊的視覚を使って相手を見るというのは、将来その人も同じことをするようにと教えることになるのよ。わたしは、二人が離れることはないと彼を安心させて励ましたかったの。わたしたちは一つなんだし、だいたいわたしは痛みも感じていなかったんだから。それで彼の気持ちは楽になった。わたしは完全に平和な状態だったの。最後の日、記憶に刻み込まれていた「コース」のこの部分を彼に伝えたわ。

神の教師よ、あなたの唯一の任務は次のように提示できる。死が関与する妥協を一つも受け入れてはならない。残虐性を信じてはならない。攻撃によってあなたから真実を隠させてはならない。死ぬように見えるものは、誤って知覚され、幻想へ運ばれたものにすぎない。いま幻想が真実へと運ばれるままにしておくことがあなたの務めとなる。[M-27.7:1-4]

ゲイリー　ほんとうに知り尽くしているように聞こえるよ。

パーサ　何十年も実践すれば、あなたもそうなるわよ。それじゃあ、わたしたちはそろそろ行くから、よく考えるのよ。次はアーテンが話す番よ。少しだけ、さっきの引用の続きを読ませてちょうだい。すばらしい意味だから。元気でね、親愛なる兄弟さん。

かたちを変える「実在性《リアリティ》」にはだまされないということに、揺るぎない決意でのぞみなさい。真実は不動で揺らぐことなく、死や崩壊へと沈むことはない。そして、死の終わりとは何なのか。それは次のこと以外の何ものでもない。いまや神の子には罪はなく、神の子は永遠であるという気づきのことである。これ以上の何ものでもないのである。しかし、これ以下でもないことを自分に忘れさせてはならない。[M-27.7:5-10]

9 アーテンの最後のレッスン

特別な関係はエゴが用いるあらゆる防御のなかで、もっとも堂々として欺まん的な額縁に彩られている。ここに差し出されるエゴの思考体系は重厚で精巧な額縁に囲まれ、なかの絵が額縁の堂々としたつくりでほとんど見えないほどである。その額縁には愛に関するあらゆる架空の分裂した幻想が織り込まれ、犠牲と自己強化の夢と合わさり、自滅という金色の糸でつなぎ止められている。血のきらめきはルビーのように輝き、涙はダイアモンドのように刻まれ、捧げものがなされる薄暗い明かりのなかで光を放つ。[T-17.IV.8:1-4]

その絵を見なさい。額縁に気を取られてはならない。この贈り物はあなたを呪うために与えられる。そして、それを受け取るなら、あなたは自分が呪われていると信じるだろう。あなたは絵のない額縁を持つことはできない。あなたが評価しているのは額縁である。なぜならそこでは葛藤を見ないからである。しかし、額縁は葛藤という贈り物を包み込むものにすぎない。額縁は贈り物ではないのである。この思考体系のもっとも表面的な側面にだまされてはならない。なぜなら、これらの側面はあらゆる面で完全なものを取り囲み、封じるからである。このきらめく贈り物のなかには死が横たわっている。あなたの注意を、額縁の輝きの催眠に迷い込ませないようにしなさい。その絵を見なさい。そして、あなたに差し出されているのは死であることに気づきなさい。[T-17.IV.9:1-11]

だからこそ、真実の防御において、聖なる瞬間は非常に重要なのである。真実そのものは防御を必要としないが、あなたは死の贈り物を受け入れないための防御を必要としている。[T-17.IV.10:1-3]

パーサの最後の生について彼女と話してから、アーテンとも同じように話したいと思っていた。ぼくはアーテンのことがどんどん好きになっていた。はじめは、背が高くて色黒でハンサムなギリシャ神話の神のような風貌の彼を当然のように嫌っていた。嫉妬していたのだ。一九九〇年代にパーサがぼくの夢の恋人になって以来、ずっとそうだった。彼らはアセンデッド・マスターなのだから、これはぼくの愚かな点と言える。愚かとわかっていても、やめられないことがある。エゴの思考体系の愚かさを学んだからといって、エゴのように振る舞うのをやめられないのと同じだ。やめるにはたくさんの努力と赦しを要する。

二〇一二年秋、初めて二人の教師と出会ってから約二十年がすぎていた。そのあいだにぼくはアーテンとパーサに対して深い尊敬の念を抱くようになった。二人への愛も深まっていた。

その年までに、ぼくの生活とスケジュールは健全なものになっていた。三年近くにも及んだ国税庁の税務監査が終わったのだ。彼らは十五万ドルを要求していたが、六千ドルで済んだ。そのあいだ働いてくれた優秀な公認会計士には五千ドルを支払った。もともと政府がこの恐喝を終わらせるのに要求していた額を考えるとぜんぜん悪くない。

パーサが言っていたことがいつものようにほんとうなら、次回の訪問はアーテンが話すはずだった。その午後、彼らが来る予感がした。シンディが美容院の予約で四時間ばかり出かけるからだ。カリフォルニア州へ越したあと、ぼくの教師たちはシンディが家にいないときに現れた。たまに旅行中、ホテルの部屋に来てくれることもあったが、それもやはりシンディがいないときだった。

彼らが妻のところへ現れることがあるのか考えたりもしたが、どのみちシンディの最後の生となる来世で、アーテンはシンディなのだ。パーサがぼくであるのと同じように。唯一厄介なのは、二〇〇四年ごろ、ぼくの前にしか現れないと彼らが約束したことだが、それには理由がある。ぼくが特別だからではなくて、彼らはメッセージを変えてほしくなかったのだ。

人々が自分のところにもアーテンとパーサが現れたと言うのは簡単だろう。現にそう言った人たちもいる。それに、もし彼らがチャネラーか何かで独自バージョンの「コース」をつくるなら、そのメッセージはいちばん重要な部分を欠いているだろうし、エゴの解体には役立たないだろう。実際、そういう人たちのカンファレンスで、支持者に崇拝されているような人たちに会って話をしたことがある。彼らがまるで「コース」を教えるか、それらしきことをするかのように、ところどころ「コース」を引用するのを見て、「コース」そのものや、なぜ「コース」がうまくいくのか、彼らが十分に理解していないことにショックを受けた。彼らのプレゼンテーションは、実践者の気分が一時的によくなるメソッド以外に何も教えていないのだ。それは当然、救済のゴールへ向かう彼らの歩みを遅らせる。

ウィスコンシン州のある年配の紳士は、自分のことを慎ましやかに、はばかりもなく、「奇跡のコースのマスター・ティーチャー」と呼んでいた。彼は公の場で実際にぼくを叩いたこともある。そして、二〇〇六年にはアーテンとパーサが自分のところへ現れたと支持者に伝え、ぼくよりも自分のほうが彼らのメッセージをうまく伝えられるとまで言っていた。幸いにも、ぼくの二冊目の本が出版されたばかりで、ある何人かがアーテンとパーサは絶対にゲイリー以外のところには現れないと言っていたと伝えると、その「マスター・ティーチャー」はアーテンとパーサのことを一切言わなくなった。ぼくの教師たちはやることに抜かりがない。

ぼくがあることを容赦なく伝えるようになったのは、事実、この紳士のせいである。何かというと、もし「コース」の教師が生徒に一緒に住んでもらいたいと望んでいたら、やめなさい、ということだ。それはカルトだ。『奇跡のコース』は自学自習するもので、「まえがき」にもはっきりとそう記されている。

これは新たなカルトの基礎になるよう意図されたものではない。 [Preface. How It Came]

もし「コース・コミュニティ」とやらをつくっている人に、そこでほかの生徒たちと一緒に住もうとか、あるいは近くに住もうと言われても、行ってはいけない。たとえ、それが北米でも、南米でも、デンマークでも、地球上のどこであってもだ。彼らはそこに住む者を何らかのかたちでコミュニティに依存させ、おそらくそれとなく彼らにお金や車や家を「寄付」するように言い寄る。「コース」はこうも言っている。

時間は無駄にすることもできるし、無駄にされることもあり得る。［T-1.V.2:2］

聞く耳がある者に聞かせよ！

その午後、シンディがいい髪型で気分よくすごしているあいだ、アーテンとパーサが再び現れた。

アーテン　今日はちょっと疲れているようだな。その大きなテレビを消して、もう少し早く寝たほうがいいぞ。われわれとの会話のために頭をすっきりさせておいてもらいたいからね。

ゲイリー　ぼくのせいじゃないよ。ぼくは神の犠牲者なんだから。

アーテン　それはすまん。知らなかったよ。わたしの最後の生について聞きたいだろう？　かまわないようだな。

ゲイリー　シンディがこれを聞いたってよくないかい？　だって結局、あんたは彼女なんだからさあ。しかも、最後の生でもあるんだし。

アーテン　彼女が聞くに値しないということではない。最後の生については、われわれがやっていることの本を読めば、彼女もきみと同様の知識を得るさ。シンディはわれわれが最初に現れたころのきみほど、われわれを必要としていないよ。きみはフランス人だが、彼女はもっと自立したスイス人だ。

ゲイリー　人種差別はもういいよ。彼女の前には現れないってこと？

アーテン　いや、そうは言ってない。メッセージを変えないことに関して、彼女を信じても大丈夫なのはわかっている。だから、わからないぞ。もし起こるなら、起こるのさ。先に進んでもいいかな？

ゲイリー　文句はないよ。黙ってるとすごく魅力的なパーサが、特ダネをスクープしてくれたんだよね。だから、いまループ［最新情報網］にいるんだよね。つい、韻を踏んじゃうんだ。ぼくミュージシャンだから。シンディとぼくの来世を教えてくれるかい？

アーテン　いいだろう、音楽バカくん。ところで、パーサはその生で音楽の才能には恵まれないよ。彼女のフォーカスは心理学と霊性《スピリチュアリティ》だ。どうやらきみの音楽の才能は、きみの遺伝子プールとは不仲のようだが、わたしの場合はシンディとタダイからちょっとした音楽の才能を引き継いだんだ。若いころは、それで得をしたよ。大学ではドラムをやって、女子の社交クラブでけっこう人気だったんだ。

ゲイリー　あんたの性欲がすごいのは知ってるさ。ドラマーっていうのは、ミュージシャンみたいなもんだよ。自然にドラムを叩くようになったの？　それともレッスンを受けたの？

アーテン　自然にだ。それにわたしは歌えたんだよ。知っているだろうが、歌えるとミュージシャンとしての価値が倍になる。わたしにはありがたいことにシンディとタッドがいてくれた。われわれのあいだでは彼をそう呼んでいるんだ。もう少し大人になると、精神科医になりたくなってね。心理学者じゃなくて。いいかい、医学博士だよ。患者に薬を処方しようと思えばできたんだ。

ゲイリー　そうするとすごいお金になるんだよね。頻繁に処方したの？

アーテン　あまりしなかった。わたしはよくいる精神科医とは違ったんだ。大手製薬会社が嫌いでね。医薬品産業にとっては生命《いのち》よりもお金が重要なんだ。病気の治療法も制限されていた。ぼくは二十五歳のときにはもう「コース」の生徒だったんだ。「コース」の意味を把握するにつれ、患者に心を訓練してもらい、自身の思考を変えてもらおうと思いついた。彼らを薬漬けにするんじゃなくてね。

ゲイリー　わあ、あんたったら。あんたについて思ってたことを全部撤回するよ。結局ぼくのそういう思いは、ただ自分をダメにしていただけなんだな。

アーテン　ありがとう。いいかい、自分が与える贈り物は、自分のために確保されていたんだ。

ゲイリー　言い換えないでくれよ。じゃあ、あんたは精神科医になって、薬で治療するんじゃなく、患者が心を変えて気分転換することを目指したんだ。薬はあまり処方しなかったって言ったけど、薬なしで効いたの？

アーテン　まわりと同じくらいの成功率だったよ。たまに、みんなより高いこともあったさ。患者の準備ができていれば、「コース」に関心を持たせるようにし、準備ができていなければ、彼らを赦したよ。「コース」の延長部分の「精神療法《サイコセラピー》：その目的、プロセス、実践」はつねに興味深かった。

ゲイリー　ああ。ぼくは略してサイコ・セクションって呼んでるよ。

アーテン　そのセクションで、Jはセラピストに対して彼らのメソッドを変えろとは、どこでも言っていないことに気づくだろう。彼はセラピストに、訓練されたように仕事を続けながら、赦しを行うようアドバイスしているんだ。そういう意味で、そのセクションを読むときに、セラピストという言葉をほかの職業名に置き換えても何ら差し支えない。

準備ができている患者で、宗教的に聞こえる規律を受け入れられそうな人には、「コース」の赦しを用いて、思考を変えるマインド・トレーニング・プログラムを行ったよ。きみも知っているように、世界の鬱病の大半は心の力を取り戻す訓練をして、長年しがみついて手放さずにいた、他人や自分についてのあれこれを考えるのをやめれば治るんだよ。思考パターンを打ち破って、その代わりになるものを与えてあげるんだ。

わたしのこの能力に関しては、シンディを評価してあげないといけないな。彼女はすばらしいセラピストに成長している。それは彼女が来世に持ち越す贈り物だよ。

ゲイリー　そりゃよかったな。そうだ、ホ・オポノポノの赦しのメソッドについて聞かれるんだけど、あんたはそれを使ったりした？

アーテン　いや、使っていない。それだと最後までたどり着かないんだよ。それに、わたしは「ごめん」の部分が好きじゃないからな。

ゲイリー　じゃあ、未来の話なんだけど、あんたのメソッドは認められたの？

アーテン　認められ始めたよ。わたしが流行をつくったような印象を受けたね。いくつか論文を発表して、そこそこ読まれていたな。きみの本みたいにね。

ゲイリー　おもしろいな。とにかく、あんたがやったことはすばらしいと思う。それじゃあ、仕事以外ではどんな感じだったの？　どうやって悟ったの？

アーテン　わたしは三十歳で結婚して、六十代前半になるまでパーサには会わなかった。いまから百年後、六十歳というのはいまの四十歳みたいなもんなんだよ。次の世紀に入るころには、百二十歳まで生きてもぜんぜんおかしくない。平均寿命が百歳だから。それに一生のうち三、四回結婚するのもめずらしいことではないんだ。だが、パーサとわたしは二人とも前の結婚から一夫一婦主義だった。わたしが三十代で、彼女は四十代だった。

ゲイリー　誰と結婚したの？　その答えを知ってる気がして怖いんだけど。パーサの結婚相手が誰だったかを考えるとね。

アーテン　そのとおり。きみは優秀な生徒だ。スティーブだよ。シンディの、というか、わたしの前世の最初の夫だ。彼は次の最後の生で女性になり、わたしの妻になる。わかるかい？　試練というのは、もう一度差し出されたレッスンなんだよ。われわれはじつに数々のレッスンを踏んでうまくやったよ。生涯、シャーリーンと幸せに暮らしただろう。彼女の名前だよ。彼女が亡くなって数年は、再婚するつもりすらなかった。

ゲイリー　子供は？

アーテン　いなかった。子供嫌いでね。あのちっちゃな野郎どもは、って冗談さ。パーサも話していただろう。われわれは出会うべきときに出会って、二日もしないうちに残りの人生を一緒にすごすとわかったよ。

ゲイリー　よかった。あんたが子供や動物やみんなを愛しているのは知ってるよ。

アーテン　彼らを愛するのはじつにいちばん楽だよ。その生では患者に「コース」の話をする以外は、「コース」を教えなかったんだ。パーサもそうだった。少なくとも、伝統的な意味で教えることはしなかった。われわれは「コース」を生きたんだよ。「コース」もこう言っている。

教えるとは手本を示すことである。二つの思考体系しか存在しておらず、あなたはそのどちらか一方がつねに真実であると信じていることを手本として示す。あなたが示す手本から他者は学び、あなたもまたそこから学ぶ。[M-in.2:1-3]

われわれは、きみのような伝統的に教える役割を引き継がなかったが、きみは、そうすることが役立つからそう導かれたんだよ。きみはきみ自身の赦しを分かち合って手本を示している。

ゲイリー ぼくは二重の脅威なのさ。だから、あんたらと違って大金を稼ぐんだ。

アーテン わたしが住むところでは、お金は必要じゃない。きみの順番ももうすぐさ。そして、そのあとは時間がなくなる。

シャーリーンは五十二歳で亡くなった。食料を買いに入った店でギャングの撃ち合いに遭遇して、流れ弾が頭に当たったんだ。それを聞いたときは死のうと思ったよ。でも、そうしなかった。二人ですごす時間を大事にしていたから、人生が終わったように感じたがね。「コース」があってもなくても関係なかった。時間をかけて赦していって、また生きることを学ぼうとしたけれど、心からそうする気にはなれなかった。

でも六十代でパーサに会って、彼女がすべてを新しくしてくれた。はじめは特別な愛の関係だったが、数ヶ月もしないうちに聖なる関係になった。彼女はその約八ヵ月後に悟りを開いたんだ。二人にはそれがわかった。でも、われわれが通りやレストランにいても、誰もそのことに気づかなかっただろう。唯一、誰でもわかるパーサの明らかな変化といえば、「コース」にもあるように、ほかの人よりも笑顔でいることが多くなったことかな。

そのころだよ、われわれが心の移動《マインド・トランスポート》をするようになったのは。ちょうど彼女が悟って一年ほど経ったころだった。わたしの心はまだ彼女ほど強くなかったが、もうすぐそうなるのが二人にはわかった。覚醒が進むとエゴの干渉が皆無になるから、心は何でもできるようになるんだ。あまり目立たないよう気をつけて、よく誰もいないところへ一瞬で行ったもんだよ。聖霊《ホーリースピリット》によって無意識が完全に癒やされると、障害になるものや遮断するものがなくなるから、足を引っ張るものがないんだ。ただ考えれば、もうそこにいる。はじめはパーサの心とつながらないとできなかった。われわれがきみを連れて行ったときは、われわれの心はすでにきみの心と一つだったんだよ。

空中浮遊もしたが、心の移動《マインド・トランスポート》のほうが楽しかった。もちろん訪れる場所はどこも同じだと気づくんだがね。きみも知っているように、ただ新たな知覚なのだと確認するだけなんだよ。決してどこかへ行くわけではない。すべては投影なのさ。

最終的に、ぼくはパーサが亡くなったあとに悟ったよ。真に赦せて最後のレッスンを学べたのは彼女のお陰なんだ。最後のレッスンというのは、彼女の肉体の死だよ。彼女は旅立つとき、とてもよくぼくを指導してくれた。いまでは、われわれは聖霊《ホーリースピリット》の顕現だ。われわれのイメージは教えるために使われる。それ以外には使われない。きみに語りかけていないとき、われわれは神のわが家にいるんだよ。それはもう輝かしい存在だよ、ゲイリー。欠如や問題や死や孤独なんてものはなく、じつに満ち足りて完全だ。それで完結している。愛は手に負えないくらいだよ！　至福の境地さ。きみを待ち受けている喜びを知ったら、嬉しくていまここで飛び跳ねるだろう。

きみとシンディがパーサとアーテンとして最後の生を送るとき、いろいろと思い出して、前世とのパズルのピースを二人で組み合わせるだろう。ただし、ほどよく忘れて、悟りに欠かせない赦しのレッスンをできるようにもなっている。だから、きみが啓示と永遠性へ解放されるように、聖霊《ホーリースピリット》はそのときを選んだのさ。

兄弟、きみとすごせるのは嬉しいよ。わたしが言ったと誰にも言わないでほしいが、わたしはきみの仕事ぶりが好きだぞ。その調子でいけよ。今日はそろそろ行くが、いつものように先導者からのすばらしい引用とともに去るとしよう。われわれは天国で彼と一つであっても、教える目的においてはいつも彼の弟子なんだよ。神の祝福と幸運を。

ゲイリー　二人とも、どうもありがとう。あんたがたを愛している。

アーテン　われわれもきみを愛しているよ、ゲイリー。ちなみに、この引用の最初の文は身体のことを指している。

実を結ばない枝は刈り取られ、朽ちていく。喜びなさい！　生命《いのち》の真の土台から光が放たれ、あなた自身の思考体系は訂正される。そうでなければ、それは存続できない。救済を恐れるあなたは死を選んでいる。生命と死、光と闇、知識と知覚は、共存できないのである。それらが共存できると信じることは、神と神の子が共存できないと信じることである。知識の一体性《ワンネス》のみが葛藤を持たない。あなたの王国はこの世界に属していない。なぜなら、あなたの王国はこの世界を超えたところからあなたに与えられているからである。［T-3.VII.6:1-9］

10 愛は誰も忘れていない

わたしたちは救済をもたらす者である。わたしたちは世界の救世主としての役割を受け入れ、世界はわたしたちの共同の赦しを通して救われる。それゆえに、このわたしたちの贈り物がわたしたちへと与えられる。わたしたちはすべての人を兄弟と見なし、あらゆるものを親切な善として知覚する。わたしたちは天国の門の向こう側にある役割を求めているのではない。知識は、わたしたちが自らの役割を果たしたときに戻ってくる。わたしたちの関心は真実を迎え入れることのみにある。[W-What Am I? 14. 3:1-7]

わたしたちの目は、キリストのヴィジョンを通して、あらゆる罪の思いから救われた世界を見るための目である。わたしたちの耳は、「神を代弁する声」が世界を罪のないものとして宣言するのを聞くための耳である。わたしたちの心は、世界を祝福するときに一つにつながる心である。そして、わたしたちが達成した一体性《ワンネス》から、わたしたちは兄弟たちに呼びかけ、わたしたちの平和を分かち合い、喜びを完成させることを求める。[W-What Am I? 14. 4:1-4]

エゴにとって、自分のすることが重要でないなどと考えることは異端信仰とも言える。「もろろん、わたしのすることは重要だ！　当然、わたしの人生に起こることも非常に重要なのだ！」。なぜか？　それを信じているからだ。信じていなければ、それは重要ではないだろう。

科学者が実験室でホログラムをつくったら、たいそう立派で複雑であろう。分析され、巧みに計画され、それを見る誰をもあっと言わせるようにできているのだろう。でも、そこにイメージは存在していない。感動するものも、信じるものも、何もない。科学者がホログラムを通してレーザービームの光を放ち、それがリアルに現れたときだけ、感動したり信じたりできる。レーザービームの電気なくして、心奪われるものなど何もないのだ。

時空の宇宙をリアルに見せるために照らしているのが、われわれの信仰の力と言える。宇宙はそれ自体では無である。宇宙は、ぼくたちの集団無意識の深い溝から生まれた投影なのだ。そして、一見分離したエゴの心を持つように見える一人ひとりであるわれわれが、その投影の原因である。これはいい考えとは言えない。Jが誤った創造について語った放蕩息子という核心に触れた話があるが、彼がわが家を去ったのは得策ではなく、じつに愚かな行動だった。彼が見つけたのは貧乏と食糧難だけだった。たとえ一時的に多くを得ても、それはすべてではないので、やはりまだ欠如なのだ。でも、完璧な一体性《ワンネス》のなかでは欠如はあり得ない。そのなかでは当然ながらすべてを持つ。わが家を去るべきでないのに去った者にとって、唯一、論理的な解決法はわが家へ戻ることだ。

ぼくたちはこの世界を信じ、ここがぼくたちの持つすべてに見えるために、この世界を宇宙でもっとも大切なところだと思っている。だからこそ、世界はぼくたちに対して力を持つ。けれども世界に力を与え、自分たちを世界の影響にさらしているのは、じつはぼくたちの信念なのだ。

その世界に対する信念を取り下げ、本来あるべきところに信念を置く方法を学ぶと、世界に対する信念をもともと引き起こしていた思考体系をうまく解体することができる。自分自身を原因の状態へ戻し、自らの心を変えることができるのだ。そして、「コース」が明確かつ簡潔に述べるように、もう一度選びな直せばいいのである。

世界の救世主に加わりたいのか、地獄に残り兄弟たちをそこにつなぎとめておきたいのか、もう一度選び直しなさい。[T-31.VIII.1:5]

エゴの視覚の代わりに、霊的視覚を選ぶことで選択し直すのだ。どこにいても自分の信念を、肉眼に映る見せかけのものではなく、まったく罪のない霊《スピリット》に投資することでそう選択するのだ。目に映るものを見すごし、真実を思い出すのだ。

当然、こんな疑問が湧くだろう。「どうやってそんなことができるんだ？　世界はつねにこの目の前にあるというのに」。まっとうな質問だと言えるだろう。ぼくたちは何しろ、エゴという卓越したエキスパートにだまされてきたのだから。一見、生まれてから死ぬように思えるその期間、次から次へと生じる問題に直面する。それらの問題がつくられるのは、ぼくたちを願わくは永遠に、それぞれが眺める幻想のスクリーンのほうに注目させておくためだ。さらに、人生の答えがある場所、つまり最初に誤った宇宙を投影した自身の心から、ぼくたちの目をそらしておくためなのだ。そうすることで、幻想のスクリーンに映るすべてが真実なのだとぼくたちに思い込ませている。

自分で自分の心を変えるには、つねに心を見張る必要がある。そのように見張ることでしか、幸せには導かれないのだ。世界にあるもので、そんなことをしてくれるものはどこにも存在しない。では、だからといって世界を維持していたらだめなのか？　皮肉だが、そうしていてもかまわない。ただ、世界を信じてはいけないというだけの話だ。そのように世界を諦める。諦めなくてはいけない。でも物質的に諦める必要はなく、ただ心でそうすればいい。規律を身につけるために物質的に諦めるよう聖霊《ホーリースピリット》に導かれたと感じない限りは。それは個々への助言であって、誰にとっても同じというわけではないのだ。

幸せはまわりの状況で決まるものではない。もしそうなら絶望的だ。移り変わる世界において唯一約束されているのは、世界は移り変わる、ということにほかならないからだ。引き寄せの法則でほしかったものを手に入れる人は百人に一人くらいいるだろうが、たとえ手に入れても持続はしない。

ここにあるものは何も永続しないのだ。一瞬生きているように見えるものも、次の瞬間には生命《いのち》を奪われかねない。でもそれは失望するためではなく、不変のもの——つまり永遠に幸せにしてくれるもの——へと意識を向けるためにある。ほんとうの幸せは出来事によって決まるものではないからだ。それが真の霊性《スピリチュアリティ》だ。たとえ何が起きているように見えたとしても、われわれには真の霊性がある。それでいて、ぼくたちはふつうに人生を送っていいのだ。ただ前とは違う見方で、戦場の上から眺めるように人生を見る。つまり霊的視覚によって、あらゆるものとあらゆる人を見るのだ。

引き寄せの法則や人気の自己啓発メソッドも、聖霊《ホーリースピリット》と一緒に行えばまったく違う体験となり、もっといい頻度で効き目を見せるだろう。ただそれらのメソッドには、真の豊かさに導く赦しのプロセスが欠けている。聖霊と行うということは、一人ではないという意味だ。だが、自分で決断して物事を行うと、それは分離であり災いを招くことになる。「災い（disaster）」という言葉の一部の「aster」は星状体を意味し、災いとはすべてをよく知る高次とつながっていないことを意味する。高次とつながるためのいちばんいい方法は、自分の本質から自分を引き離すエゴの干渉をなくすことだ。すると、エゴにとってではなく、全員にとって最善なことへと導かれる。エゴは分離という狂ったゲームを続けるために、われわれが身体であると説得したいのだ。

聖霊《ホーリースピリット》と行うのであれば、何をしてもそれは愛の表現になる。大事なのは行為そのものではなく、愛なのだ。愛あるところから出発すれば、悪しきことはせず、よきことを行うようになる。エゴを取り消す赦しが自動的に愛へと導いてくれる。愛と霊《スピリット》は同じことを意味するからだ。そして、原因となる心にあるものが、エゴではなく愛となる。愛は霊《スピリット》と一体《ワンネス》の状態で、すでにあらゆるものを持っているので、何も必要としない。誰かから何かを得る必要もなく、聖なる関係を築くことができ、豊かさから出発できるのだ。すでに豊かさにたどり着いていれば、より豊かさに導かれやすいとは何という皮肉だろうか。

時空の宇宙に対する信念を一掃しなければならない。「コース」ではじつに二十六回も「一掃する(dispel)」という言葉を用いている。エゴで考えるのをやめ、聖霊《ホーリースピリット》とともに考えることを始めるのだ。そして、キリストの目を通して見ると、その信念は神と神の王国へと戻される。それでもまだエゴによって、ぼくたちは身体を目にするのだろうか? 答えはイエスだ。最後にわが家へ行くために、身体を優しく脇に置くまでは。だが信念によって、一つしかない実在《リアリティ》のほうを認識することを選べるのだ。「コース」はこう言っている。

救済は、霊《スピリット》を見て、身体を知覚しないことをあなたに求めているのではない。それは単に、これがあなたの選択となることを求めている。〔T-31.VI.3:1-2〕

「ぼくたちは相手を見るとき、自分自身を見ているのだ〔T-8.III.4:2〕」ということを知ると、自分たちが一つであり、キリストであることを心のなかで認めざるを得なくなる。それでこそ、完璧な愛というほんとうのぼくたちなのだ。

〜

二〇一三年一月の第一週目、アーテンとパーサが最後に現れてからいつもより長い期間が経っていた。ぼくは二人に質問があった。長いこと観たいと思っていた、ケーブルテレビで録画した映画を観ようとしていたまさにそのとき、とつぜん彼らが現れた。彼らはぼくと同じく嬉しそうだった。

前回喋らなかったパーサが話し始めた。

パーサ　久しぶり。邪魔してごめんなさいね。何を観ようとしてたの？

ゲイリー　『ヴァンピロス・レスボス』だよ。

パーサ　あなたの社交的探求を遅らせて悪いけど、二、三カバーしておきたいことがあるの。わたしたちのプロジェクト『愛は誰も忘れていない』はもうすぐ終わるわね。これは『神の使者』で始まった三部作の完結編でもあるのよ。

ゲイリー　わあ、三部作なんて考えたことなかったよ。でも、確かにそうだね。

アーテン　もちろんそうさ。ホログラムみたいにすべてがうまくまとまっているし、きみはよくやっているよ。この本に関しては、われわれがアドバイスしたよりも長時間かかったがね。でも、きみにとってはお陰でたくさんのレッスンになっただろう。きみにはその準備ができていたんだ。きみの人生はこれからもう少し落ち着くだろう。ということは、書く時間ができるということだよ。

ゲイリー　それって、ぼくたちはまた本を一緒にやるってこと？

パーサ　それはいつだって、あなたと聖霊《ホーリースピリット》次第よ、ゲイリー。わかっているでしょう。あなたはほかのことについても書いていくけれど、いまはこう言っておくわ。もしわたしたちに戻って来てほしかったら、ただそうお願いしてくれれば、わたしたちには聞こえるから。わたしたちのほうで、すべての人にいいタイミングを選ぶわ。あなたがどんな仕事をしていても、シンディやほかの誰かといても、映画の脚本を書いていても、何をしていても、あなたが望めば、わたしたちはつねにあなたのためにここにいる。もちろん、わたしたちの助言はいつでもあなたの心のなかにあるわ。

ゲイリー　よかった！　長いあいだ会わないのは寂しいよ。これはただのイメージだってわかっているけど、あんたがたはぼくの友だちだからさあ。

アーテン　きみもわれわれの友だちだよ。ぼくらはＲＡＰチームだ。

ゲイリー　何それ？

アーテン　ＲＡＰは、レナード、アーテン、パーサだよ。

ゲイリー　あんたは救済活動に専念してたほうがいいよ。宣伝とかはぼくに任せといてよ。

アーテン　よかろう。さて、われわれに質問があるんだろう？

ゲイリー　ああ。最近のニュースはあからさまな悲劇が多いけど、ワークショップやインターネットで犠牲者について聞かれるんだよ。そりゃあ、赦しについて話すけどさ、何かもっと具体的なアドバイスはないかな？

パーサ　それは昔から難しいことだけれど、答えはいつも真の赦しね。あなたはもう大丈夫でしょうけど、初心者にとっては、多数の犠牲者を出した悲劇というのは受け入れ難いものだわ。だから最初は、自分の嫌な気持ちは、その状況をエゴで見ているからだと受け入れるところから努力しないと。

アーテン　そうだな。自分の思いを監視して、ネガティブな思考をしている自分に気づく人もいるが、きみも知っているように、自分の感情を監視する人は少ない。言い争いや暴力が起こるときというのは、人々の感情が取り乱れているときなんだよ。だから、きみたちは少しでも嫌な気分になったり、批判したり、傷ついたり、悪く思ったり、不快になったら、そんな自分にすぐに気づかなくてはいけない。わずかな思いも明らかな怒りも全部同じで、そういう思いはいつだってエゴだ。それに気づいたら、すぐにやめるんだ。エゴで考えるのをやめなくてはならない。地域一帯を全滅するような津波や地震などの悲惨なニュースをテレビで見ても、自分の思いを止めて聖霊《ホーリースピリット》に切り替えなくてはだめだ。聖霊が心にいることを思い出すんだ。そのとき心の訓練が始まる。これはしなきゃならないことなんだよ。だから「ワークブック」は非常に重要なんだ。そういうふうに考えるように心の訓練を助けるからね。

パーサ　聖霊《ホーリースピリット》と考えた時点で思い出せるのは、見ている悲劇や災害がトリックだってことよ。犠牲者を霊《スピリット》としてではなく身体で知覚するから、ひいては自分のことも霊ではなく身体なのだと思ってしまう。でも、もうわかっているわね。そうしないで、聖霊の奇跡を選べるのよ。Jがこう言ってるわ。

奇跡は訂正である。それは創造もせず、何も変えない。それはただ惨状を見わたし、見ているものが誤りだと心に思い出させる。［W-What is a Miracle? 13.1:1-3］

次に、三つ目のステップで、その体系の外側から考えるの。ヴェールの向こうの真実を思い出すのよ。その真実が贖罪《アトーンメント》よ。贖罪を完全に自覚することを何と言ったかしら、覚えてる？

ゲイリー　もちろん。何度も言ってるけど、「分離は一度も起きていなかった［T-6.II.10:7］」だよね。

パーサ　そうよ。エゴの概念である分離が一度も起きていなかったのなら、エゴを信じないで、聖霊《ホーリースピリット》を信じる選択をして、ヴェールの向こうの真実の光を思い出せる。Jは「コース」の「テキスト」の後半で、それをとても顕著に表しているわ。

誘惑を乗り超えてわたしと一つになろうとする兄弟や、はるかかなたで不変に輝く光を固い決意で見つめる兄弟全員に、わたしの手は喜びと歓迎の意を込めて差し出されている。［T-31.VIII.11:1］

ゲイリー　わかった。そうするにはかなりの決意が必要だけど。

パーサ　そうね。それを求めていかなきゃ。

アーテン　「神の平和を求める」言葉について「コース」では何と言ってたかな？

ゲイリー　覚えてるよ。

これらの言葉を言うことには何の意味もない。しかし、これらの言葉を本気で思うことはすべて

に値する。[W-185.1:1-2]

パーサ　そう、わかるでしょ。真実は変わらないのよ、ゲイリー。でも、それを受け入れる意志を持たなくてはならないわね。はじめは聖霊《ホーリースピリット》の声を聞くという小さな意志だけど、次第に一見存在しているように見えるどんなものよりも、神の平和のほうを求める溢れんばかりの意志になるわ。それにはコミットメントが必要だけど、準備はできている？

ゲイリー　ああ、これまでにないほどね。

パーサ　信じるわ。じゃあ、あとはやるだけね。その結果は愛になるはずよ。

ゲイリー　愛の存在をますます感じているよ。前はあんたがたが去ると一人ぼっちになった気がしていた。いなくなったあとでも、すばらしい思いをしたことはたまにあったけどさ。いまじゃあ、一人ぼっちだなんてぜんぜん思わないよ。事実、聖霊《ホーリースピリット》が片ときも離れず一緒にいてくれるから、一人になんてなれないんだよね。

アーテン　よろしい。大抵みんな、ときどき孤独を感じるものだ。だけどタダイも言っていたように、彼は二千年前にJに教わったんだ。決して一人になどなれないってことをね。

ゲイリー　ぼくの好きな箇所を思い出したよ。本を持ってくるよ。

アーテン　きみは引用箇所を見つけるのが得意だな。

ゲイリー　あんたがたに特訓されたからね。特に最初の十年は。あった、ここだ。パーサがエゴを信じるなって話してただろう？　ほらここでも、一人じゃないって言っているよ。ここは、Ｊのその姿勢をまさによく言い表してるよ。

　このコースの全目的は、エゴとは信じられないものであり、永遠に信じられないものだとあなたに教えることである。その信じられないものを信じることによってエゴをつくり上げたあなたは、一人ではこの判断を下すことはできない。あなたは自分自身のために贖罪《アトーンメント》を受け入れることによって、自分が一人になり得ると信じていたその信念にそむいて決断をし、ゆえに分離という考えを一掃し、文字どおりあなたの一部である神の王国全体と一つである真の自己認識を称える。［T-7.VIII.7:1-3］

ゲイリー　すごいだろ？

アーテン　すごいよ、兄弟。

パーサ　エゴの妨害がなくなると、霊《スピリット》の自覚が強まって、愛は行為にとどまらず、自分そのものになるわ。あなたは、愛そのものになった自分を神と分かち合うの。自分と神が同じと考えるのは傲慢なことではないし、それは単に真実なのだから、神と離れていられると考えるほうが傲慢なのよ。それこそ、エゴの思い上がりだわ。

あなたの愛を、存在していない世界へ向けて広げるのよ。そこが幻想でもかまわないわ。肝心なのはその愛よ。この異郷の地で神を代表する見本になるの。神と同じ存在でいることが終わることはないわ。だから「コース」はあなたたちのことをこう表現している。兄であるＪの引用を終えるのに、これ以上いい締めくくりはないわね。

あなたの名は崇められている。あなたの栄光は永遠に汚れることはない。そして、あなたの完全さは、神が定めたとおりにいま完成している。あなたは神の子であり、神の延長をあなたが延長することで完成する。わたしたちは、幻想が世界を奪ったように見えたその以前から知っている古《いにしえ》の真実のみを実践する。そして、次のように言うたびに、世界があらゆる幻想から解放されていることを世界に思い出させる。

神は愛にほかならない。ゆえに、わたしも愛である。［W-Review V in.10:2-8］

ゲイリー　ああ、好きだな。ありがとう。永遠に礼を言うよ。

アーテン　頼んだぞ、兄弟。いい仕事をして、みんなのためになってくれ。

パーサ　さあ、わたしたちと一つになるのよ。身体は消え、世界も消えて、完全に霊《スピリット》になるの。しばらく神の言葉を聞いたと思ったら何も聞こえなくなるけれど、見事に抽象的で完璧な一体性《ワンネス》がそこを埋めてくれる。その永遠に失うことのない、自分のものとなるものを味わうの。またしばらくかたちの世界へ戻るけれど、愛に満ちた自分の定めをさらに確信できるわよ。神のなかで聖霊《ホーリースピリット》に慰めて包んでもらうとき、あなたの心は真の永遠の生命《いのち》を誇りに思うでしょう。

あなたは励まされ、家路をたどる兄弟を助けることしかできない。
あなたが疲れを感じないのは、翼の生えた足があるから。
あなたが冷淡でいられないのは、魂に情熱があるから。
あなたが判断しない人であるのは、愛情があるから。
あなたが真実しか口にしないのは、霊《スピリット》があなたの声だから。
あなたが怖がることができないのは、わたしがここに一緒にいるから。
天国において、すべては一つ。
あなたは忘れられていない。

愛は誰も忘れていないから。

訳者あとがき

本書は、『神の使者』、『不死というあなたの現実』（ともに河出書房新社刊）の著者ゲイリー・R・レナードによる第三作目です。「はじめに」にもあるように、二〇〇六年の終わりから二〇一三年のはじめにかけて著者が実際に体験した出来事を綴ったもので、三部作の完結編として前二作と同様、彼自身の人生を読者に余すことなくシェアしてくれています。

前作までをお読みの方はすでにご存知のとおり、著者が二人のアセンデット・マスターとともに展開している教えは、『奇跡のコース』（小社刊）という教本を基盤にしています。難解と言われがちな『奇跡のコース』ですが、著者とマスターたちのジョーク交じりのやりとりは、「コース」の本質を軽やかに伝えています。

たとえ教えや理論をすべて理解できなくても、「赦し」を行い「エゴ」を解体していくことで、人はほんとうの意味で相手とつながり、自分と他者のなかに宿る愛を発見し、大きな「愛」という一体感を得られるものなのだと教えてくれています。「コース」を学んでいる人も、そうでない人も、きっと彼らの対話に引き込まれることでしょう。

私事ですが、わたし自身も『奇跡のコース』を学ぶ一人です。著者がアーテンやパーサと交信するように、とまではいかずとも、いつか聖霊のメッセージを受け取る経験をしたいと長年願ってきました。ただ、そうした経験はゲイリーのような教師たちや、チャネラーやヒーラー、霊媒師と呼ばれる特別な人たちにしかできないのだろうと、どこかで諦めてもいました。

でも、本書の翻訳に取りかかっているあいだ、ある体験をしました。

今年の二月、雪かきの最中に痛めた夫の膝が悪化し、歩くのに松葉杖が必要になりました。膝の痛みと仕事の疲れ、自由に動けないストレスに加え、健康保険会社との行き違いがあって高額なMRI検査が全額自己負担になるかもしれないという心配がのしかかり、ある晩、彼は軽いパニックアタック（不安発作）を起こしたのです。そんなとき、なだめることぐらいしかできないのですが、ふと、毎週通う『奇跡のコース』のクラスで習ったヒーリングをしてみようと思い、教わったことを思い出しながら聖霊に呼びかけてみました。ストレスと心配で押しつぶされそうになっている彼に、わたしを通してメッセージをください、わたしを使ってくださいと祈ったのです。

このヒーリングでは、聖霊のメッセージを受け取るためのポーズをします。両腕を宙にかざすポーズなのですが……わたしはこのポーズにとても抵抗がありました。何だか恥ずかしいし、大げさなんじゃないかと。でも、このときばかりは思い切って両腕を宙にかざし、彼のパニックが治まるようにと必死でした。そして、何を受け取っても必ず「信じる」と決めたのです。

すると不思議なことに、水の渦のようなイメージが見えてきました。白く濁った水の泡のようなものが、ぐるぐると渦を巻いています。これは何だろう？　膝とどう関係が？　彼のパニックと何の関係が？　エゴの声が次々と聞こえてきますが、教わったとおり聖霊を信頼して辛抱強く待ちます。どのくらい経ったかわかりませんが、ひたすら待ちました。

とつぜん、夫が十五年ほど前にホワイトウォーター・ラフティング（急流下り）で溺れた話が頭に浮かびました。彼は助かったのが奇跡だというような溺れ方をしていたのです。その話を思い出した瞬間、「ぼくがあのとき助けたんだよ！」と誰かに言われたような気がしました。

「あのとき助けたように、いまもぼくがそばにいるんだから大丈夫だよ！」

そのメッセージが宙にかざした自分の両腕をかけめぐるような感覚があり、とっさに「神だ！」と思いました。ついにメッセージを受け取ったのだと感じられたのです。しかも、あれほど抵抗していたポーズをしながら……。聖霊は何て粋な計らいをするのだろうと思いながら、圧倒されて涙が溢れ出ました。夫に受け取ったものを伝えると、彼は落ち着きを取り戻して眠りにつきました。

驚きと興奮で放心状態のわたしは寝室を出て仕事に戻りましたが、仕事など手につきません。そして、何気なく携帯電話を手に取り写真をチェックすると、再び信じられないことが起きていました。昨年の夏にすべて失ってしまったはずの数年分の写真が、画面上に復元されていたのです。聖霊が奇跡をおまけしてくれたのだと思わずにはいられない体験でした。

著者が示しているように、わたしたちの日常は幻想ですが、その幻想を適切に受け止め、自分の内側の原因へと戻り、聖霊の助けを得ることで、日常に変化が見られるようになるのだと思わずにはいられません。そのために、赦し、エゴを解体していく。この世界はそれを学ぶ場として、わたしたちに与えられているような気がします。

本書の翻訳をさせていただくあいだ、こうした経験をし、とても幸せでした。ゲイリーの体験に励まされ、多くの方々が様々な人たちとともに数々の奇跡を体験されることを願ってやみません。

本書の最後にあるパーサの詩の一行目が深く心に残ります。

「あなたは励まされ、家路をたどる兄弟を助けることしかできない」

読者のみなさまがそれぞれに、本書から何らかのメッセージを受け取っていただけたら、訳者として幸いです。至らない部分はわたしの未熟さゆえ、どうぞお赦しください。

最後になりましたが、本書を翻訳する機会をくださったナチュラルスピリットの今井博央希社長と、何年も前から『奇跡のコース』のクラスで聖霊とつながるヒーリングや「コース」の実践法を教えてくださり、いつも優しく導いて見守ってくださっているニューヨークCRSの香咲弥須子さん、そして、真心のこもった細やかなサポートをしてくださった編集者の山本貴緒さんに、心から感謝とお礼を申し上げます。

二〇一六年　六月

ティケリー裕子

ゲイリー・R・レナード　Gary R. Renard
マサチューセッツ州ノースショア生まれ。プロのギタリストとして成功する。1987年から「調和ある収斂」の期間に「呼び声」を聞き、人生の方向転換が始まった。1990年はじめにメイン州に移り、そこで強いスピリチュアルな目覚めを体験する。著者は啓示を受け、9年の歳月をかけて慎重に『神の使者』を執筆。その後、続編である『不死というあなたの現実』（ともに河出書房新社刊）を刊行。現在は南カリフォルニアに在住し、執筆活動を続けながら、世界中で『奇跡のコース』の講演を行っている。

ティケリー裕子　Yuko Tekelly
1999年より在米。ペンシルバニア州ドレクセル大学ビジネス学部卒業。訳書に、ガブリエル・バーンスティン著『スピリット・ジャンキー ——ミラクルワーカーとして生きる』、デイヴィッド・ホフマイスター著『覚醒へのレッスン ——「奇跡のコース」を通して目覚める』（ともに共訳、ナチュラルスピリット刊）。『奇跡のコース 目覚めシリーズDVD「真のゆるし」を受け入れる』（ナチュラルスピリット）の字幕翻訳を担当。

愛は誰も忘れていない

人生への答えがここにある

●

2016年6月28日　初版発行

著者／ゲイリー・R・レナード
訳者／ティケリー裕子

装幀／斉藤よしのぶ
DTP／山中 央
編集／山本貴緒

発行者／今井博央希
発行所／株式会社ナチュラルスピリット

〒107-0062 東京都港区南青山5-1-10 南青山第一マンションズ602
TEL 03-6450-5938　FAX 03-6450-5978
E-mail　info@naturalspirit.co.jp
ホームページ　http://www.naturalspirit.co.jp/

印刷所／創栄図書印刷株式会社

ISBN978-4-86451-208-4　C0011
落丁・乱丁の場合はお取り替えいたします。
定価はカバーに表示してあります。

聖なる愛を求めて
魂のパートナーシップ
ジョーン・ガトゥーソ 著
大内 博 訳
ソウルメイトと出会い、聖なる関係を築くには？『奇跡のコース』の教えをベースに、真の魂の関係を説く。
定価 本体二四〇〇円＋税

スピリット・ジャンキー
ガブリエル・バーンスティン 著
香咲弥須子 監訳
ティケリー裕子 訳
恋愛・薬物依存症、摂食障害、事業の破綻から立ち直った新進気鋭のスピリチュアル・リーダーがたどった奇跡への道。
定価 本体一八〇〇円＋税

パラダイス
増田奈奈 著
恋愛を『奇跡のコース』の教えで昇華した、初々しい「真実」と「奇跡」の自伝的ラブ・ストーリー。
定価 本体一六〇〇円＋税

本当に自由になるスピリチュアルな生き方
マイケル・バーナード・ベックヴィズ 著
雨宮美智子 訳
30年かけて「偉大な神秘」に分け入り、意識のフロンティアを開拓した、アメリカのスピリチュアル界のカリスマが語る、本当に「自由になる」ためのスピリチュアルな生き方とは⁉
定価 本体一九〇〇円＋税

喜びから人生を生きる！
アニータ・ムアジャーニ 著
奥野節子 訳
山川紘矢さん亜希子さん推薦！ 臨死体験によって大きな気づきを得、その結果、癌が数日で消えるという奇跡の実話。（医療記録付）
定価 本体一六〇〇円＋税

生命の贈り物 増補改訂版
ハワード・ウィルズ 著
大内 博 訳
あなたを癒し、あなたのカルマを解消する、「生命の祈り」！！「この祈りを毎日、ただ、無邪気に唱えてみてください。きっと自分に起きる変化に驚くはずです。」
定価 本体一三〇〇円＋税

無条件の愛 キリスト意識を鏡として
ポール・フェリーニ 著
井辻朱美 訳
真実の愛を語り、魂を揺り起こすキリスト意識からのメッセージ。エリザベス・キューブラー・ロス博士も大絶賛の書。
定価 本体二一〇〇円＋税

お近くの書店、インターネット書店、および小社でお求めになれます。